卓越工程师教育培养计划食品科学与工程类系列教材

食品质量安全认证
（第二版）

曹竑　田晓静　主编

西北民族大学 2020 年校级本科教学质量提高（规划教材）项目
科技部科技伙伴计划——中国-马来西亚清真食品国家联合实验室建设项目
（KY201501005）
教育部动物医学生物工程创新团队（IRT_17R88）
西北民族大学生物工程"双一流"和特色发展引导专项经费（No.1001070204）
西北民族大学 2021 年度中央高校基本科研业务费国家级科研项目培育项目
（31920210006）

科学出版社

北京

内容简介

本书以食品安全和质量为主线，系统地介绍了认证认可的基础知识，ISO9000 族质量管理体系，食品安全管理体系（ISO22000）的建立与实施，食品产品认证（绿色食品及有机食品），地理标志产品认证，良好农业规范认证及管理体系审核等内容，资料新颖，内容充实。每章后有"知识拓展"内容，可扫描二维码查看最新相关文件，同时配套精美课件，供授课教师参考使用。

本书可作为高等院校食品科学与工程、食品质量与安全、农产品质量与安全、畜产品加工、粮食工程等专业的本科生及研究生教材，亦可作为生物工程类等专业的选修课教材。同时还可作为食品安全相关专业人员（食品认证审核人员、咨询及培训人员、食品检验检疫人员、食品安全监督管理人员）和企业的认证培训参考书。

图书在版编目（CIP）数据

食品质量安全认证 / 曹竑，田晓静主编．—2 版．—北京：科学出版社，2021.6

卓越工程师教育培养计划食品科学与工程类系列教材

ISBN 978-7-03-068394-6

Ⅰ．①食⋯ Ⅱ．①曹⋯ ②田⋯ Ⅲ．①食品安全-安全认证-中国-高等学校-教材 Ⅳ．① TS201.6

中国版本图书馆 CIP 数据核字（2021）第 047433 号

责任编辑：席 慧 / 责任校对：严 娜
责任印制：赵 博 / 封面设计：蓝正设计

科 学 出 版 社 出版
北京东黄城根北街16号
邮政编码：100717
http://www.sciencep.com

北京华宇信诺印刷有限公司印刷
科学出版社发行 各地新华书店经销

*

2015 年 5 月第 一 版 开本：787×1092 1/16
2021 年 6 月第 二 版 印张：14 1/4
2025 年 11 月第十三次印刷 字数：370 000

定价：55.00 元
（如有印装质量问题，我社负责调换）

《食品质量安全认证》（第二版）编委会名单

主　编　曹　竑（西北民族大学）
　　　　　田晓静（西北民族大学）
副主编　师希雄（甘肃农业大学）
编　委　曹　竑（西北民族大学）
　　　　　田晓静（西北民族大学）
　　　　　师希雄（甘肃农业大学）
　　　　　刘晓风（兰州理工大学）
　　　　　张　希（云南中医药大学）
　　　　　刘　容（南宁学院）
　　　　　乔丽萍（天津科技大学）
审　稿　周春红（甘肃省产品质量监督检验研究院　国家注册审核员）
　　　　　胡惠玲（甘肃省食品股份有限公司　国家注册审核员）

第二版前言

"民以食为天,食以安为先",食品安全直接关系到人民群众的切身利益,关系到经济健康发展和社会稳定。因此,社会各界对食品安全和食品质量日益重视,也越来越关心与食品相关的认证工作。为贯彻落实《教育部 农业部 国家林业局关于推进高等农林教育综合改革的若干意见》要求,推进高等农林教育改革试点,本着改革创新的精神,以能力教育体系为目标,以能力培养为核心,紧紧围绕食品质量安全与认证这一主题,为满足教学要求,结合实际生产及不同专业的教学需要,我们编写了本教材。

《食品质量安全认证》(第二版)是根据"卓越工程师教育培养计划食品科学与工程类系列教材"的基本要求,以培养和造就一批"厚基础、强能力、高素质、广适应"的创造性专门人才为指导思想,广泛收集和借鉴了国内认证认可最新研究成果和技术,在吸取上一版精华的基础上对知识体系和授课内容进行了优化补充。与第一版相比,本次改版充分体现了科学性、先进性、系统性和生产实用性的特点,在知识结构、内容展现方式上做了较大改动,力求做到文字精练、表达严谨、层次分明、内容新颖、图文并茂、版式生动,注重基础理论学习与实践能力的培养。

更新及变更的内容主要有《质量管理体系认证规则》(2016年修订),QS认证变更为SC认证,ISO9001(2015版),ISO22000(2018版);同时根据国家相关政策和读者的建议,删除了"无公害食品认证"和"清真食品认证"章节的内容;为加强学生的实践能力,编者还增加了企业如何推广和申请认证的案例及"管理体系审核"一章。

每一章由教学目的和要求、正文、本章小结、知识拓展及复习参考题几个部分组成,改版后的教材结构更趋于合理。其中知识拓展内容(扫描二维码显示),有利于开阔学生的知识视野,提高学生学习兴趣。

本书取材广泛、涉及面广、内容新颖、结构合理、重点突出、层次有序、阐述翔实,内容涉及认证认可基础,食品管理体系及产品认证,ISO9000标准及认证,食品SC认证,HACCP认证,ISO22000认证,绿色食品认证,有机食品认证,地理标志认证及良好农业规范认证,管理体系审核等方面。

本书第1、2、3、4、6、9章由曹竑、田晓静编写;刘晓风编写第5章;师希雄编写第7章;张希编写第8章;乔丽萍编写第10章;刘容编写第11章。

本书承蒙西北民族大学2020年校级本科教学质量提高(规划教材)项目、科技部科技伙伴计划——中国-马来西亚清真食品国家联合实验室建设项目(KY201501005)、教育部动物医学生物工程创新团队(IRT_17R88)、西北民族大学生物工程"双一流"和特色发展引导专项经费(No.1001070204)及西北民族大学2021年度中央高校基本科研业务费国家级科研项目培育项目(31920210006)资助出版,并得到了科学出版社的大力支持。在本书的编写过程中,得到许多同行的支持和帮助,并提出了极为宝贵的建议。全书凝聚了全体编审人员的辛勤汗水,摆小琴、张娅莉等同学在资料收集、图表整理过程中给了很大帮助,同时书中参阅了大量国内外相关书籍和文献资料,谨此对相关作者一并表示感谢。

限于编者学识水平有限,且食品质量安全认证涉及面广,政策变化快,本书不足之处在所难免,恳请广大读者批评指正。

编 者

2021年4月于兰州

第一版前言

"民以食为天,食以安为先",食品安全直接关系到人民群众的切身利益,关系到经济健康发展和社会稳定。因此,社会各界对食品安全和食品质量日益重视,也越来越关心与食品相关的认证工作。为贯彻落实《教育部 农业部 国家林业局关于推进高等农林教育综合改革的若干意见》及教育部"卓越工程师教育培养计划"要求,本着改革创新的精神,以能力教育体系为目标,以能力培养为核心,紧紧围绕食品质量安全与认证这一主题,为满足教学要求,结合生产实际及专业的教学需要,编写了这本"卓越工程师教育培养计划食品科学与工程类系列教材"。

本书本着简明扼要、通俗易懂的原则,取材广泛、涉及面广、内容新颖、重点突出、层次有序,阐述较为翔实,内容涉及认证认可基础、食品管理体系认证、ISO9000标准及认证、QS认证、HACCP认证、ISO22000认证、食品产品质量认证、无公害食品认证、绿色食品认证、有机食品认证、清真食品认证、良好农业规范认证及农产品地理标志认证等方面。编写的具体分工为:曹竑、陈士恩编写第1、6章及文前和参考资料,师希雄编写第9、10、12章,马文平编写第11、13章,第7章第1节及第8章第2节,王炳文编写第4、5章及第8章第1、3节,李贞子编写第2、3章及第7章第2节,最后由曹竑进行了统稿。本书完稿之时,甘肃农业大学韩向敏教授/审核员、甘肃省质量技术监督局周春红高级工程师/审核员在百忙之中对书稿进行了认真的审阅,在此深表谢意!

本书在编写过程中,得到许多同行的支持和帮助,参阅了大量国内外相关书籍和文献资料,谨此一并致谢。

限于编者学识水平有限,而食品质量安全认证涉及面广,政策变化大,错误和不足之处在所难免,恳请读者批评指正。

编 者
2015年1月于兰州

目 录

第二版前言
第一版前言
第 1 章 认证认可基础知识 1
    1.1 认证认可制度的起源、发展及合格评定 1
    1.2 认证认可制度 6
    1.3 中国认证认可法律法规体系 8
    1.4 中国的认证认可工作 9
    1.5 食品质量安全认证 11
    本章小结 12
    知识拓展 12
    复习思考题 12

第 2 章 食品管理体系及产品认证 13
    2.1 质量体系认证 13
    2.2 质量管理体系的认证规则 15
    2.3 产品质量认证 16
    本章小结 22
    知识拓展 22
    复习参考题 23

第 3 章 ISO9000 标准及认证 24
    3.1 ISO9000 族标准概述 24
    3.2 ISO9001 标准及理解 33
    3.3 ISO9001 质量管理体系在食品企业的建立和实施 54
    本章小结 57
    知识拓展 57
    复习思考题 58

第 4 章 食品 SC 认证 59
    4.1 食品 SC 认证概述 59
    4.2 食品生产许可法律法规及监管规章 64
    4.3 食品 SC 认证的流程 68
    本章小结 72
    知识拓展 73
    复习参考题 73

第 5 章 HACCP 认证 74
    5.1 HACCP 概述 74
    5.2 良好操作规范 76
    5.3 卫生标准操作程序 80

5.4　HACCP 的原理及应用 ··· 83
　　5.5　我国食品生产企业的 HACCP 体系认证 ······································· 96
　本章小结 ·· 99
　知识拓展 ·· 99
　复习思考题 ·· 99

第 6 章　ISO22000:2018 标准及认证 ·· 101
　　6.1　ISO22000 标准概述 ·· 101
　　6.2　ISO22000:2018 标准的理解 ·· 102
　　6.3　ISO22000 认证 ··· 124
　本章小结 ·· 128
　知识拓展 ·· 128
　复习思考题 ·· 129

第 7 章　绿色食品认证 ·· 130
　　7.1　绿色食品认证概述 ··· 130
　　7.2　绿色食品的标准体系 ··· 134
　　7.3　绿色食品标志的申报与认证 ··· 136
　本章小结 ·· 141
　知识拓展 ·· 142
　复习思考题 ·· 142

第 8 章　有机食品认证 ·· 143
　　8.1　有机食品概述 ·· 143
　　8.2　有机产品认证的相关法律法规及要求 ······································· 145
　　8.3　有机产品生产、加工、标识与管理体系要求 ····························· 148
　　8.4　有机食品认证概述 ··· 158
　　8.5　有机食品认证管理 ··· 163
　本章小结 ·· 168
　知识拓展 ·· 169
　复习思考题 ·· 169

第 9 章　地理标志产品认证 ·· 170
　　9.1　地理标志产品概述 ··· 170
　　9.2　农产品地理标志登记制度 ·· 178
　　9.3　地理标志专用标志使用管理办法 ·· 181
　本章小结 ·· 183
　知识拓展 ·· 183
　复习思考题 ·· 184

第 10 章　良好农业规范认证 ·· 185
　　10.1　良好农业规范概述 ··· 185
　　10.2　良好农业规范认证标准 ·· 188
　　10.3　我国良好农业规范认证 ·· 191
　本章小结 ·· 199
　知识拓展 ·· 200
　复习思考题 ·· 200

第 11 章　管理体系审核······201
11.1　审核相关概念与审核原则······201
11.2　审核方案的管理······204
11.3　实施审核······207
本章小结······215
知识拓展······215
复习参考题······215

主要参考文献······216

《食品质量安全认证》(第二版)教学课件索取单

凡使用本书作为教材的主讲教师,可获赠教学课件一份。欢迎通过以下两种方式之一与我们联系。本活动解释权在科学出版社。

1. 关注微信公众号"科学 EDU"索取教学课件
   关注→"教学服务"→"课件申请"

科学 EDU

2. 填写教学课件索取单拍照发送至联系人邮箱

姓名:		职称:	职务:
学校:		院系:	
电话:		QQ:	
电子邮件(重要):			
通讯地址及邮编:			
所授课程 1:		学生数:	
课程对象:□ 研究生 □ 本科(___年级)□ 其他_____		授课专业:	
所授课程 2:		学生数:	
课程对象:□ 研究生 □ 本科(___年级)□ 其他_____		授课专业:	
使用教材名称/作者/出版社:			
贵校(学院)开设的食品专业课程还有哪些? 使用教材名称/作者/出版社:			

扫码获取食品专业
教材最新目录

联系人:席 慧　　咨询电话:010-64000815　　回执邮箱:xihui@mail.sciencep.com

第1章 认证认可基础知识

【教学目的和要求】 通过对认证认可制度基础知识的学习,能够熟知认证认可制度的起源与发展概述,并根据我国认证认可法律体系及我国认证认可工作的地位,加深对认证认可的定义、区别及作用的理解。

1.1 认证认可制度的起源、发展及合格评定

1.1.1 认证认可制度的起源与发展

1.1.1.1 近代认证认可制度的起源

近代的产品认证制度最早出现在英国。1903 年英国制造商们开始在符合尺寸标准的钢轨上使用世界上第一个认证标志——BS 风筝标志(图 1.1)。1919 年英国政府颁布了《商标法》,规定经第三方检验机构检验合格的产品方可使用风筝标志。1921 年成立英国标志委员会,负责管理风筝标志的发放和使用;1922 年开始对各类产品的标志实行注册,风筝标志成为受法律保护的认证标志;1926 年英国标志委员会向英国电气总公司颁发了第一个《风筝标志使用许可证》。1975 年英国开始在家用电器及其他安全设备和产品上使用英国标准协会(British Standards Institution,BSI)安全标志。目前已有 20 多个国家和地区使用风筝标志和安全标志。

图 1.1 风筝标志

20 世纪初,一种不受产销双方经济利益所支配的第三方认证最先在工业化国家开展,用科学、公正的方法对上市商品进行评价、监督,以正确指导产品生产和公众购买,保证消费者的基本利益,后来逐渐演化形成了认证制度。

认证活动经历了一个世纪的发展,经历了民间自发认证、国家法规认证、国际统一认证标准、国际互认 4 个阶段。

1.1.1.2 世界认可日

2007 年 10 月 28 日,由国际认可论坛(International Accreditation Forum,IAF)和国际实验室认可合作组织(International Laboratory Accreditation Cooperation,ILAC)在澳大利亚悉尼联合召开的 2007ILAC/IAF 大会上确定,自 2008 年起,每年的 6 月 9 日为 "国际认可日"。选择这一天是因为 ILAC 和 IAF 的第一次紧密合作委员会会议是在 2001 年 6 月 9 日召开的,标志着认可界两大国际组织工作一体化进程的开始。2009 年 10 月在 IAF 和 ILAC 联合年会上,IAF 和 ILAC 决定从第三届起,将 "国际认可日" 更名为 "世界认可日"。

2008 年 6 月 9 日是首个 "国际认可日",其主题是 "信任",即认可在全球市场传递信任。2009 年的主题为 "能力";2010 年为 "全球承认";2011 年为 "认可——政府监管工作的支撑";2012 年为 "食品安全与清洁饮用水";2013 年为 "认证认可促进世界贸易";2014 年为 "认证认可在能源供应中传递信任";2015 年为 "认可支持健康和社会关怀";2016 年

为"认证认可，通行世界"；2017 年为"认可，在建设工程和建筑环境中传递信任"；2018 年为"认可，让世界更安全"；2019 年为"认可，促进供应链提升价值"；2020 年为"认可：改善食品安全"。

1.1.1.3 我国的认证认可的发展历程

认证认可在我国是"舶来品"。我国认证认可制度始于 20 世纪七八十年代改革开放之初，随着我国市场经济的发展而发展，大致可划分为以下三个阶段。

1. 认证认可工作试点和起步阶段（1978～1991 年）

1）认证领域　　1978 年，我国重新加入国际标准化组织，开始了解到认证是对产品质量进行评价、监督、管理的有效手段。1981 年，我国加入国际电子元器件认证组织并成立了新中国第一个产品认证机构——中国电子元器件认证委员会，这标志着我国正式借鉴国外认证制度的开始。从 20 世纪 80 年代中期至 90 年代初期，我国相继建立了关于家用电器、电子娱乐设备、医疗器械、汽车、食品、消防产品等的一系列产品认证制度。

2）认可领域　　1980 年，国家标准局和国家进出口商品检验局共同派员组团参加国际实验室认可大会，国际认可活动在我国开始萌芽。1985 年，我国开始推行实验室认可制度。

2. 认证认可工作全面推行阶段（1991～2001 年）　　1991 年 5 月，国务院第 83 号令正式颁布了《中华人民共和国产品质量认证管理条例》，标志着我国的质量认证工作由试点起步进入了全面规范的新阶段。

3. 统一的认证认可制度建立和实施阶段（2001 年至今）　　我国从国际上引入认证认可制度后，在当时计划经济体制下，由不同部门在各自行业领域分别推行，客观上产生各自为政、多头管理、重复认证等一系列弊端。最为突出的是，由于当时内外贸市场分割，对国产产品和进口产品分别实施两套不同的认证制度，不符合国际通行的国民待遇原则。

2018 年 3 月，根据中共中央《深化党和国家机构改革方案》，组建国家市场监督管理总局，负责市场综合监督管理，负责统一管理检验检测、认证认可等工作。国家认证认可监督管理委员会（以下简称认监委）职责划入国家市场监督管理总局，对外保留牌子。充分体现了党中央、国务院对认证认可检验检测工作的高度重视，标志着认证认可检验检测工作进入新时代。

1.1.2 合格评定程序概述

1.1.2.1 合格评定程序的定义

国际标准化组织（ISO）/国际电工委员会（IEC）指南 2（ISO/IECGuide2）对"合格评定"做出了明确的定义，即直接或间接确定是否满足相关要求的任何活动（ISO/IEC 指南 2）。

合格评定（conformity assessment）　　是指与产品、过程、体系、人员或机构有关的规定要求得到满足的证实，其专业领域包括所定义的活动，如检测、检查和认证，以及对合格评定机构的认可。这里的"合格评定"是广义的概念，包括了通常所讲的检测、检查、认证等合格评定活动及对合格评定机构的认可。

合格评定包括认可（测试和校准实验室认可、认证机构认可、审核员培训机构认可、认证培训课程认可、认证咨询机构认可、审核员/评审员认可）和认证（产品质量体系认证、质量管理体系认证、环境管理体系认证、职业安全管理体系认证、食品安全管理体系认证）。

合格评定程序（conformity assessment procedure） 指任何用以直接或间接确定是否满足技术法规或标准有关要求的程序（《技术性贸易壁垒协议》，简称《TBT 协议》）。

合格评定机构（conformity assessment body） 是指从事合格评定服务的机构，是提供合格评定服务并可作为认可对象的机构。合格评定机构从事的合格评定活动包括认证、检查、检测、校准等。

规定要求（specified requirement） 是指明示的需求或期望。

1.1.2.2 合格评定程序的由来

"合格评定程序"的概念是由"产品认证"发展而来的。20 世纪 60 年代，国际贸易的发展使得对出入境货物进行不能逐批检验，只能进行抽检，而抽检的前提是贸易产品的质量有基本保证，这个保证就来自"产品认证"。经过认证的产品取得相应的证书或标识则易于通过检验而放行。

1.1.3 合格评定程序的特点

"合格评定程序"源于 ISO/IEC 指南 2 的"合格评定"概念，但二者存在差异。相较于合格评定的概念，合格评定程序具有以下特点：①合格评定程序涵盖产品、过程，但不涉及服务领域；②合格评定程序不仅评定标准的符合性，还评定技术法规的符合性；③合格评定程序指的是用来规范合格评定活动的一套程序性规则。

1.1.4 合格评定程序的内容

1.1.4.1 WTO/TBT 协议对合格评定程序的内容

合格评定程序，即任何直接或间接用以确定是否满足技术法规或标准中的相关要求的程序。

合格评定程序包括抽样、检测和检验程序；符合性评价、验证和保证程序；注册、认可和批准程序及它们的组合。

TBT 协议未对上述内容给出进一步的定义，根据在 ISO/IEC 有关符合性评估的标准和指南，可以对这些内容做出以下解释。但应该注意的是，ISO/IEC 给出的定义是从标准化的角度做出的。因此，这些解释可作为理解 TBT 协议中这些内容的基础。但在某些情况下，两者的含义可能会有差别（如上述 ISO/IEC 中"符合性评定"的概念与 TBT 协议中"合格评定程序"概念的差异）。

抽样（sampling） 抽样是取出部分物质、材料或产品作为整体的代表性样品进行测试或校准的规定过程。取样要求也可由物质、材料或产品的测试或效准的有关规范提出。在某种情况下（如法医鉴定），样品可能不是代表性的，而是由实际可得性决定的。

检测（testing） 进行一种或多种测试工作的行为。

检验（inspection） 检验指通过观察和判断（适宜时辅之以测量、测试或度量）进行符合性评价。

符合性评价（evaluation of conformity） 系统性检查某个产品、过程或服务满足规定要求的程度。

验证（verification） 通过检查和提供证据来证实规定的要求已得到满足。

符合性保证（assurance of conformity） 其结果是对产品、过程或服务满足规定要求的置信程度给予说明的活动。

注：对于产品，这种说明可以采用文件、标签或其他相当的方式。这类说明也可以被印刷或反映在某个通讯、分类目录、货单、用户手册等与该产品有关的材料上。

注册（registration） 由某个团体用于以某种适宜的、公众可得到的一览表指出产品、过程或服务的特性，或给出团体或人的详细资料的程序。

认可（accreditation） 由权威团体对团体或个人执行特定任务的胜任能力给予正式承认的程序。

批准（approval） 根据明示的目的或条件销售或使用产品或过程的许可。

注：批准可以将满足规定要求或完成规定程序作为依据。

1.1.4.2 我国合格评定程序的内容

在我国合格评定程序的9项内容，即抽样、检验程序、检测、符合性评价、验证、保证程序、注册、认可、批准程序都存在。在检验检疫领域，符合性评价制度主要表现形式为检验监督管理制度和认证认可制度。

1.1.5 合格评定程序的分类

根据《TBT协议》给出的合格评定程序定义和对其内容的注释，可将合格评定程序分成检验程序、认证、认可和注册批准程序四个层次。

按照实施的部门，合格评定程序可划分为三类：供应商的符合性声明是以他们的自我评估为基础，此为第一方评定；第二方评定是由买方或者代表买方的测试和检验机构完成；第三方评定应该是独立于买方和卖方的第三方完成，它既可能是由认证机构完成，也可能由受认证机构或监管部门委托的检验和测试机构完成。

1.1.6 合格评定活动

合格评定活动（conformity assessment activity）指直接或间接用来确定是否满足技术法规或标准相应规定的程序。合格评定活动包括检测、检查和多种形式的认证，这些活动的结果通过如声明、报告、证书、符合性标志或授权和许可证（见 ISO/IEC17000:2004）等多种方式予以证明。

1.1.6.1 合格评定活动的形式

常见的合格评定活动的形式包括：认证、认可、检验、检测、校准及供方合格声明。

1.1.6.2 合格评定活动的对象

合格评定活动的对象包括：产品、服务、管理体系、人员、过程、机构（认可的对象）及其他。

1.1.6.3 合格评定活动的依据及性质

合格评定的依据是按规定要求所形成的准则，是"明示的需求或期望"。规定要求可以来自法规、标准和技术规范等规范性文件。技术法规是强制执行的规定产品特性或相应加工和生产方法，包括可适用的行政（管理）规定在内的文件；标准可以作为合格评定的依据，这是由于标准是对重复性事物和概念所做的定义。

1.1.6.4 合格评定活动的属性

按照从事合格评定活动的属性，可分为第一方、第二方和第三方实施的合格评定活动。第一方是指由制造商、服务商等供方实施的合格评定，如生产企业为满足自身研发、设计和生产需要而开展的自检、内审等；第二方是指由用户、消费者或采购商等需方实施的合格评定，如采购方对采购货物进行的检测、验货等；第三方是指由独立于供需双方的第三方机构实施的合格评定，如产品认证、管理体系认证、各类认可活动等。认证、认可和向社会出具具有证明作用的检验检测活动都属于第三方合格评定。

1.1.6.5 合格评定活动的实施主体

合格评定服务的主要提供者是合格评定的实施主体，主要是合格评定机构。

1. 合格评定机构 其是从事合格评定服务的机构，如检测实验室、校准实验室、检验机构、产品认证机构、管理体系认证机构、人员认证机构等。依据机构的属性可分为实施第一方合格评定的机构（简称第一方机构）、实施第二方合格评定的机构（简称第二方机构）和实施第三方合格评定的机构（简称第三方机构）。第三方合格评定机构的特征决定了它们开展合格评定的独立性、客观性，其合格评定结果可被社会与政府直接采信。

2. 认可机构 其是从事对合格评定机构的能力与管理进行认可与评价的权威机构，它不是合格评定机构。认可机构通常由政府授权或指定，认可对象为合格评定机构。认可机构为合格评定机构提供具备实施特定合格评定工作能力的第三方证明。

中国合格评定国家认可委员会是从事认可的机构，根据认监委授权开展实验室、检查机构、认证机构、人员注册机构等合格评定机构的认可工作。

1.1.6.6 合格评定结果的体现形式

合格评定的结果通常以证书、报告、标志等书面形式向社会公示。通过这种公示性证明，解决信息不对称问题，以获得相关方和社会公众的普遍信赖。其主要形式有：认证证书、标志，认可证书、标志，检验证明、检测报告，自我声明及第二方评价。

1.1.7 合格评定的原则

《TBT协议》对各成员制定、采用和实施判断产品是否符合技术法规和标准的合格评定程序提出了一些基本原则，包括非歧视原则、遵守国际标准原则、统一原则、透明度原则、协调一致原则及有限干预原则。这些原则是各国管理、开展合格评定活动和组织实施合格评定时必须遵守的，也是我国建立合格评定制度和国际互认的基础。

1.1.8 合格评定的作用和定位

认证认可检验检测之所以是市场经济的一项基础性制度，概括来说，体现为"一二三四"，即一个本质属性：传递信任，服务发展；两个典型特征：市场化、国际化；三个基本功能：质量管理"体检证"、市场经济"信用证"、国际贸易"通行证"；四个突出作用：改善市场供给、服务市场监管、优化市场环境、促进市场开放。

1.2 认证认可制度

1.2.1 认证认可的定义

1. 认证 《中华人民共和国认证认可条例》中规定：认证（authentication）是指由认证机构证明产品、服务、管理体系符合相关技术规范、相关技术规范的强制性要求或者标准的合格评定活动。

认证包括以下四层含义：①认证是由认证机构进行的一种合格评定活动；②认证的对象是产品、服务和管理体系；③认证的依据是相关技术规范、相关技术规范的强制性要求或者标准；④认证的内容是证明产品、服务、管理体系符合相关技术规范、相关技术规范的强制性要求或者标准。

2. 认可 《中华人民共和国认证认可条例》中规定：认可（accreditation）是指由认可机构对实验室、检查机构、认证机构及从事评审、审核等认证活动人员的能力和执业资格，予以承认的合格评定活动。

认可包括以下三层含义：①认可的性质是由认可机构进行的一种合格评定活动；②认可的对象包括认证机构、检查机构、实验室及从事审核、评审等认证活动的人员；③认可的内容是对上述机构及从事认证活动的人员的能力和执业资格予以承认。

认证通常分为产品、服务和管理体系认证；认可通常分为对各类认证机构、实验室、检查机构等合格评定机构的认可和对从事评审、审核等认证活动人员的能力和执业资格认可。

1.2.2 认证认可制度及认可机构

认可制度通常指实施认可的规则、程序和对认可的管理；认证制度通常指实施认证的规则、程序和对认证的管理；检测制度通常指实施检测的规则、程序和对检测的管理；检查制度通常指实施检查的规则、程序和对检查的管理。

认可机构指实施认可的权威机构，认可机构的权力通常源自政府，但认可机构不是合格评定机构。认可机构在与合格评定机构及其客户之间的关系中保持公正，并通常以不分配利润的方式运作。

1.2.3 认可的分类、本质及作用

1.2.3.1 认可的分类

认可是对合格评定机构满足所规定要求的一种证实，这种证实大大增强了政府、监管者、公众、用户和消费者对合格评定机构的信任，以及对经过认可的合格评定机构所评定的产品、过程、体系、人员的信任。这种证实在市场，特别是国际贸易及政府监管中起到了相当重要的作用。一般情况下，按照认可对象的分类，认可分为认证机构认可、实验室及相关机构认可和检查机构认可等。认可机构对于满足要求的认证机构予以正式承认，并颁发认可证书，以证明该认证机构具备实施特定认证活动的技术和管理能力。

1.2.3.2 认可的本质

对于获准认可的认证机构，认可机构证明其在特定范围内按国际公认标准具有从事相应认证活动的能力；通过认可的认证机构，在技术能力和管理能力方面达到认可规定的要求并持续

保持，即使出现了不符合要求的认证证书，也可以在规范的运作体系下查找到导致不符合的原因，使其认证活动更具有追溯性，及时采取纠正措施和预防措施，不断地进行改进，提供可信的服务。

1.2.3.3 认可的作用

在认可发展历程中，认可始终在国民经济建设和社会的发展中发挥着积极的作用，认可结果被国内外政府管理部门和公众所信任和使用，这充分体现了认可的作用。认可作为合格评定机构能力证明的一种重要手段和传递信任的一种重要方式，在适应经济全球化，促进产品质量安全，规范市场行为，指导消费，保护环境和生命健康，促进经济建设和社会发展等方面发挥了积极作用。

1.2.3.4 认可的特征

认可作为一种传递信任的手段，具有权威性、独立性、公正性、技术性、规范性、统一性和国际性七大特征。这些特征相辅相成，互相促进。权威性是认可机构的基本特征；独立性是认可公正性的重要保障；公正性、技术性和规范性是认可及其认可结果获得政府和公众信任的根本条件，同时也促进了认可机构的权威性；统一性是国际认可制度发展的趋势，集中统一的认可制度已成为认可国际化的基础；国际性则是国际贸易对认可的要求，经济全球化需要国际化的认可制度，国际化的认可制度也促进了国际贸易的发展。

1.2.4 认可流程图

认可实施过程主要分为申请、评审和决定批准三个阶段，具体工作流程如图1.2所示。

1.2.5 合格评定与认可的区别

在合格评定与认可链上，为社会提供产品与服务的供方组织是基础。合格评定机构对供方组织的产品和服务进行是否符合要求的审核、检测或检查。认可机构对合格评定机构的能力进行评审确认。

认可机构在与合格评定机构及其客户的关系中保持公正。其主要的差异在于：实施的主体不同、实施的客体不同、实施的效力不同。

1.2.6 认可的国际组织

认证认可向国际化的方向发展。随着世界经济一体化进程加快，商品跨国界自由流动成为发展趋势，为适应投资便利化和贸易自由化的需求，合格评定"一站式"服务成为企业界

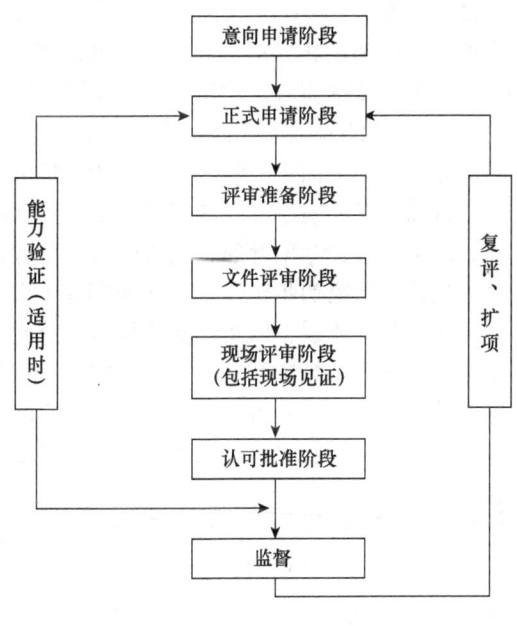

图 1.2 认可流程图

的呼声，即一次合格评定活动在世界范围内普遍接受。为此，认证认可方面的国际组织、区域性合作组织做了大量努力。它们制定了国际通用的标准和指南，发展了国际互认安排。

目前区域性和国际上的认可合作组织主要有：国际认可论坛（IAF）、国际实验室认可合

作组织（ILAC）、国际审核员与培训认证协会（IATCA）、太平洋认可合作组织（PAC）等。这些组织在促进国际互认和国际贸易方面正在发挥积极的作用。

1.3 中国认证认可法律法规体系

1.3.1 中国认证认可立法工作回顾

1981年，中国成立了第一个产品认证机构——中国电子元器件认证委员会；1983年，我国开启了实验室认可制度；1985年，颁布《计量法》规定检验机构要求；1986年，国际标准局发布《国家产品质量监督检验测试中心管理试行办法》（第十一条 凡具备《国家产品质量监督检验测试中心基本条件》的单位经主管部门和地方标准局初审同意，都可以向审查机关提出认可的申请）；1987年，国家计量局、标准局合并组成国家技术监督局；1988年12月，《中华人民共和国标准化法》颁布实施，明确实施质量认证工作等，国家技术监督局改为国家质量技术监督局，组建认证与实验评审管理司；1989年8月，《中华人民共和国进出口商品检验法》颁布实施，明确在进出口商品领域开展质量认证工作；1991年5月，国务院发布了《中华人民共和国产品质量认证管理条例》，全面规定了认证的宗旨、性质、组织管理、认证条件和程序、认证机构、罚则等；1993年2月，《中华人民共和国产品质量法》颁布，明确质量认证制度为国家的基本质量监督制度，中国认证认可制度逐步进入到法治化轨道；1994年，我国开启了认证机构认可制度，并成立实验室评审管理办公室；1995年，我国开启了认证评审员注册制度；1997年，成立国际实验室认可合作组织；2001年，国家质量技术监督局和国家出入境局合并组建国家质检总局；2001年8月，国家成立国家认监委，标志着我国质量认证体制跨入了新阶段；2003年，颁布了《中华人民共和国认证认可条例》，自此，中国的认证认可工作进入国家统一管理，全面规范化、法治化阶段；2006年3月31日正式成立中国合格评定国家认可委员会（CNAS），CNAS是在原中国认证机构国家认可委员会（CNAB）和原中国实验室国家认可委员会（CNAL）的基础上整合而成。此后，中国各类产品认证、体系认证和服务认证，以及中国的认可工作随着中国市场经济发展和中国不断融入国际经济体系之中而不断完善发展。

目前，以《中华人民共和国认证认可条例》为核心，包括认可管理、认证管理、机构管理、人员管理、专项管理和执法监督6个方面的部门规章和行政规范性文件为配套的认证认可法规体系已经初步构建。建立和实施了以《中华人民共和国认证认可条例》为核心的认证认可法律制度体系，以及"法律规范、行政监管、认可约束、行业自律、社会监督"五位一体的认证认可监督体系，实行统一的国家认可制度、强制性产品认证制度、实验室和检查机构资质认定制度，从而确立了中国特色的认证认可体系。

我国认证认可法律法规体系建设特征主要体现在统一性、适用性、开放性及国际性四个方面。

1.3.2 认证认可专门行政法规

2003年8月20日国务院第18次常务会议通过《中华人民共和国认证认可条例》（以下简称《认证认可条例》），2003年9月3日国务院令第390号公布自2003年11月1日起施行；2016年2月6日《国务院关于修改部分行政法规的决定》修订。

1.3.2.1 《认证认可条例》的立法特点

《认证认可条例》全面、系统规范了认证认可领域的活动，界定了认证认可活动的各类主体之间的权利义务关系；履行了我国加入 WTO 的相关承诺，适应我国加入 WTO 后的形势要求，对重要的进口产品质量安全许可制度和国产产品安全认证制度实行 3C（CNAS、CNAB、CNAL）认证，一证通行；淡化了政府直接管理市场的色彩，充分体现了政府职能转变的精神。

1.3.2.2 《认证认可条例》的主要内容

《认证认可条例》的主要内容（即确立的主要制度）包括以下 8 项制度：统一的认证认可监督管理制度，统一的认可制度，认证机构设立许可制度，实验室和检查机构资质认定制度，自愿性和强制性相结合的认证制度，认证咨询机构、认证培训机构监督管理制度，政府监管、行业自律和社会监督相结合的监督管理制度和认证认可法律责任制度。

1.4 中国的认证认可工作

1.4.1 我国的认可制度

2006 年 3 月 31 日，按照《中华人民共和国认证认可条例》的规定，由国家认证认可监督管理委员会批准设立并授权，在原中国认证机构国家认可委员会（CNAB）和原中国实验室国家认可委员会（CNAL）的基础上组建成我国统一的国家认可机构——中国合格评定国家认可委员会（China National Accreditation Service for Conformity Assessment，CNAS），建立了统一的认可制度，统一负责认证机构、实验室及相关机构和检查机构的认可工作。

2018 年 3 月，中共中央印发《深化党和国家机构改革方案》，组建国家市场监督管理总局。改革市场监管体系，实行统一的市场监管，这是建立统一、开放、竞争、有序的现代市场体系的关键环节。国家认证认可监督管理委员会、国家标准化管理委员会职责划入国家市场监督管理总局，对外保留牌子。不再保留国家工商行政管理总局、国家质量监督检验检疫总局和国家食品药品监督管理总局。

2018 年 9 月，中国机构编制网正式发布《国家市场监督管理总局职能配置、内设机构和人员编制规定》，对外保留国家认证认可监督管理委员会牌子。原有国家认监委的相关业务职能由认证监督管理司和认可与检验检测监督管理司承担（表 1.1）。

表 1.1 认证监督管理司、认可与检验检测监督管理司的组织结构

国家市场监督管理总局	
认证监督管理司	认可与检验检测监督管理司
国家认证认可监督管理委员会秘书处	综合处
认证机构管理处	认可管理处
消费品认证处	工业与消费品检验检测机构处
工业品认证处	农食环检验检测机构处
食品农产品认证处	公共服务检验检测机构处
管理体系认证处	检验检测市场监管处
服务认证处	检验检测行业协调处
人员认证处	检验检测能力验证处
认证质量处	检验检测行业监测处
认证监督处	技术管理处
认证国际合作处	

认证监督管理司：拟订实施认证和合格评定监督管理制度。规划指导认证行业发展并协助查处认证违法行为。组织参与认证和合格评定国际或区域性组织活动。

认可与检验检测监督管理司：拟订实施认可与检验检测监督管理制度。组织协调检验检测资源整合和改革工作，规划指导检验检测行业发展并协助查处认可与检验检测违法行为。组织参与认可与检验检测国际或区域性组织活动。

1.4.2 我国认证认可事业的发展

"十一五"时期，认证认可工作在规范市场行为、优化资源配置、维护公众利益、提高国民经济运行质量方面发挥了重要作用，取得了突出成绩，为"十二五"时期认证认可事业发展奠定了坚实的基础。

"十二五"时期，我国认证认可事业以服务科学发展、促进国家质量总体水平提升为宗旨，以推动认证认可事业又好又快发展为目标，以深化改革和自主创新为动力，进一步健全完善适应社会主义市场经济体制需要的法治化、科学化、国际化的认证认可工作体系。截至2015年发放有效认证证书总数145.8万张，获认证组织总数53万家，认可证书总数7964张，对GDP贡献率0.947%。

"十三五"时期，认证认可、检验检测发展面临众多新要求和新挑战。其发展目标是认证认可检验检测服务能力显著增强，创新能力明显提升，行业治理日益完善，检验检测认证服务业实现较快增长，国际化水平迈上新的台阶，国家质量技术基础更加稳固。"十三五"主要发展指标（2020年）为有效认证证书总数240万张，对外出具检验检测报告数4.4亿张，认证覆盖率4.6%，对GDP贡献率0.96%。

1.4.3 我国认证认可工作的地位

认证认可工作作为质量监管链条上重要的一环，对促进科学发展、保障质量安全具有不可替代的作用。认证认可是提高质量总体水平的基础性工作，是我国质量安全的一道重要防护门。认证认可在从源头上确保产品质量安全、规范市场行为、指导消费、保护环境、保护人民生命健康、促进对外贸易等方面发挥了不可忽视的作用，为我国的经济、社会等发展起到了积极的促进作用。我国认证认可工作已居世界领先地位。

《国家"十二五"规划纲要》首次将认证认可、检验检测列为11类生产性服务业、9类高技术服务业和8类科技服务业的重要门类。《国家"十三五"规划纲要》进一步强化了认证认可、检验检测的地位作用，在应用范围、服务功能、创新能力等方面提出了更高的要求。《中国制造2025》等专项规划也都明确提出充分发挥认证认可、检验检测的作用。特别是十九大前后，党中央、国务院对认证认可工作高度重视，进一步提出了全面而明确的要求。

为准确研判我国认证认可在国际上的发展地位，科学指导认证认可强国建设，国家认监委从2016年开始组织开展认证认可强国评价指标研究，构建了相对科学、系统和完整的指标体系，包括指标体系和指数测算。综合来看，我国已进入国际认证认可的第二阵容前列，正在加快迈向认证认可强国行列。

据统计，截至2019年年底我国认证认可已全面覆盖第一、第二、第三产业和经济社会各领域，共有认证机构403家、检验检测机构33 235家；国家认可的各类合格评定机构9000多家，从业人员114万余人，检验检测认证服务产值突破2800亿元，成为生产性服务业、高技术服务业、科技服务业的重要门类，成为全球增长最快、最具潜力的检验检测认证市场（图1.3）。

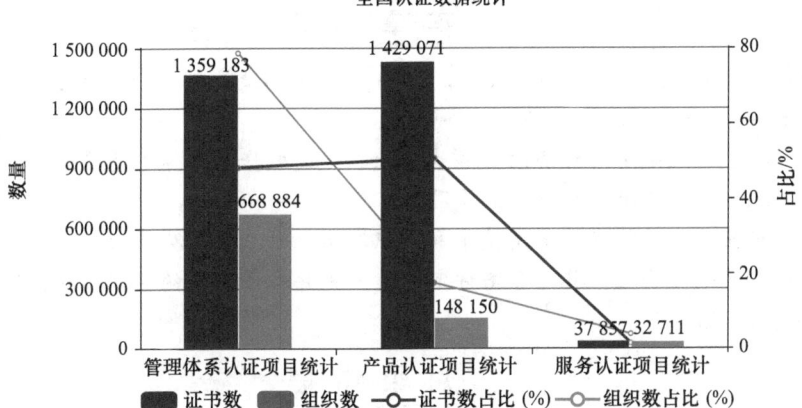

图 1.3 全国认证数据统计（引自国家市场监督管理总局网站）

2020 年 10 月，我国有效认证证书数为 286 万余张，获证企业数 77.9 万余家，连续多年位居世界第一。其中广东、浙江、江苏、山东和上海的证书数均在 10 万张以上。

1.5 食品质量安全认证

食品所具有的各种特性的总和，便构成了食品质量的内涵。食品质量是指食品的一组固有特性满足要求的程度。食品安全指食品无毒、无害，符合应当有的营养要求，对人体健康不造成任何急性、亚急性或者慢性危害。

食品质量安全认证是一门新型学科，在形成自己的理论基础和学科体系的过程中，与其他学科有着千丝万缕的联系，它属于管理学的范畴。因此，首先要有管理学基础，其次在不同层次中，掌握体系特征、不同产品性状和质量的变化因素，需要食品原料学、食品添加剂、生物化学、食品化学、营养学等学科的基础知识，还必须了解食品微生物学、人畜共患病学、食品安全学、食品冷藏学及有关物理化学方面的知识。只有具备管理学、生物类及理化等学科的基础知识，才能学好本门专业课。通过本学科的理论学习和实践训练，使学生在获得广泛知识的基础上，掌握认证的理论知识和基本技能，理论联系实际，成为具有独立工作能力和开拓精神的专门技术人才，为发展我国认证认可事业做出应有的贡献。

基于上述目的，确定以下内容为本学科研究的主要内容。

1. 认证认可的基础知识　　认识认证认可制度的起源与发展我国认证认可法律法规体系，以及认证认可工作的地位。

2. 食品质量安全管理体系认证　　主要包括以 ISO9001 标准为依据开展的质量管理体系认证、食品安全管理体系认证（HACCP）及 ISO22000 认证等。

3. 产品认证　　主要为自愿性产品认证，是为满足市场经济活动有关方面的需求，委托人自愿委托第三方认证机构开展的合格评定活动，范围比较宽泛。

4. 管理体系审核　　包括审核原则、审核方案的管理、实施审核、审核员的能力和评价及审核策划和实施审核等。

本 章 小 结

近代的产品认证制度最早出现在英国。1903年英国制造商们开始在符合尺寸标准的钢轨上使用世界上第一个认证标志——BS风筝标志。

认证认可检验检测是市场经济的一项基础性制度，概括起来体现为"一个本质属性、两个典型特征、三个基本功能、四个突出作用"。

认证认可行业具有的特点主要是技术和知识密集，独立性、公正性、权威性要求高，外部性强，规模经济效益明显；其与合格评定的主要差异在于实施的主体不同、实施的客体不同及实施的效力不同。

知 识 拓 展

中华人民共和国认证认可条例　　认证证书和认证标志管理办法　　RB/T 002—2017 认证认可行业标准分类指南　　RB/T 001—2017 认证认可行业标准编写指南

复习思考题

1. 名词解释

合格评定　合格评定活动　检查　检测　认证　合格评定制度　合格评定程序　认可

2. 简答题

（1）从认证认可制度的起源与发展，思考认证认可制度对现实社会的意义，反思如何使其持续发扬光大？

（2）认可的本质是什么？

（3）认可与合格评定的关系是什么？

（4）认证与认可的区别与联系是什么？认可机构与认证机构的区别是什么？

（5）简述认可与市场准入、行政监管的关系。

第2章　食品管理体系及产品认证

【教学目的和要求】通过对食品管理体系及产品认证的学习，能够熟知质量体系认证及产品质量认证概况，并根据质量体系认证及产品质量认证的实施程序，指导质量体系认证及产品质量认证。

2.1　质量体系认证

2.1.1　质量体系认证的相关概念

质量（quality）　美国著名的质量管理专家朱兰（J.M.Juran）博士从顾客的角度出发，提出了产品质量就是产品的适用性，即产品在使用时能成功地满足用户需要的程度。用户对产品的基本要求就是适用，适用性恰如其分地表达了质量的内涵。

ISO9000:2015对"质量"的定义为："一个关注质量的组织倡导一种通过满足顾客和其他有关相关方的需求和期望来实现其价值的文化，这种文化将反映在其行为、态度、活动和过程中。组织的产品和服务质量取决于满足顾客的能力，以及对有关相关方的有意和无意的影响。产品和服务的质量不仅包括其预期的功能和性能，而且还涉及顾客对其价值和受益的感知。"

质量管理（quality management）　国际标准化组织（ISO）颁布的国际标准ISO9000:2015中关于质量管理的定义是："关于质量的管理"。

注：质量管理可包括制定质量方针和质量目标，以及通过质量策划、质量保证、质量控制和质量改进实现这些质量目标的过程。

质量保证（quality assurance，QA）　指对某一产品或服务能够满足规定的质量要求，提供适当信任所必需的全部有计划、有系统的活动。为了行之有效，质量保证通常要求对影响预期采用的设计或者规范的适用性所涉及的诸因素进行连续评价，并对生产、安装和检验工作进行验证和审核；提供信任也包括出示证据。

质量体系（quality system）　指实施质量管理的组织结构、职责、程序、过程和资源。质量体系所包含的内容仅需满足实现质量目标的要求。

质量管理体系（quality control system，QCS）　指企业内部建立的、为保证产品质量或质量目标所必需的、系统的质量活动。它根据企业特点选用若干体系要素加以组合，加强从设计研制、生产、检验、销售、使用全过程的质量管理活动，并给予制度化、标准化，成为企业内部质量工作的要求和活动程序。

质量管理体系的内涵主要体现在质量管理体系应具有符合性、唯一性、系统性、全面有效性、预防性、动态性、持续受控及最佳化。

质量体系认证（quality system certification）　亦称质量体系注册：是由公正的第三方体系认证机构，依据正式发布的质量体系标准，对企业的质量体系实施评定，并颁发体系认证证书和发布注册名录，向公众证明企业的质量体系符合某一质量体系标准的全部活动。

2.1.2 质量体系认证的特点

独立的第三方质量体系认证诞生于20世纪70年代后期,它是从产品质量认证中演变出来的。

质量体系认证具有的特点是:①认证的对象是供方的质量体系;②认证的依据是质量保证标准;③认证的机构是第三方质量体系评价机构;④认证获准的标识是注册和颁发证书;⑤认证是企业自主行为。

2.1.3 质量体系认证的目的和意义

一个企业无论是处于合同环境还是非合同环境,建立完善的质量体系,并通过质量体系认证,可以极大地提高企业的竞争能力,增强其企业的信誉,这是一个总目标。

质量体系认证的目的意义主要在于:①提高供方的质量信誉和企业的管理水平,增强企业竞争能力,提高经济效益;②降低承担产品责任的风险;③保证产品质量,降低废次品损失,降低成本,提高效益;④有利于提高企业的服务质量、信誉度和产品知名度,有利于提升企业的执行力。

2.1.4 质量体系认证的对象和要求及适用组织

2.1.4.1 质量体系认证的对象和要求

质量体系认证的对象是企业。认证的过程是按照《质量管理和质量保证》系列标准的要求,对质量体系的整体进行科学的评价,以证明企业的质量保证能力符合相应标准的要求。

2.1.4.2 质量体系认证的适用组织

ISO9001质量体系适合希望改进运营和管理方式的任何组织,不论其规模或所属部门如何。然而,要获得最佳的投资回报,公司应准备在整个组织中实施该体系,而不是只在特定场所、部门或分部内实施。

此外,ISO9001可以与其他管理系统标准和规范(如OHSAS 18001职业健康安全管理体系和ISO14001环境管理体系)兼容。它们可以通过"整合管理"进行无缝整合。它们具有许多共同的原则,因此选择整合的管理体系可以带来极大的经济效益。

2.1.5 质量体系认证的基本内容

质量体系由组织机构、职责、程序、过程和资源五个方面组成。每个方面均由若干个相互关联、相互作用的要素所组成。质量体系认证就是要对上述五个方面的基本内容进行科学的评价并得出是否符合标准要求的结论。

质量体系认证的内容十分丰富。质量体系认证的内容应视企业处于合同环境和非合同环境的不同要求,选择不同体系模式的差异,按照要求的不同要素进行评审。这是质量体系认证工作实施过程应当紧紧抓住的主要问题。

2.1.6 质量体系认证的依据

质量体系认证的依据,即指认证机构开展质量体系认证所采用的标准。

产品质量法规定企业质量体系认证应当根据国际通用的质量管理标准。ISO颁布了

ISO9000《质量管理和质量保证》系列国际标准,为开展国际的质量体系认证提供了统一的依据。ISO9000 系列标准的发布,使世界各国的质量管理和质量保证的概念、原则、方法和程序得以统一,它标志着国际质量体系认证走上了程序化、规范化的新阶段。

我国于 1988 年正式发布等效采用 ISO9000 系列标准的国家标准。

2.1.7 取得质量体系认证的条件

企业要取得质量体系认证,主要应做好两方面的工作:一是建立健全质量保证体系;二是做好与体系认证直接有关的各项工作。关于建立质量保证体系,应从质量职能分配入手,编写文件化信息,贯彻文件化信息,做到质量记录齐全。

与体系认证直接有关的各项工作包括:①全面策划,编制体系认证工作计划;②掌握信息,选择认证机构;③与选定认证机构洽谈,签订认证合同或协议;④送审质量保证文件化信息;⑤做好现场检查迎检的准备工作;⑥接受现场检查,及时反馈信息;⑦对不符合项组织整改;⑧通过体系认证取得认证证书;⑨继续健全质量体系;⑩进行整改,迎接跟踪检查。

2.1.8 建立和实施质量管理体系的方法

建立和实施质量管理体系的方法包括:①确定顾客和其他相关方(如所有者、社会)的需求和期望;②建立组织的质量方针和质量目标;③确定实现质量目标必需的过程和职责;④确定和提供实现质量目标必需的资源;⑤规定测量每个过程的有效性和效率的方法;⑥应用这些测量方法确定每个过程的有效性和效率;⑦确定防止不合格并消除产生原因的措施;⑧建立和应用持续改进质量管理体系的过程。

2.2 质量管理体系的认证规则

《质量管理体系认证规则》(以下简称《规则》)于 2014 年 3 月首次发布实施;2015 年 5 月新的《行政诉讼法》实施后,更突显了《规则》对质量管理体系认证活动行政监督执法工作的作用,成为统一开展认证结果随机抽查工作的重要依据之一。

2.2.1 《质量管理体系认证规则》的作用

《规则》发布后取得的作用主要体现在以下几个方面:①完善认证认可法规体系;②规范质量管理体系认证行为;③为强化社会监督创造条件;④统一行政监督工作尺度。

2.2.2 《质量管理体系认证规则》的关注点

《规则》的重要关注点在于:①紧紧围绕质量目标,强化体系运行绩效审核和监督;②间接约束获证企业,维护认证机构公正权威;③为社会监督创造条件,为强化社会监督铺垫基础;④明确了一些刚性要求,统一尺度,避免不公平竞争。

2.2.3 《质量管理体系认证规则》的基本内容

《规则》的基本内容包括:适用范围、对认证机构的基本要求、对认证审核人员的基本要求、初次认证程序、监督审核程序、再认证程序、暂停或撤销认证证书、认证证书要求、与其他管理体系的结合审核、受理转换认证证书、受理组织的申诉、认证记录的管理、其他及附录 A 质量管理体系认证审核时间要求。

2.2.4 《质量管理体系认证规则》的适用范围

本规则用于规范认证机构对申请认证和获证的各类组织依据 GB/T 19001/ISO9001《质量管理体系 要求》标准在中国境内开展的质量管理体系认证活动，是认证机构在质量管理体系认证活动中的基本要求，相关机构在该项认证活动中应当遵守本规则。

本规则依据认证认可相关法律法规，结合相关技术标准，对质量管理体系认证实施过程做出具体规定，明确认证机构对认证过程的管理责任，保证质量管理体系认证活动的规范有效。

2.2.5 质量体系认证的实施阶段

我国质量体系认证的实施可分为以下四个阶段：第一阶段，提出申请；第二阶段，体系审核；第三阶段，审批发证；第四阶段，监督管理。

2.3 产品质量认证

2.3.1 产品质量认证概述

2.3.1.1 产品质量认证的概念

产品质量认证（product quality certification）是指依据产品标准和相应的技术要求，经认证机构确认并通过颁发认证证书和认证标志来证明某一产品符合相应标准和相应技术要求的活动。

ISO 在修订的《标准化、认证与试验室认可的一般术语及其定义》中规定，产品质量认证是指"由可以充分信任的第三方证实某一经过鉴定的产品或服务符合特定标准或其他技术规范的活动"。

产品质量认证包括合格认证和安全认证两种，其中安全认证在中国实行强制性监督管理。实行强制性监督管理的认证是法律、行政法规或规章制度强制执行的认证。食品生产许可证是所有食品生产企业必须取得的，是一种食品质量安全市场准入制度，是一种行政许可事项，具有强制性，不同于其他认证的自愿性。符合中国农业生产实际的质量体系认证主要是"3P"认证，即 GMP（良好生产规范）、GAP（良好农业操作规范）、HACCP（危害分析与关键点控制）。近年来，GAP 和 HACCP 在农业行业中的认证逐渐增多。

2.3.1.2 产品质量认证的依据

相应的产品标准及其补充的技术要求是产品质量认证的基本依据。产品质量认证所采用的标准一经确认，那么标准中规定的各项技术指标和要求就必须严格、准确地执行。

根据《产品质量认证管理条例实施办法》的规定：产品质量认证依据的标准应当是具有国际水平的国家标准或者行业标准。

2.3.1.3 产品质量认证的对象

产品质量认证的对象是产品。这是与企业质量体系认证的显著区别之一。目前，我国已经开展的食品产品质量认证主要有无公害食品认证、绿色食品认证、有机食品认证等。

2.3.1.4 产品质量认证的性质

《中华人民共和国标准化法》规定，企业对有国家标准或者行业标准的产品，可以向国务院标准化行政主管部门或者国务院标准化行政主管部门授权的部门申请产品质量认证。法律中使用"可以"一词是授权属性，即确立产品质量认证的自愿性原则。

《中华人民共和国产品质量法》规定，企业根据自愿原则可以向国务院产品质量监督管理部门或者国务院产品质量监督管理部门授权的部门认可的认证机构申请产品质量认证。

2.3.1.5 产品质量认证的原则

我国的产品质量认证实行第三方认证制度的原则。

第三方认证制度是指在产品质量认证活动中，从事认证的机构作为独立于生产方和购买方之外的第三方机构，公正地证明某一产品或服务的质量符合规定的标准，并在批准认证后，继续对其实施监督的一种认证制度。我国的产品质量认证实行的原则为第三方认证制度，并在关于认证委员会的组成、认证的检验机构、对认证后产品的监督及法律责任等的具体规范中，都充分地贯彻和体现了这一原则。

2.3.2 产品质量认证的目的、意义和益处

2.3.2.1 产品质量认证的目的

开展产品质量认证工作的目的，主要包括三个方面：一是为了保证和提高产品质量；二是为了提高产品信誉，增强产品的竞争能力；三是为了扩大和促进对外贸易和发展国际的产品质量认证合作，提高我国产品在国际市场上的地位。

2.3.2.2 产品质量认证的意义

实行产品质量认证制度的意义，在于它可以由公正的认证机构对产品提供一个正确可靠的质量信息。这种制度既符合生产方的利益，也符合购买方的利益。因此，针对需要和使用这种质量信息的不同对象，其发挥着不同的作用。对于消费者来说，经过产品质量认证的产品，为他们选购满意的商品提供了质量信息；对于生产企业来说，产品质量认证可以给企业带来更多的利润，提高企业的信誉，促使企业建立和完善质量保证体系。

2.3.2.3 产品质量认证工作的益处

产品质量认证工作的益处主要表现在它对产品、工艺和服务提出正确、可靠的质量信息；产品质量认证将给企业带来信誉和提高产品竞争力，可节约大量的检验费用；通过产品质量认证能不断推动企业产品质量的提高，出口贸易互认、相互免检；能促进企业质量体系的提高、完善和发展；企业通过产品认证，可以在管理上出效益。

总之，产品质量认证工作是一项持续发展的、有效的、世界各国公认的提高企业素质的途径。

2.3.3 产品质量认证的程序

2.3.3.1 申请条件

中国企业和外国企业及其他申请人，只要符合规定的申请条件，都可以向相应的认证机

构提出认证申请。这里所称的中国企业，包括国有、集体、私营企业，在中国境内的中外合资、合作和外资企业。外国企业是指在中华人民共和国境外的企业。其他申请人是指其他申请产品质量认证的社会团体、个体工商户等。凡申请产品质量认证的，都必须具备以下条件。

（1）中国企业及其他申请人应当持有工商行政管理部门颁发的《企业法人营业执照》或《营业执照》；外国企业应当持有外国有关机构的登记注册证明。申请人能够承担民事责任。

（2）产品质量应当符合我国国家标准、行业标准或经国家质量技术监督局确认的其他标准及其补充技术条件的要求。这里所说的"经国家质量技术监督局确认的其他标准"，主要是指外国企业到我国申请产品质量认证时，可以采用国际标准或外国标准，但是，应当经过国家质量技术监督局确认。为了促进产品质量达到国际水平，要求所采用的标准应当达到国际水平或国外先进水平。

（3）产品质量稳定，能正常批量生产，并提供有关证明材料。衡量产品质量是否稳定，是否能正常批量生产，一般通过检查工艺流程、工艺装备、随机抽样检验产品等方法进行综合评定。

（4）企业的质量体系应当符合国际质量管理和质量保证系列标准（ISO9000）的要求。外国企业的质量体系应当符合所在国等同采用ISO9000质量管理和质量保证标准及其补充要求。

2.3.3.2 办理申请

中国企业申请产品质量认证，应当向该产品归属的行业认证委员会提交申请书；外国企业或者其他申请人（如代销商），应当直接向国家质量技术监督局或其指定的行业认证委员会提交申请书及其认证所需的有关资料。申请书的格式由国家质量技术监督局统一规定。

申请书的内容主要包括：①申请单位的基本情况，如申请单位名称、地址、营业执照编号、联系人姓名等；②申请认证产品生产企业的基本情况，如企业名称、地址、法人代表姓名、职务等；③申请认证类别和产品状况，如申请安全认证或合格认证，所使用的认证标志，申请认证产品名称、规格型号、商标、产量、产值等；④申请单位的声明，说明愿意遵守《认证条例》的有关规定，接受工厂检查、产品检验及事后监督，按时交纳认证费用等。

在企业递交申请书的同时，应提供申请认证产品的生产企业的质量手册副本和认证产品的有关标准。

申请书经过审核被接受后，认证机构即向申请单位发出"接受认证申请通知书"。申请单位应当按照规定交纳认证申请费。

2.3.3.3 工厂审查和产品检验

企业的产品质量认证申请被受理后，应当对申请认证的生产企业进行质量体系审查，对产品及时进行检验。工厂进行审查的目的是检查、评定申请认证产品的生产企业的质量体系是否满足认证机构的要求，以证实该生产企业确实具备持续稳定地生产符合标准要求的产品的能力。工厂审查由认证委员会检查机构组织国家注册检查员及有关专家进行。

审查的内容是企业的质量体系。工厂审查完成后，国家注册检查员负责签署"企业质量体系检查报告"，并负责将检查报告报送认证委员会。检查报告是对工厂审查、评定结果的重要证明文件。检查报告经认证机构审查通过后，按照规定对企业申请认证的产品进行现场抽样。同时，企业应当按照规定，向认证机构交纳工厂审查费和样品检验费。对于工厂审查未通过的企业，不抽取样品，不收取样品检验费，仅交纳工厂审查费。

产品检验由认可的产品质量检验机构负责。产品检验按照认证机构指定的标准，对样品进行型式试验，并编写"样品检验报告"，经检验机构负责人签字后，报送认证机构。检验报告应当对每个检验项目明确填写检验数据、检验结果及该项目的检验结论（合格或者不合格）。对外国企业的质量体系审查和产品检验，可以根据与外国认证机构签订的认证合作协议，委托代理我国认证机构的国外认证机构进行。

2.3.3.4 审批和颁发证书

工厂审查和产品检验结束后，认证机构负责对工厂审查组报送来的"企业质量体系检查报告"和检验机构报送的"样品检验报告"进行全面审查。对于符合规定条件的企业，予以批准认证，并向申请认证单位颁发产品质量认证证书，准许使用规定的认证标志。

2.3.3.5 认证证书和认证标志

认证证书是证明产品质量符合认证要求和许可产品使用认证标志的法定证明文件。认证证书和认证标志的样式，由国家质量技术监督局统一管理、审批、发布。认证证书必须统一组织印制并统一规定编号。

2.3.4 产品质量认证与质量体系认证的异同

2.3.4.1 产品质量认证与质量体系认证的联系

1. 具有质量认证的特征 　产品质量认证与质量体系认证同属质量认证的范畴，都具质量认证的特征：①两种认证类型都有具体的认证对象；②产品质量认证与质量体系认证都是以特定的标准作为认证的基础；③两种认证类型都是第三方所从事的活动。

2. 需要检查评定 　产品质量认证与质量体系认证都要求企业建立质量体系，都要求对企业质量体系进行检查评定，产品认证进行质量体系审核时应充分利用质量体系认证的审核结果，质量体系认证进行质量体系审核时也应充分利用产品认证的质量体系审核结果，这不仅体现了认证工作的科学性，也保证了认证工作的质量。

2.3.4.2 产品质量认证与质量体系认证的区别

产品质量认证与质量体系认证的区别见表2.1。

表2.1　产品质量认证与质量体系认证的区别

项目	产品质量认证	质量体系认证
认证对象	批量生产的定型产品	企业的质量保证体系
证明方式	产品认证证书及产品认证标志，证书和标志证明产品质量符合产品标准	质量体系认证证书和体系认证标记，证书和标记只证明该企业的质量体系符合某一质量保证标准，不能证明该企业生产的任何产品符合产品标准
证明使用	产品质量认证证书不能用于产品，标志可用于获准认证的产品上	质量体系认证证书和标记都不能在产品上使用
实施质量体系审核的依据	一般按GB/T 19002检查体系	依据审核企业要求，其依据为GB/T 19002
申请企业类型	企业是生产特定的产品型企业	企业可以是生产、安装型企业，可以是设计/开发、制造、安装服务型企业，也可以是出厂检查和检验型企业

综上所述，产品质量认证与质量体系认证既有区别，又互相利用。企业只有清楚了解了两类认证的区别和相互关系，才能确定应该实施产品质量认证，还是应该实施质量体系认证。

2.3.5 食品质量安全认证

2.3.5.1 定义

食品质量安全认证（food quality and safety certification）是指由经国家权威机构认可的认证机构对企业或组织生产的食品的安全性进行的产品认证，一般是非强制性的，企业或组织可根据自身的需要申请不同种类的食品质量安全认证。

食品质量安全认证是一种将技术手段和法律手段有机结合起来的生产监督行为，是针对食品安全生产的特征而采取的一种管理手段。其对象是全部的安全食品和其生产单元，目的是为安全食品的流通创造一个良好的市场环境，维护安全食品这类特殊商品的生产、流通和消费秩序。

2.3.5.2 食品产品质量安全认证的类型

中国国家认证认可监督管理委员会统一管理、监督和综合协调全国的认证认可工作，加强认证市场整顿，规范认证行为，现已基本形成了统一管理、规范运作、共同实施的食品、农产品认证认可工作局面，基本建立了"从农田到餐桌"全过程的食品、农产品认证认可体系。

认证类别主要包括：①无公害农产品认证；②绿色食品认证；③有机产品认证；④饲料产品认证；⑤良好农业规范（GAP）认证；⑥绿色市场认证等。其中，食品产品认证主要有三类认证，即绿色食品认证、有机食品认证和无公害食品认证。

2.3.6 "三品一标"

2.3.6.1 "三品一标"的基本概念

"三品一标"是政府主导的安全优质农产品公共品牌，是指无公害农产品、绿色食品、有机食品和农产品地理标志的统称。

2.3.6.2 "三品一标"的来源意义

无公害农产品发展始于21世纪初，是在适应加入世界贸易组织和保障公众食品安全的大背景下推出的，原农业部为此在全国启动实施了"无公害食品行动计划"；绿色食品产生于20世纪90年代初期，是在发展高产优质高效农业的大背景下推动起来的；有机食品可以说是人们对化学农业、基因农业反思、改革、发展的结果，其中"决不食品"也体现了农业、食品安全与互联网、移动互联网的结合。农产品地理标志则是借鉴欧洲发达国家的经验，为推进地域特色优势农产品产业发展的重要措施。

2013年年底召开的中央农村工作会议在强调关于农产品质量和食品安全时指出："要大力培育食品品牌，用品牌保证人们对产品质量的信心"。

2.3.6.3 "三品一标"的定义

1. 无公害农产品 无公害农产品是产地环境、生产过程和产品质量符合国家有关标准和规范的要求，经认证合格获得认证证书并允许使用无公害农产品标志的、未经加工或者初加工的食用农产品。

2018年4月24日，农业农村部办公厅印发了《关于做好无公害农产品认证制度改革过渡期间有关工作的通知》(农办质〔2018〕15号)，再次明确了将原无公害农产品产地认定和产品认证工作合二为一，实行产品认定的工作模式，下放由省级农业农村行政部门承担。目前，农业农村部将按照中共中央办公厅、国务院办公厅《关于创新体制机制推进农业绿色发展的意见》的要求，积极探索符合新时代农产品质量安全监管要求的监管制度。待新的监管制度成熟时，将适时取消无公害农产品认证制度。

2. 绿色食品　　绿色食品是指遵循可持续发展原则，按照特定生产方式生产，经专门机构认定，许可使用绿色食品标志，无污染的安全、优质、营养类食品。

3. 有机食品　　中华人民共和国国家标准GB/T19630《有机产品》中定义：有机产品是指生产、加工和销售符合中国有机产品国家标准的供人类消费、动物食用的产品。除有机食品外，还有有机化妆品、纺织品、林产品、生物农药、有机肥料等，统称为有机产品。

4. 农产品地理标志　　农产品地理标志是指标示农产品来源于特定地域，产品品质和相关特征主要取决于自然生态环境和历史人文因素，并以地域名称冠名的特有农产品标志。所称农产品是指来源于农业的初级产品，即在农业活动中获得的植物、动物、微生物及其产品。

2.3.6.4 "三品"的联系和区别

"无公害农产品""绿色食品""有机食品""决不食品"本质上都是食品安全品牌，集中体现了"优质、高产、高效、生态、安全、信息化"的现代农业的要求，意味着它们将在解决中国食品安全问题、推动现代农业发展的征程中承担更多责任。

1. "三品"的联系　　无公害食品保证人们对食品质量安全最基本的需要，是最基本的市场准入条件；绿色食品达到了发达国家的先进标准，满足人们对食品质量安全更高的需求；有机食品则又是一个更高的层次，是国际通行的概念。

（1）无公害农产品、绿色食品、有机食品都是经质量认证的安全农产品，都属于农产品质量安全范畴，都是农产品质量安全认证体系的组成部分。

（2）无公害农产品是绿色食品和有机食品发展的基础，绿色食品和有机食品是在无公害农产品基础上的进一步提高。

（3）无公害农产品、绿色食品、有机食品都注重生产过程的管理，无公害农产品和绿色食品侧重对影响产品质量因素的控制，有机食品侧重对影响环境质量因素的控制。

（4）无公害食品、绿色食品和有机食品都具有无公害、无污染、安全、平衡营养等特征。

2. "三品"的区别　　"三品"的区别主要体现在概念、品牌定位、具体要求、应用范围、主导机构及主管部门、历史背景、理论基础、认证程序、认证和检测费用、标志不同等方面。

2.3.7　农产品质量安全认证及特点

农产品质量安全认证（agricultural product quality safety certification）是由经国家权威机构认可的认证机构对企业或组织生产的农产品的安全性进行的产品认证。一般是非强制性的，企业或组织可以根据自身的需要申请不同种类的农产品质量安全认证。

"三品"属于农产品质量认证的范畴。当前，我国基本上形成了以产品认证为重点、体系认证为补充的农产品认证体系。

农产品认证除具有认证的基本特征外，还具备其自身的特点，这些特点是由农业生产的特点所决定的。主要表现为农产品生产周期长、认证的时令性强；农产品认证的过程长、环节多；农产品认证的个案差异性大；农产品认证的风险评价因素复杂；农产品认证的地域性特点突出。

截至2018年年底,全国"三品一标"获证单位总数为58 422家,产品总数为121 743个。其中无公害农产品83 965个、绿色食品30 932个、有机农产品4323个,登记农产品地理标志产品2523个,向社会提供绿色优质农产品总量超过3亿吨。目前,以无公害农产品标准、绿色食品标准、有机农产品标准为代表的全程控制标准体系逐步构建,在指导和规范农业生产行为、提升农业绿色发展和消费水平等方面发挥着越来越重要的引导和促进作用。

本 章 小 结

质量管理体系的内涵主要体现在质量管理体系具有符合性、唯一性、系统性、全面有效性、预防性、动态性、持续受控及最佳化。

《质量管理体系认证规则》弥补了与《认证认可条例》及《认证机构管理办法》相关内容(即认证机构应该按认证规则从事认证活动、不得减少遗漏认证规则的程序要求)配套的空缺。对质量管理体系认证活动行政监督执法工作的作用,成为统一开展认证结果随机抽查工作的重要依据之一。

产品质量认证是指依据产品标准和相应的技术要求,经认证机构确认并通过颁发认证证书和认证标志来证明某一产品符合相应标准和相应技术要求的活动。产品质量认证的对象是特定产品(服务),认证的依据是产品(服务)质量要符合指定的标准和技术规范要求。符合中国农业生产实际的质量体系认证主要是"3P"认证,即GMP(良好生产规范)、GAP(良好农业操作规范)、HACCP(危害分析与关键点控制)。

食品质量安全认证是指由经国家权威机构认可的认证机构对企业或组织生产的食品的安全性进行的产品认证,一般是非强制性的,是一种将技术手段和法律手段有机结合起来的生产监督行为,是针对食品安全生产的特征而采取的一种管理手段。

知 识 拓 展

质量管理体系认证规则

无公害农产品认证暂行办法

GB/T 27067—2017 合格评定 产品认证基础和产品认证方案指南

GB/T 27028—2008 合格评定第三方产品认证制度应用指南

GB/T 27053—2008 合格评定 产品认证中利用组织质量管理体系的指南

复习参考题

1. 名词解释

质量　质量管理　质量保证　质量体系　质量管理体系　质量体系认证　产品质量认证　食品质量安全认证　三品一标

2. 简答题

（1）质量体系认证的特点是什么？
（2）质量体系认证的目的和意义是什么？
（3）简述质量体系认证的实施阶段。
（4）取得质量体系认证的条件是什么？
（5）"三品"的联系和区别是什么？
（6）食品产品质量安全认证的类型有哪些？
（7）简述质量体系认证与产品质量认证的异同。
（8）产品质量进行认证工作的益处是什么？

第 3 章　ISO9000 标准及认证

【教学目的和要求】通过对 ISO9000 系列标准及构成的学习，能够熟知 ISO9000 标准，并根据 ISO9000 标准的要求指导进行 ISO9000 认证及管理。

3.1　ISO9000 族标准概述

3.1.1　ISO9000 族标准的产生、发展及构成

3.1.1.1　ISO9000 族标准的产生、发展

ISO 是国际标准化组织的英文简称，其全称是 International Organization for Standardization 或 International Standard Organization。ISO 来源于希腊语 "ISOS"，即 "EQUAL" ——平等之意。

国际标准化组织是由各国标准化团体（ISO 成员团体）组成的世界性的联合会。制定国际标准工作通常由 ISO 的技术委员会完成。各成员团体若对某技术委员会确定的项目感兴趣，均有权参加该委员会的工作。与 ISO 保持联系的各国际组织（官方的或非官方的）也可参加有关工作。ISO 与国际电工委员会（IEC）在电工技术标准化方面保持密切合作的关系。

TC176 即 ISO 中第 176 个技术委员会，全称是 "品质管理和品质保证技术委员会"，1987 年更名为 "质量管理和质量保证技术委员会"。TC176 专门负责制定质量管理和质量保证技术的标准。

3.1.1.2　质量管理体系标准分类及构成

质量管理体系标准分为三类：A、B、C。其中，A 类管理体系要求标准，主要向市场提供有关组织的管理体系的相关规范，通过评定，以证明组织的管理体系是否符合内部和外部要求，如 ISO9001:2015 等标准；B 类管理体系指导标准，通过对管理体系的各要素提供附加或独立指导，帮助组织实施和（或）完善管理体系，如关于使用管理体系要求标准的指导、建立／改进和完善管理体系的指导标准；C 类管理体系相关标准，这类标准就管理体系的特定部分提供详细信息或就管理体系的相关支持技术提供指导，如管理体系基础和术语、培训标准。

通常，我们又把质量管理体系标准称为 ISO9000 系列标准。在 ISO9000 系列标准中，ISO9000、ISO9001、ISO9004 和 ISO19011 是四个核心标准。其中，ISO9001 属于 A 类标准，ISO9004 属于 B 类标准中的一个重要标准。ISO9004 与 ISO9001 成一对协调一致的标准。其他标准属于 C 类标准。

截至目前，质量管理体系标准的发布状况见表 3.1。

表 3.1 质量管理体系标准的发布状况（ISO/TC176 制定）

ISO 标准编号	中国国家标准编号	标准名称
ISO 9000:2015	GB/T 19000—2016	质量管理体系　基础和术语
ISO 9001:2015	GB/T 19001—2016	质量管理体系　要求
ISO/TS 9002:2016	GB/T 19002—2018	质量管理体系 GB/T 19001—2016 应用指南
ISO 9004:2018	GB/T 19004—2020	质量管理　组织的质量　实现持续成功指南
ISO10001:2007	GB/T 19010—2009	质量管理　顾客满意　组织行为规范指南
ISO 19011:2018	GB/T 19011—2013	管理体系审核指南
ISO 10002:2018	GB/T 19012—2019	质量管理　顾客满意　组织处理投诉指南
ISO 10003:2007	GB/T 19013—2009	质量管理　顾客满意　组织外部争议解决指南
ISO 10004:2010	GB/Z 27907—2011	质量管理　顾客满意　监视和测量指南
ISO 10005:2005	GB/T 19015—2008	质量管理体系　质量计划指南
ISO 10006:2003	GB/T 19016—2005	质量管理体系　项目质量管理指南
ISO 10007:2019	GB/T 19017—2020	质量管理体系　技术状态管理指南
ISO 10008:2013	GB/T 19018—2017	质量管理　顾客满意　企业 - 消费者电子商务交易指南
ISO 10012:2003	GB/T 19022—2003	质量管理体系　测量过程和测量设备的要求
ISO/TR 10013:2001	GB/T 19023—2003	质量管理体系文件指南
ISO 10014:2006	GB/T 19024—2008	质量管理　实现财务和经济效益的指南
ISO 10015:1999	GB/T 19025—2001	质量管理　培训指南
ISO/TR 10017:2003	GB/Z 19027—2005	GB/T 19001—2000 的统计技术指南
ISO 10018:2012	GB/T 19028—2018	质量管理　人员参与和能力指南
ISO 10019:2005	GB/T 19029—2009	质量管理体系　咨询师的选择及其服务使用的指南

3.1.2　ISO9000:2015 的发展历程

ISO9000 质量管理标准：由 TC176 制订。

ISO9000 修订周期：一般每五年修订一次。

3.1.2.1　ISO9000:2015 的发展历程

ISO9000:2015 的发展历程如表 3.2 及图 3.1 所示。

表 3.2　ISO9000 的发展的历程

版别	标准代号	发布日期
ISO9000 起源	美军品保标准 MIL-Q-9895A	
ISO9000 第一版	ISO9000—ISO9004	1987 年 3 月
ISO9000 第二版	ISO9000—ISO900411	1994 年 7 月
ISO9000 第三版	ISO9000—ISO9001	2000 年 6 月
ISO9000 第四版	ISO9000—ISO9001	2008 年 12 月
ISO9000 第五版	ISO9000—ISO9001	2015 年 9 月

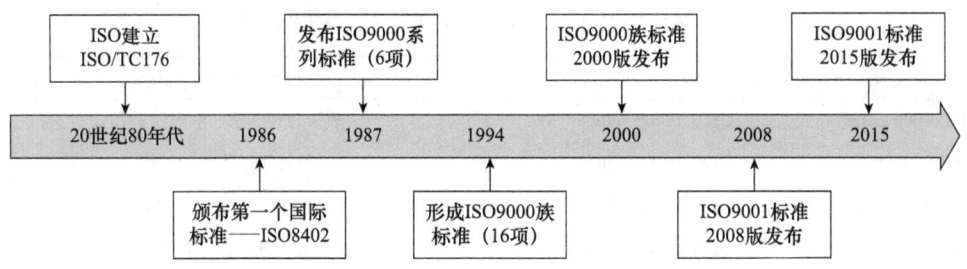

图 3.1 ISO9001 的发展过程（引自 ISO9001:2015，质量管理体系 要求）

3.1.2.2 ISO9001:2015 的开发过程

ISO9000 系列标准自 1987 年发布以来，经历了 1994 版、2000 版、2008 版及 2015 版的修改，形成了今天的 ISO9001:2015 系列标准。ISO9001 质量管理体系是目前应用范围最广、发证量最多的国际标准体系。

ISO9001:2015（DIS 版）变化内容可以总结为"一变"（条文架构改变）、"三减"（质量手册要求、管理代表要求、预防措施要求）、"六增加"（增加组织背景环境分析和确定组织目标和战略、增加风险和应急措施和机遇的管理、增加知识管理理解相关方的需求和期望、增加领导作用和承诺及组织的知识、增加绩效评估、增加变更控制管理）。

ISO9001:2015 的开发过程见表 3.3。

表 3.3　ISO9001:2015 的开发过程

版本	发布时间
WD——工作草案	2012 年 12 月
CD——委员会草案	2013 年 6 月
DIS——国际标准草案	2014 年 5 月
FDIS——国际标准最终草案	2015 年 7 月
IS——正式发行国际标准	2015 年 9 月

3.1.2.3 ISO9001:2015 新版标准实施思路

ISO9001:2015 新版标准发生了四大变化，包括从变化到变更，从问题到风险，从目标到绩效，从意识到沟通。体现在 9 个方面：分析组织环境——战略定位，梳理利益相关方——关系定位，贯彻过程方法——顶层设计，方针、职责、权限——领导作用，接入风险管理——危机意识，贯彻变更管理——适应变化，管理外部提供——供给侧管理，跟踪绩效管理——战术调整，推动改进流程——变革管理。

3.1.2.4 ISO9000 标准指南

ISO9000 标准指南如表 3.4 所示。

3.1.2.5 ISO9001:2015 的主要变化点

ISO9001:2015 版标准的变化可概括为 1 个目的、2 个模型、3 大支柱、7 项原则、8 个修辞及 68 项要求。

表 3.4 ISO9000 标准指南

标准指南	目的
ISO9000:2015 质量管理体系 基础和术语	建立理解各标准的开始点，规定用于 ISO 标准中的术语和定义，防止在运用时产生误会
ISO9001:2015 质量管理体系 要求	用于评价满足顾客的要求和适用法规的要求，由此强调顾客满意的能力的要求标准，现在是 ISO9000 族标准中唯一用于第三方认证的标准
ISO9004:2009 组织持续成功管理	为持续改进品质管理体系，通过不断使顾客满意而使所有相关方受益而提供指南的指南标准
ISO19011:2011 质量和（或）环境体系审核指南	为证实体系实现规定的品质目标的能力提供指南，可内部运用此标准或用于审核供方
ISO10005:1995 质量管理 质量计划指南	为品质计划的准备、评审、采用和修订提供指南
ISO/TS169492009 质量体系 汽车供方 应用 ISO9001:2008 的特定要求	为汽车业运用 ISO9001 标准的部门提供指南

1. 1个目的 新版 ISO9001 更加聚焦于一个核心目的，即"质量管理体系（quality management system，QMS）的预期结果"。

关键是产品和服务是否符合要求，顾客满意度是否增强，最终是否朝着实现组织战略的方向迈进。这才是评价质量管理体系有效性的终极标准。

"1. 范围"中，即①满足要求，包括顾客要求，适用的法律法规的要求；②增加顾客满意度。顾客满意程度没有最好，只有更好，这应该是组织持续的、不断的追求。

2. 2个模型 新版标准更新了2个模型，即过程模型和质量管理体系（QMS）结构模型（图3.2）。

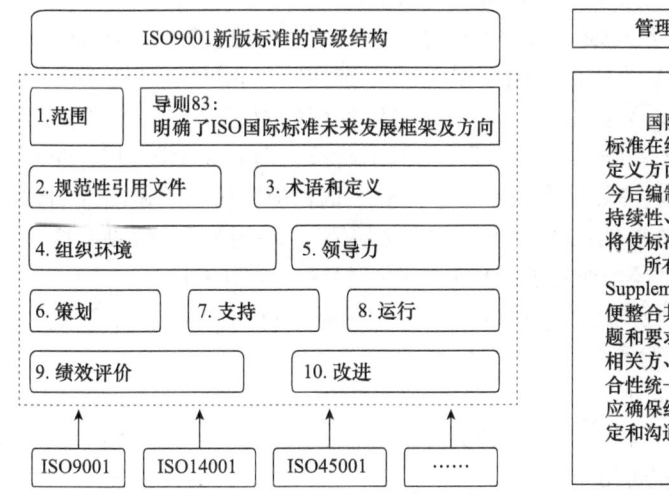

图 3.2 质量管理体系（QMS）结构模型

1）过程模型 传统的过程模型只是关注输入、活动和输出，以及对这三个过程环节的监控。新的过程模型则进一步向过程的两端延伸，从而强化和确保过程的效率和有效性，包括：①在输入方面，需要进一步考虑输入的来源。它可能是一个过程或几个过程，也可能是一个对象或者几个相关方。基于输入的结果和过程的有效性，组织也需要考虑对输入来源的监控。②在输出方面，需要进一步考虑输出的接收者。它可能是一个过程或几个过程，也可能是一个对象或者几个相关方。为了确保输出的结果和过程的有效性，组织也需要考虑对输出的接收者的监控（图3.3）。

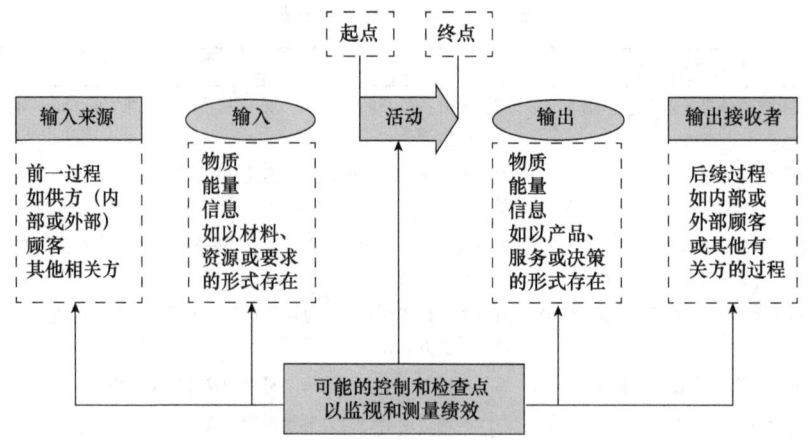

图 3.3　单一过程要素示意图

2）**质量管理体系结构模型**　这一全新的 QMS 结构模型蕴含很多新意,包括以下方面。

(1) QMS 现在是在领导力驱动下的 PDCA 循环（见下文）。这意味着管理者,特别是最高管理者需要更积极的参与和支持 QMS 的活动,标准也明确要求最高管理者对 QMS 的有效性负责。

(2) QMS 的输入依然来自顾客的要求,但是需要进一步考虑组织环境及相关方的要求。考虑组织环境及相关方的需求和期望,是组织实现持续成功不可缺少的环节。

(3) QMS 的输出则直接关注 QMS 的结果。这一结果包括产品和服务是否满足要求,是否导致增强顾客满意,并考虑最终是否符合组织的战略方向。

事实上,上述几个方面是相互强化、相互激励的关系,从而促进 QMS 的有效性。

3）**PDCA 循环**　PDCA 循环是美国质量管理专家休哈特博士首先提出的,由戴明采纳、宣传,获得普及,所以又称戴明环。全面质量管理的思想基础和方法依据的就是 PDCA 循环。PDCA 循环的含义是将质量管理分为四个阶段,即 plan（策划）、do（实施）、check（检查）和 act（处置）。在质量管理活动中,要求把各项工作按照做出计划、计划实施、检查实施效果,然后将成功的纳入标准,不成功的留待下一循环去解决。这一工作方法是质量管理的基本方法,也是企业管理各项工作的一般规律（图 3.4）。

策划（plan）：根据顾客的要求和组织的方针,建立体系的目标及其过程,确定实现结果所需的资源,并识别和应对风险和机遇。

实施（do）：执行所做的策划。

检查（check）：根据方针、目标、要求和所策划的活动,对过程及形成的产品和服务进行监视和测量（适用时）,并报告结果。

处置（action）：必要时采取措施提高绩效。

3. 3 大支柱　新版标准从管理体系标准（management supporting system, MSS）高阶结构、基于风险的思维、领导作用三个方面,从实体结构和思维结构的不同方向,为面向未来的 ISO9001 构造了 3 大支柱,对 QMS 具有全局性的影响。

4. 7 项原则　质量管理原则是 ISO9001 质量管理体系标准建立的理论基础,新版标准继续沿用这一模式。本次标准修订时重新评估了这些质量管理原则,将其中的原则之一"管理的系统方法"合并到过程方法。因此,2008 版所应用的 8 项质量管理原则,现在变成了 7 项质量管理原则,见表 3.5。

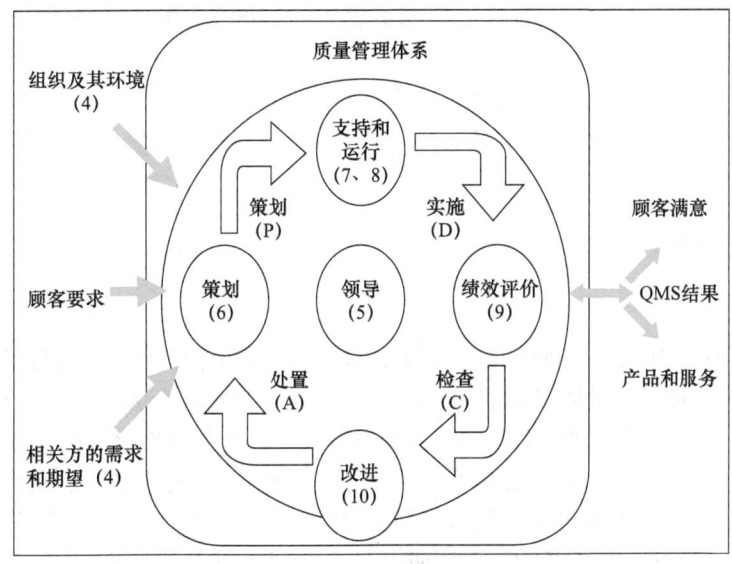

图 3.4　质量管理体系（QMS）结构模型 PDCA 循环示意图
括号内的数字代表 ISO9001 标准所对应的章号

表 3.5　ISO9001:2015 的 7 项原则

序号	ISO9001:2015 的 7 项原则	ISO9001:2008 的 8 项原则
1	以客户为关注焦点	顾客导向
2	领导作用	管理作用
3	全员参与	全员参与
4	过程方法	过程方法
		管理的系统方法
5	改进	持续改进
6	基于证据的决策	基于事实的决策
7	关系管理	与供方的互利关系

5．8 个修辞　表 3.6 所示的 8 个修辞方面的变化，是 ISO9001:2015 特意在新版标准的附录中列出的。

表 3.6　ISO9001:2015 的 8 个修辞变化

ISO9001:2008	ISO9001:2015
产品	产品和服务
删减条款	—
管理者代表	—
文件、质量手册、文件化程序、记录	文件化信息
工作环境	过程运行环境
采购的产品	外部提供的产品和服务
供应商	外部供方
监视和测量设备	监视和测量资源

6. 68项要求　　在标准的核心要求方面，ISO9001质量管理体系从标准条款4.1到10.3，总共有68处主要的修订。这些修订有的是全新的要求，有的只是改变描述方式以澄清和明确要求。大致包含以下几种类型：①全新的要求，典型的如4.1、4.2、6.1.1、6.3等；②修订并强化的要求，典型的如5.1.1、5.2.1、6.2.1等；③修订以澄清和明确要求，典型的如7.1.5、7.3、8.5.5等。

3.1.3　高层结构

3.1.3.1　高层结构的产生

美国在1959年就发布了质量保证大纲，北大西洋组织于1968年发布了质量保证标准，英国于1979年发布了质量体系标准，国际标准化组织于1987年发布了第一版质量管理体系ISO9000系列标准。之后，由于国际社会发展的需要，相应的标准化组织及行业组织相继在环境、职业健康安全、能源等方面发布了众多管理体系标准。这些管理体系标准虽然管理的对象有所不同，但其管理的原理和基本要求是相同的。因此，ISO开始致力于管理体系标准共同性的研究，并于2012年发布了ISO/IEC导则附录1，规定了适用于所有ISO管理体系标准的高层结构。随后，《ISO22000:2018食品安全管理体系　食品链中各类组织的要求》《ISO9001:2015质量管理体系　要求》《ISO14001:2015环境管理体系　要求及使用指南》《ISO45001:2018职业健康安全管理体系　要求及使用指南》《ISO50001:2018能源管理体系　要求及使用指南》等全部采用了这种高层结构。高层结构的英文是high level structure，英文简称为HLS。

3.1.3.2　高层结构的作用

由于管理体系标准高层结构具有相同的通用术语和核心定义、相同的标准核心条款、相同条款核心文本的特点。因此，高层结构可起到提高相关方之间的沟通效率，帮助组织实现其预期结果，提高管理体系运行的兼容性，鼓励管理体系标准的创新及鼓励全球贸易自由的作用。

3.1.3.3　高层结构的核心内容

高层结构可应用于"要求"性（A类）和"指南"性（B类）两类标准。"要求"性标准是指组织应满足标准中规定的内容，如《ISO9001:2015质量管理体系要求》；"指南"性标准是指组织可参考标准中给出的指南提示，选择适合组织特点的内容加以应用，如《ISO9004:2018质量管理—组织质量—对实现持续成功的指南》。

管理体系标准高层结构的核心内容包括相同的标准框架和条款标题，相同的通用术语和核心定义，相同的条款核心文本。

3.1.3.4　高层结构的框架和条款

1. 高层结构框架和条款标题　　管理体系标准高层结构的相同框架和条款标题见表3.7。

表3.7　管理体系标准高层结构的框架和条款标题

章节	章节题目	二级条款/说明
第0章	引言	
第1章	范围	
第2章	引用文件	

续表

章节	章节题目	二级条款/说明
第3章	术语和定义	包括了通用术语及核心定义
第4章	组织环境	包括四个二级条款：理解组织及其环境、理解相关需求和期望、确定管理体系范围、管理体系
第5章	领导作用	包括三个二级条款：领导作用与承诺、方针、组织的岗位、职责和权限
第6章	策划	包括两个二级条款：应对风险和机遇的措施、目标及其实现的策划
第7章	支持	包括五个二级条款：资源、能力、意识、沟通、成文信息
第8章	运行	特定管理体系在本章会有较大不同
第9章	绩效评价	包括三个二级条款：监视、测量、分析和评价；内部审核；管理评审
第10章	改进	包括两个二级条款：不合格和纠正措施；持续改进

2. 引言、范围和引用文件 高层结构中"引言"部分主要介绍具体管理体系标准的背景、目的、作用、运行模式及主要内容；高层结构的"范围"部分主要提出使用特定管理体系标准所达到的预期结果和使用范围。

3. 术语和定义 高层结构中给出了通用的术语和定义，这些术语和定义见本书的相关内容。在特定的管理体系标准中除了通用术语和定义外，可以添加特定管理体系标准的专用术语和定义。

4. 标准框架与 PDCA 的关系 在高层结构中，第4章至第10章被称为核心条款，这些条款基本上是按照 PDCA 的逻辑进行安排的，第4章至第6章是策划部分，第7章至第8章是实施部分，第9章是检查部分，第10章是处置部分。

3.1.4 重要术语和定义

ISO9000:2015 标准共给出了 137 个术语定义及 29 个关键术语，见表 3.8 和表 3.9。

表 3.8 术语定义的分类（137 个）

序号	分类	数量	内容
1	有关人员的术语	6	最高管理者、质量管理体系咨询师、参与、积极参与、管理机构、争议解决者
2	有关组织的术语	9	组织、组织环境、相关方、顾客、供方、外部供方、争议解决过程提供方、协会、计量职能
3	有关活动的术语	12	改进、持续改进、管理、质量管理、质量策划、质量改进、质量控制、质量保证、技术状态管理、更改控制、活动、项目管理
4	有关过程的术语	8	过程、项目、质量管理体系实现、能力获得、程序、外包、合同、设计和开发
5	有关体系的术语	12	体系（系统）、基础设施、管理体系、质量管理体系、工作环境、计量确认、测量管理体系、方针、质量方针、愿景、使命、战略
6	有关要求的术语	15	客体、质量、等级、要求、质量要求、法律要求、法规要求、产品技术状态信息、不合格（不符合）、缺陷、合格（符合）、能力、可追溯性、可信性、创新
7	有关结果的术语	11	目标、质量目标、成功、持续成功、输出、产品、服务、绩效、风险、效率、有效性
8	有关数据、信息和文件的术语	15	数据、信息、客观证据、信息系统、文件、形成文件的信息、规范、质量手册、质量计划、记录、项目管理计划、验证、确认、技术状态记录、特定情况
9	有关顾客的术语	6	反馈、顾客满意、投诉、顾客服务、顾客满意行为规范、争议
10	有关特性的术语	7	特性、质量特性、人为因素、能力、计量特性、技术状态、技术状态基线
11	有关确定的术语	9	确定、评审、监视、测量、测量过程、测量设备、检验、试验、进展评价

续表

序号	分类	数量	内容
12	有关措施的术语	10	预防措施、纠正措施、纠正、降级、让步、偏离许可、放行、返工、返修、报废
13	有关审核的术语	17	审核、多体系审核、联合审核、审核方案、审核范围、审核计划、审核准则、审核证据、审核发现、审核结论、审核委托方、受审核方、向导、审核组、审核员、技术专家、观察员

表 3.9　ISO9001 关键术语（29 个）

序号	分类	数量	内容
1	有关人员的术语	1	最高管理者
2	有关组织的术语	6	组织、组织环境、相关方、顾客、供方、外部供方
3	有关活动的术语	2	改进、持续改进
4	有关过程的术语	3	过程、程序、外包
5	有关体系的术语	5	方针、质量方针、愿景、使命、战略
6	有关要求的术语	1	创新
7	有关结果的术语	7	目标、质量目标、成功、持续成功、输出、产品、服务
8	有关数据、信息和文件的术语	2	文件、形成文件的信息
9	有关审核的术语	2	多体系审核、联合审核

注：GB/T 19000—2016 质量管理体系基础和术语（IDT ISO9000:2015）

3.1.5　ISO9000 族标准的特征表现及特点

1. 质量管理体系系列标准的特征表现　从上述质量管理体系系列标准的内容简述中可以发现，质量管理体系系列标准具有理论性、要求性、改进性、评价性、关联性和独立性六大特征。

2. 质量管理体系系列标准的特点　从结构和内容上看，ISO9000 族标准具有通用性、相容性、有效性、适度性、协调一致性及逻辑性强的特点。

3.1.6　实施 ISO9000 族标准的作用和意义

实施 ISO9000 族标准有利于提高产品质量，保护消费者利益；为提高组织的运作能力提供了有效的方法；有利于增进国际贸易，消除技术壁垒；有利于组织的持续改进和持续满足顾客的需求和期望。

3.1.7　ISO9000 族标准的应用

ISO9000 族标准适用于所有不同产品类别、不同规模的组织；与环境管理体系、职业健康安全管理体系等其他管理体系标准相容。

ISO9000 族标准是在总结世界各国质量管理经验的基础上产生的关于质量管理的国际标准，该系列标准自 1987 年发布以来，引起全球性推广 ISO9000 的风暴。目前，ISO9000 标准已被全世界许多国家等同采用为国家标准，全球已有 149 个国家和地区的 50 多万个各类组织导入 ISO9000 并获得第三方认证。随着 ISO9000 标准的不断完善，其应用领域也不断扩大，从生产领域到服务领域，从私营组织到公共组织。

3.2　ISO9001标准及理解

为便于理解，保持一致性，ISO9001:2015标准除"3　术语与定义"外，其余均按照原编号进行（可能不连续），原文件扫描本章后的二维码查看。

1　范围

[标准理解]此处的"范围"是指本标准的应用范围，不能与组织的质量管理体系范围相混淆；适用于各种类型，如制造业、电力业、建筑业、批发零售业、交通运输业、仓储/邮政业、住宿餐饮业等；适用于不同规模（大、中、小型组织）和提供不同产品（硬件、软件、流程性材料、服务等）的组织；非预期结果，如对环境产生影响的污染、废料和对工作场所中人的安全健康产生影响的不良结果，这些非预期结果是环境管理、职业健康安全管理体系需要控制的。

2　规范性引用文件

[标准理解]略。

3　术语和定义

ISO9000:2015界定的术语和定义适用于本文件。

[标准理解]
3.1　有关人员的术语
3.1.1　最高管理者　　在最高层指挥和控制组织的一个人或一组人。
3.2　有关组织的术语
3.2.1　组织　　为实现目标，由职责、权限和相互关系构成自身功能的一个人或一组人。
3.2.2　组织环境　　对组织建立和实现目标的方法有影响的内部和外部因素的组合。
3.2.3　相关方　　可影响决策或活动，受决策或活动所影响，或自认受决策或活动影响的个人或组织。
3.2.4　顾客　　能够或实际接受为其提供的，或按要求提供的产品或服务的个人或组织。
3.2.5　供方　　提供产品或服务的组织。
示例：制造商、批发商、产品或服务的零售商或商贩。
3.3　有关活动的术语
3.3.1　改进　　提高绩效的活动。
3.3.2　持续改进　　提高绩效的循环活动。
持续改进是指不断地发现问题并解决问题的重复进行、螺旋上升的活动。
3.4　有关过程的术语
3.4.1　过程　　利用输入实现预期结果的相互关联或相互作用的一组活动。
3.5　有关体系的术语
3.5.1　方针　　（组织）由最高管理者正式发布的组织的宗旨和方向。
3.5.2　质量方针　　关于质量的方针。
3.5.3　愿景　　（组织）由最高管理者发布的对组织的未来展望。
3.5.4　使命　　（组织）由最高管理者发布的组织存在的目的。
3.7　有关结果的术语
3.7.1　目标　　要实现的结果。

3.7.2 质量目标　关于质量的目标。
3.8　有关数据、信息和文件的术语
3.8.1 文件　信息及其载体。
示例：记录、规范、程序文件、图样、报告、标准。
信息是有意义的数据。
文件有多种类型如上述示例所示。载体也有多种形式。
3.8.2 成文信息　组织需要控制和保持的信息及载体。
3.12　有关措施的术语
3.12.1 预防措施　为消除潜在不合格或其他潜在不期望情况的原因所采取的措施。
3.12.2 纠正措施　为消除不合格的原因并防止再发生所采取的措施。
3.12.3 纠正　为消除已发现的不合格所采取的措施。

4　组织环境

4.1　理解组织及其环境

[标准理解] 理解组织的环境是一个过程。这个过程确定了对组织宗旨、目标和可持续性有影响的各种因素。它既需要考虑内部因素，还需要考虑外部因素。

（1）确定影响预期结果的外部和内部因素与目标和战略相关；影响质量管理体系（QMS）预期结果。

（2）监视和评审内部因素和外部因素的相关信息。任何特定的管理体系，组织的内部因素可能包括组织文化、资金、人力、运营、信息、制度、绩效、决策、技术、工艺、设备、材料、监测等；外部因素可能包括政治、文化、法律法规、财政金融、行业发展、市场环境、外部关系、地区状况等。内、外部因素往往是动态的。

（3）组织环境分析常采用的方法：行业环境分析、波特五力分析。

4.2　理解相关方的需求和期望

[标准理解]
（1）相关方的影响或潜在影响：组织持续提供产品和服务的能力，充分考虑顾客要求及适用法律法规的要求。

（2）组织应确定与QMS有关的相关方，以及与QMS有关的相关方的要求。

（3）监视和评审相关方及其要求的相关信息。

（4）相关方的需求和期望往往是动态的。

4.3　确定质量管理体系的范围

[标准理解] 不同的管理体系有不同的管理边界和适用性，针对一个特定的管理体系，组织应当明确其管理体系范围。管理体系范围是否适宜，将关系到组织的整体管理绩效和合规性风险。

（1）明确QMS的边界和适用性。

（2）应考虑因素：各种内部和外部因素，相关方的要求，组织的产品和服务。

（3）QMS范围要求：保持形成文件的信息，描述覆盖的产品和服务类型，说明不适用标准要求的理由。

（4）组织质量体系范围的描述。

a. 物理边界：描述组织的物理区域或范围，如本质量管理体系适用于位于××的××公司。

b. 组织边界：可以描述组织的结构、部门、过程，确定是否有外包过程，如适用于上一项所描述公司组织结构范围内的所有部门，本公司无外包过程。

c. 业务边界：产品或服务领域范围，如适用于本公司除汽车类产品以外的所有产品类型。

（5）在合格评定过程中，管理体系范围是个重要信息。因此，组织应将其作为文件化信息予以保持。

4.4 质量管理体系及其过程

[标准理解]

（1）确定质量管理体系所需的过程及其在整个组织内的应用，见标准4.4.1 a）~h）。

（2）形成文件的信息：保持以支持过程运行；保留以确认其过程按策划进行。

标准要求的20处文件化信息见表3.10。

表3.10 标准要求的20处文件化信息

序号	标准条款	标准要求的文件信息（包括证据）
1	4.3 确定质量管理体系的范围	质量管理体系范围：产品和服务、删减的验证方法
2	4.4 质量管理体系及其过程	必要的方式保留维护体系及过程的文件信息（原手册程序文件）
3	5.2 方针	质量方针
4	6.2 质量目标及其实现的策划	质量目标
5	7.1.5 监视和测量资源	提供监视和测量设备满足使用要求的证据
6	7.2 能力	提供能力的证据
7	8.1 运行策划和控制	确认过程按策划的要求实施的证据
8	8.2.3 产品和服务要求的评审	评审与产品和服务有关的要求的结果
9	8.3.5 设计和开发输出	组织应保留来源于设计和开发过程的文件信息
10	10.8.3.6 设计和开发变更	保留设计和开发过程中用到的文件信息
11	11.8.4.1 总则	组织应保留绩效、外部供应者再评估的测评和监控结果的文件信息
12	12.8.5.1 产品生产和服务提供的控制 b）	必要时，获得表述活动的实施及其结果
13	13.8.5.2 标识和可追溯性	在有可追溯性要求的场合，控制产品的唯一性标识，并保持形成文件的信息
14	14.8.5.6 变更控制	变更的评价结果、变更的批准和必要的措施
15	15.8.6 产品和服务的放行	在形成文件信息中指明有权放行产品以交付给顾客的人员
16	16.8.7 不合格产品和服务	不合格品的性质及所采取的任何措施的信息，包括让步
17	17.9.1.1 总则	提供监视和测量活动结果的证据
18	18.9.2 内部审核	提供审核方案实施和审核结果的证据
19	19.9.3 管理评审	提供管理评审的结果及采取措施的证据
20	20.10.2 不符合与纠正措施	不符合的性质及随后采取的措施、纠正措施的结果

（3）质量管理体系及其过程。包括质量管理体系过程的确定，过程分析及风险评估，建立体系，实施体系提供资源及识别持续改进的机会。

5 领导作用

5.1 领导作用和承诺

[标准理解]"领导作用"位于高层结构的第5章，主要由领导作用与承诺，方针，组织的岗位、职责和权限三个条款构成。最高管理者的承诺，可通过组织的岗位职责和权限将特定管理体融入组织的业务过程、战略方向和决策过程，领导作用可创造具有战略性和竞争性

的机遇，有效地应对风险，使得特定管理体系得到成功实施。

（1）最高管理者履行的质量管理体系有关的领导作用和承诺见表3.11。

表 3.11　最高管理者履行质量管理体系有关的领导作用和承诺

涉及方面	领导作用或承诺的证实方法	说明
质量管理体系	为有效性负责	最高管理者为质量管理体系的有效性负责
	确保制订质量方针和目标	确保（可亲自或委派）制定质量方针和目标，且应与所处环境、战略方向一致
	确保贯彻方针	将质量方针作为框架，在此框架下制定质量目标。在组织内沟通方针，使全员理解
	要求融入业务过程	将质量管理体系要求融入组织业务过程，如合同评审、开发设计、采购、交付等核心业务
	提升过程方法意识	看板、会议、网络或邮件等方法进行过程方法宣传以提升意识
	基于风险的思维	适当导入风险管理方法，如SWOT、PEST、波特五力法、FMEA，进行项目实施前的可行性评估
	提供资源	确保提供人力、基础设施、过程运行环境等资源，标准未提及的财务资源也应关注
	重要性沟通	采用看板、会议、网络、文件等方法，在组织内部沟通有效的质量管理，以及符合质量管理体系的要求，对提升顾客满意、提升产品和服务质量具有重要意义
	实现预期的结果	合理利用资源完成策划的活动，以实现预期结果，如质量目标、战略目标等
	激励员工参与	亲自参与对质量管理体系有效性产生影响的活动（如制定方针和目标），做出示范，引导和支持员工为质量管理体系的有效性做贡献
	促进改进	提供资源、设定专案进行改善，如QCC、六西格玛、精益生产等
	支持其他管理者	明确组织结构和岗位职责，制定激励制度支持其他管理者发挥领导作用
顾客需求和期望	确定要并满足	对需求的产品和服务确定要求（按8.2.2要求确定明示的、适用的法律法规要求等）
	风险识别与应对	识别影响风险：产品和服务符合性；顾客满意度 采取措施应对所识别的风险
	保持持续提供满足要求的产品和服务	持续提供满足要求的产品和服务关注焦点，如设定专案进行改善
	保持增强顾客满意度	以增强顾客满意度为关注焦点，如设定专案进行改善

SWOT：态势分析；PEST：宏观环境分析模型；FMEA：失效模式与影响分析；QCC：品管圈

（2）最高管理者的承诺是特定管理体系成功的关键因素，能够将组织的战略、宗旨、方针、过程和资源保持一致，以实现其预期结果。这些承诺将通过后续条款加以体现和落实，以基于特定管理体系管理的宗旨和方向，确保制定其方针和目标。

（3）基于组织的实际管理特征，确保管理体系的要求融入组织的业务过程中。

（4）基于过程理论及有效性，确保为管理体系配置资源，确保管理体系实现其预期结果基于全员参与的原则，在各层次沟通有效的管理体系要求的重要性，引导和支持员工为管理体系的有效性做出贡献，支持其他相关管理者在其职责范围内发挥领导作用。

（5）基于PDCA管理模式，促进持续改进。

5.1.2　以顾客为关注焦点

[标准理解]

（1）以顾客为关注焦点努力做到：①确定、理解并持续满足顾客要求及适用的法律法规的要求；②确定和应对风险和机遇能够影响产品和服务符合性，能够增强顾客满意度；③始终致力于增强顾客满意度。

（2）如何才能做到顾客满意？见图3.5。

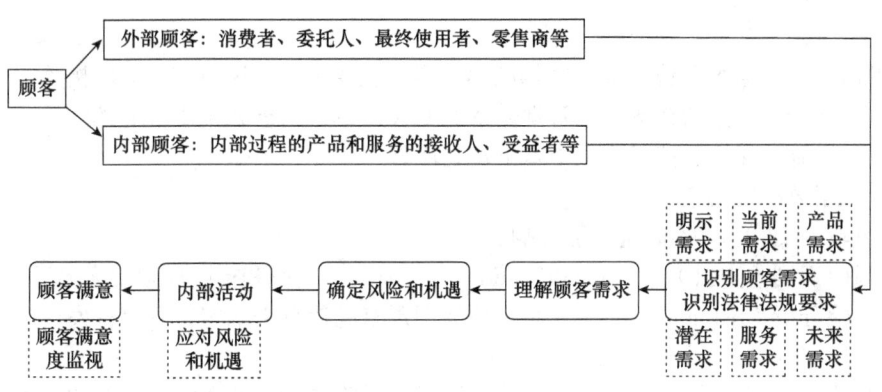

图 3.5　顾客满意

5.2　方针

5.2.1　制定质量方针

[标准理解]

（1）质量方针的制定内容：适应组织的宗旨和环境并支持其战略方向；为制定质量目标提供框架；包括满足适用要求的承诺及持续改进 QMS 的承诺。

（2）质量方针的指定人员：最高管理者应制定、实施和保持质量方针。

（3）质量方针及质量目标案例。

质量方针：诚信第一，客户至上，追求完美，精益求精。

质量目标：产品批次合格率＞98%，报废率＜1%，客户满意率＞99.5%，交货准时率＞99%。

5.2.2　沟通质量方针

[标准理解]

（1）质量方针的沟通：保持形成文件的信息；在内部沟通、理解和应用；可向相关方提供。

（2）方针是管理体系的重要组成部分，是对特定管理体系意图和方向的文件化表达。方针必须与组织的宗旨相一致，其作用是为建立目标提供框架。

（3）纲领性要求，内容应包括领导的承诺，在组织内部应保持正确的理解，并可向相关方公开。

5.3　组织的岗位、职责和权限

[标准理解] 组织结构是组织正式确定的使工作任务得到分配、组合和协调的框架体系。

（1）组织相关岗位的职责、权限分配人员：最高管理者应确保组织相关岗位的职责、权限得到分配、沟通和理解。

（2）组织的岗位、职责和权限的分派：最高管理者应分派职责和权限。包括：①确保 QMS 符合本标准要求；②确保各过程获得其预期输出；③确保在整个组织推动以顾客为关注焦点；④确保在策划和实施 QMS 变更时保持其完整性职责和权限；⑤报告 QMS 的绩效及改进机会。

（3）沟通和理解：认真沟通，充分了解。

（4）职责和权限。①类型：任命书、岗位说明书、组织架构图、质量计划。②内容：岗位名称、岗位要求、岗位职责和权限、岗位配合职责和权限、岗位关系。

（5）职责和权限分派的口头规定：口头传达，使用与临时事项。

6 策划

6.1 应对风险和机遇的措施

［标准理解］"策划"位于高层结构的第6章，主要由应对风险和机遇的措施、目标及其实现的策划两个二级条款构成，在管理体系的PDCA的运行模式中属于P的环节。在管理体系的建立、实施、保持和持续改进中属于建立环节。

（1）关于风险的概念。

a. 风险（risk）　不确定性的影响。

b. 风险识别（辨识）（risk identification）　发现、列举和描述风险要素的过程。

c. 风险分析（risk analysis）　系统地运用现有的信息来确定某一事件发生的可能性和后果。

d. 风险评价（risk evaluation）　将估计后的风险与给定的风险准则对比，来决定风险严重性的过程。

e. 风险处理（risk treatment）　选择及实施风险措施的过程。

f. 风险规避（risk avoidance）　决定不陷入风险，或者从风险状态中撤离的行为。

g. 风险降低（risk reduction）　减少风险的消极后果，降低其发生概率或二者兼有的行为。

h. 风险转移（risk transfer）　与其他组织共同承担风险损失，共享风险收益的行为。

i. 风险保留（risk retention）　接受某一特定风险带来的损失或收益。

（2）确定风险和机遇的目的：确保QMS能够实现其预期结果；增强有利影响；预防或减少不利影响；实现改进。

（3）确定风险和机遇应考虑因素（本标准的4.1）及要求（本标准的4.2）。

（4）风险类别，如图3.6所示。

（5）风险管理过程，如图3.7所示。

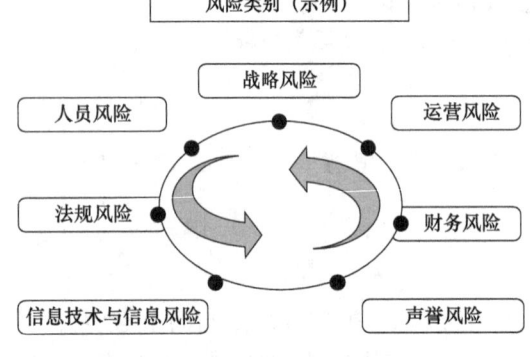

图3.6　风险类别

6.1.2 组织应策划

［标准理解］

（1）策划应对风险的措施：规避风险、为寻求机遇承担风险、消除风险源、改变风险的可能性和后果、分担风险及通过明智决策延缓风险。

（2）策划应对机遇的措施：采用新实践、推出新产品、开辟新市场、赢得新客户、利用新技术、建立合作伙伴关系及其他可行的做法。

（3）策划措施的有效性：在QMS过程中整合并实施这些措施，评价这些措施的有效性。

（4）风险评估的等级，如图3.8所示。

（5）风险评估技术——风险矩阵是一种将定性或半定量的后果分级与产生一定水平的风险或风险等级的可能性相结合的方式。矩阵格式及适用的定义取决于使用背景，关键是要在这种情况下使用合适的设计（图3.9）。

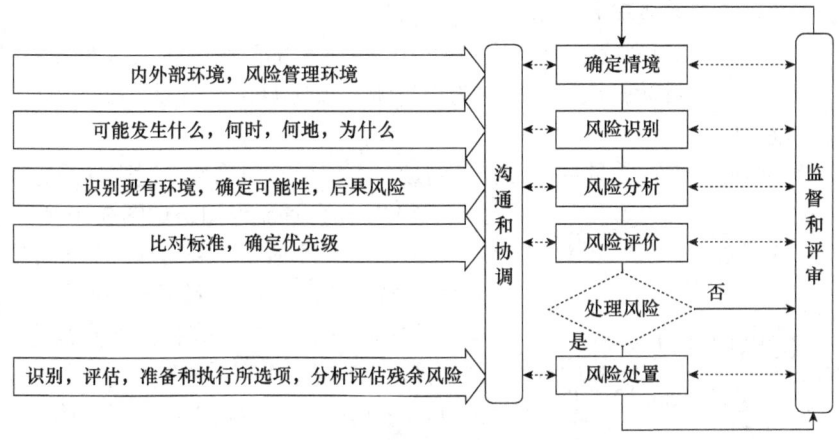

图 3.7　风险管理过程

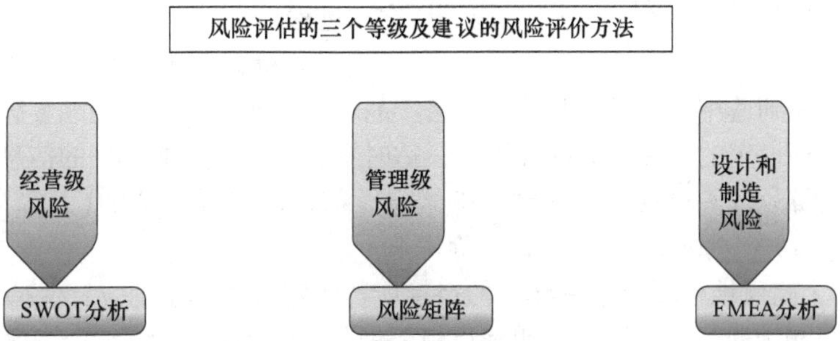

图 3.8　风险评估的等级

可能性等级	5	IV	III	II	I	I	I
	4	IV	III	III	II	I	I
	3	V	IV	III	II	II	I
	2	V	IV	III	III	II	I
	1	V	V	IV	III	II	II
		1	2	3	4	5	6
		结果等级					

图 3.9　风险评估技术——风险矩阵图

（6）风险评估示例，如表 3.12 所示。

表 3.12　风险评估示例

风险与机遇识别	应对措施	策划的过程	企业管理制度
内部管理混乱	建章建制	随变化的职责划分	规章制度管理办法
人员流失	招聘	规范化的招聘流程	人事管理制度
人员能力不足	按需培训	培训管理规则	培训管理制度
人员能力不足	定期考核	考核规则	考核管理办法

6.2 质量目标及其实现的策划

[标准理解] 质量目标类型：从层次可分为总目标、部门级、班组级及各人级；从时间看有长期、中期及短期目标；从水平可分为维持型、领先型、赶超型及改进型；从性质看有定性目标及定量目标。

（1）质量目标的特点：质量目标具有可测量、可实现、明确性、时限性及相关性。

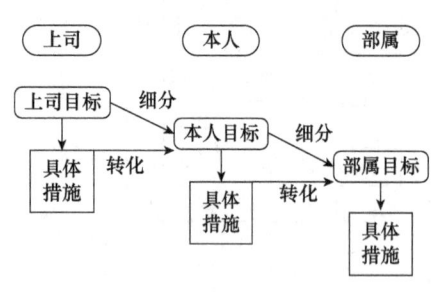

图 3.10　目标分解流程图

（2）目标分解流程图，如图 3.10 所示。

（3）质量目标案例：①提高产品质量，一次工程合格率 98%；②持续质量改进，降低质量成本，质量损失率 <2%；③提高客户满意度，客户抱怨 <1%；④实施"零缺陷"战略，每次交付合格率达 100%；⑤齐心协力建立质量保证体系，2020 年上半年体系认证实现三证一体通过。

（4）质量目标设定的对象：QMS 所需的相关职能、层次和过程。

（5）质量目标设定的内容：与质量方针保持一致；可测量；考虑到适用的要求；与提供合格产品和服务相关；与增强顾客满意度相关。

（6）质量目标设定的管理：监视；沟通；适时更新；保持形成文件的信息。

6.2.2　策划如何实现质量目标时，组织应确定：a）要做什么；b）需要什么资源；c）由谁负责；d）何时完成；e）如何评价结果。

[标准理解] 高层结构要求组织建立的目标应与特定管理体系的方针保持一致、可测量、适用、对其监视和沟通，适时更新；明确目标要做什么、需要什么资源、由谁负责、何时完成、如何评价结果。

6.3　变更的策划

[标准理解]

（1）变更和创新的四个层面：①技术或产品（即创新不仅要应对顾客或其他相关方变化的需求和期望，还要预测组织环境和产品寿命周期的变化）；②过程（即在产品实现方法上的创新，或提高过程稳定性和减少变异的创新）；③组织（即在组织体制和组织结构方面的创新）；④组织的管理体系（即当组织的环境发生变化时，为确保竞争优势和赢得新机会所做的创新）。

（2）标准中有关"变更"的要求：①策划/实施质量管理体系变更（见标准的 6.3）；②成文信息更改（见标准的 7.5.3）；③控制运行的变更，计划的和非预期的（见标准的 8.1）；④产品和服务要求的更改（见标准的 8.2.4）；⑤设计和开发的变更（见标准的 8.3.6）；⑥产品和服务提供的更改控制（见标准的 8.5.6）；⑦用知识应对变化的需求和趋势（见标准的 7.1.6）。

（3）影响 QMS 的变更因素。外部因素包括：法律法规或标准规范；客服要求，如合同；供应商或材料。内部因素包括：活动场所；产品；组织机构或职责；工艺技术或作业过程；资源，如关键人员或设备；改进需求。

7　支持

7.1　资源

7.1.1　总则

[标准理解] "支持"位于高层结构的第 7 章，主要由资源、能力、意识、沟通和成文信息 5 个二级条款构成，在管理体系的 PDCA 的运行模式中属于 D 的环节。支持意味着对管理体系的建立、实施、保持和持续改进的支持。

（1）资源的类型。"资源"是指一个国家或一定地区内拥有的物力、财力、人力等各种物质要素的总称。分为自然资源和社会资源两大类。前者如阳光、空气、水、土地、森林、草原、动物、矿藏等；后者包括人力资源、信息资源，以及经过劳动创造的各种物质财富等。由于不同特定管理体系所处的领域不同，其所需的资源也不尽相同（表3.13）。

表3.13 实施 QMS 需要的资源

资源种类	资源名称	数量	能力	要求	局限
人员	正式职工				
	外聘人员				
基础设施	厂房面积				
	水电气设施				
	运输车辆				
过程运行环境	物理环境				
监视和测量资源	检测仪器				
知识	内部知识				
	外部行业知识				
财务资源	……				

（2）资源是管理体系有效运行和改进，以及实现管理体系预期结果所必需的。

（3）资源管理的目的：建立、实施、保持和持续改进质量管理体系。

7.1.2 人员

[标准理解]

（1）人力资源管理的目的：基于适当的教育、培训、技能和经验，从事影响产品要求符合性工作的人员应是能够胜任的。

（2）人力资源管理的要求如图3.11所示。

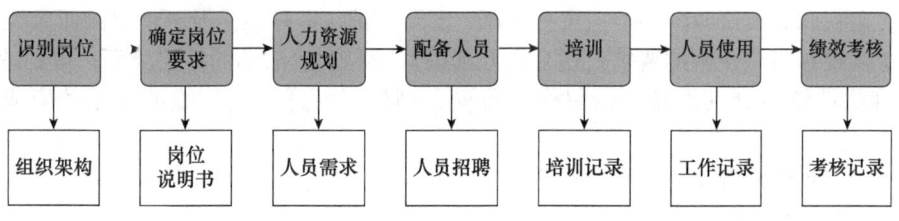

图3.11 人力资源管理要求

7.1.3 基础设施

[标准理解] 基础设施管理是动态的过程：确定需求、购置或租赁、维护保养（维修、保养、检定检查）、更新、报废。确保始终满足要求。

基础设施类型包括建筑物和相关设施；设备，包括硬件和软件；运输资源；信息和通信技术。

7.1.4 过程运行环境

[标准理解] 过程运行环境因素分类见表3.14。

表 3.14 过程运行环境因素分类

过程运行环境举例	因素分类					说明
	物理	社会	心理	环境	其他	
区域	▲					
温度	▲					
湿度	▲					
照明	▲					
和平		▲				
和谐		▲				1. 过程运行环境结合组织提供的产品和服务实际情况确定，考虑包括对产品和服务符合性相关的人与物产生影响的过程运行环境
无歧视		▲				
无暴力			▲			
无恐吓			▲			
激励			▲			2. 5S（整理、整顿、清扫、清洁、素养）及绩效激励制度的实施可以改善组织过程运行环境的一部分
震动				▲		
无静电				▲		
粉尘度				▲		
清洁				▲		
无菌				▲		
卫生					▲	
健康无毒					▲	
人机工程					▲	

7.1.5 监视和测量资源

7.1.5.1 总则

［标准理解］

（1）监视和测量资源的类型：贸易结算、安全防护、医疗卫生及环境监测四大类。

（2）监视和测量资源的要求：适合所开展的监视和测量活动的特定类型；得到适当的维护，以确保持续适合其用途。保留作为监视和测量资源适合其用途的证据的形成文件的信息。

（3）监视和测量资源的目的：验证产品和服务符合要求；确保结果有效可靠。

7.1.5.2 测量溯源

［标准理解］

（1）测量溯源的条件：要求测量溯源；测量溯源是信任测量结果有效的前提。

（2）测量溯源的对象：测量设备。

（3）测量溯源的方法：校准；检定（验证）；保留作为校准或验证依据的形成文件信息；标识状态；予以保护，防止校准状态和随后测定结果的失效（调整、损坏及衰减）。

当发现测量设备不能满足其预期使用要求时，组织应确定以往测量结果的有效性是否受到不利影响，必要时应采取适当的纠正措施。

7.1.6 组织的知识

［标准理解］新版标准新增加的内容。

（1）知识的类型：包括事实知识、原理知识、技能知识及人际知识。

（2）知识的表达：通过显性知识和隐性知识表达。

（3）知识的来源：包括内部知识内部来源（如知识产权，从经验获得的知识、从失败和成功项目汲取的经验和教训，获得和分享未成文的知识和经验，以及过程、产品和服务的改进结果）和外部知识（如标准、学术交流、专业会议、从顾客或外部供方收集的信息）。

7.2 能力

[标准理解]

（1）该条款是仅指人的能力，不包括过程能力等。

（2）过程能力是过程实现的不可或缺的内容。人的能力是过程能力的一部分，因此，人的能力需求来自过程能力的需求。

（3）能力是运用知识和技能实现预期结果的本领。只要对组织的特定领域绩效有影响的人员，组织都应确定他们的能力。

（4）能力的对象：在组织控制范围内的人员及从事影响 QMS 绩效和有效性的工作。

（5）确定能力：教育、培训及经历。

（6）获取能力的措施：培训/辅导，创新分配工作及招聘有能力者。

（7）培训流程如图 3.12 所示。

图 3.12　人员培训流程图

7.3 意识

[标准理解] 意识可以反映客观事物，这种反映可以是正确的，也可以是错误的，意识可以转化成人的行为，从而引起客观事物的变化。

本条款对树立人员质量意识需包含的内容做具体描述。质量意识是组织质量文化建设的核心。

（1）意识的对象：在组织控制范围内的相关人员。

（2）意识的要求：知晓组织应确保在其控制下工作的人员已知晓，见标准 7.3a）～d）。

7.4 沟通

[标准理解] 基于过程思维和系统思维，过程内部的活动及过程之间的相互接口都存在信息输入与输出，其中部分信息的传递是由人来完成的，因此沟通既是过程的需要，同时也可以提高系统的效率。

（1）沟通要素，如表 3.15 所示。

表 3.15　沟通的要素

沟通范围	包括内部及外部沟通	沟通内容	沟通什么？
沟通时机	何时沟通？	沟通对象	与谁沟通
沟通方法	如何沟通？	沟通责任人	谁负责沟通

（2）沟通管理：基本过程为沟通内容确定→沟通时机确定→沟通对象确定→沟通方法确定→实施沟通→优化沟通。

a. 沟通内容：确定体系证书，战略分析结果，质量方针，质量目标，相关质量目标及如何为其做出贡献，法律法规及行业标准，岗位职责与技能要求，体系改版，绩效监视、测量、分析和评价结果，管理规定，体系有效性。

b. 沟通时机：确定认证、监督或换证；新进员工或员工转岗；文件制定或修订时。

c. 沟通对象：内部包括各部门相关岗位的新进员工、转岗职工、在职员工；外部相关方包括顾客、认证机构、政府机构、供应商。

d. 沟通方法：确定文件化信息、宣传看板、邮件、书面资料、会议、电话及网络等。

e. 实施沟通：在受控条件下实施沟通。

f. 优化沟通：必要时优化沟通的相关方面。

7.5 成文信息

7.5.1 总则

[标准理解] 高层结构的核心条款中把"成文信息"表述为"保持形成文件的信息"或"保留形成文件的信息"。"保持形成文件的信息"，即要求组织形成文件；"保留形成文件的信息"，即要求组织形成记录并保存。该条款又下设了总则、创建和更新、成文信息的控制三个三级条款。

（1）文件化信息：成文信息是管理体系的重要支持部分，它可以使管理体系更加稳定，能够起到知识积累和信息沟通的作用，也是过程运行的准则和证据。成文信息指的是组织需要控制和保留的信息及其载体。承载信息的载体可能是纸张的，也可能是电子的。

（2）文件保留的原则，见表3.16。

表3.16 文件保留的原则

问题筛选：

序号	是/否	内容
问题1		新标准规定的需要保持和保留的形成文件的信息
问题2		风险和机遇应对措施中列明的形成文件的信息
问题3		质量目标策划和体系、过程、产品变更策划结果中列明的成文信息
问题4		产品和服务的接受准则或过程的准则
问题5		产品和服务符合的证据或过程实施的证据

原则：上述5个问题如果答案都是"否"，则文件没有保留的必要，可以精简后纳入知识管理。上述5个问题如果至少有一个为"是"，则文件有保留的必要性，可以考虑和现有文件合并或者更新。

7.5.2 创建和更新

[标准理解] 创建和更新受内、外部因素的影响，组织的管理体系是稳定而动态的。因此，组织在管理体系的运行过程中，会不断地创建新的文件和更新旧的文件。在创建和更新成文信息时，通过评审和批准，组织应确保成文信息的标识、说明、形式和载体的适宜性和充分性。

（1）文件创建和更新流程，见图3.13。

（2）文件创建和更新的标识和说明：文件名称、文件编号、标题、日期、作者及索引编号。

（3）文件创建和更新的格式：语言，如中文、英文或中英文、CAD（绘图软件）；软件版本（如最新版本和修订履历）；图示。

（4）文件创建和更新的媒介：纸质、电子。

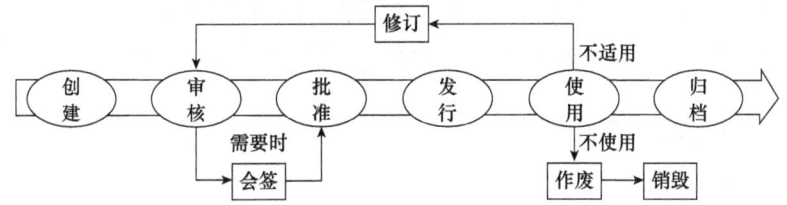

图 3.13　文件创建和更新流程图

（5）文件创建和更新的方式：会议、书面等合适的方式。
（6）文件创建和更新的评审和批准：确保适宜性和充分性。

7.5.3　成文信息的控制

［标准理解］成文信息的控制。组织应在需要的场合和时机获得适用的成文信息，包括外部成文信息，并对其妥善保护。通常情况下，组织对成文信息的控制方式包括：分发、访问、检索、使用、存储、防护、可读、更改控制、保留、处置。

（1）成文信息的控制的目的：在需要的场合和时机均可获得并适用；妥善保护，防止失密、不当使用或缺失。

（2）成文信息的控制活动：分发、访问、检索和使用；存贮和防护，包括保持可持续；更改控制（如版本控制）；保留和处置。

成文信息的控制活动说明或举例，见表 3.17。

表 3.17　成文信息的控制活动说明或举例

控制的目的	控制活动	控制活动说明或举例
a.在需要的场合和时机均可获得并使用； b.予以妥善保存（如防止泄密，恰当使用或缺失）	创建	设置标识与说明，选择形式/载体；不同层级、不同内容文件采用不同的评审方式，由授权人批准
	分发	分发给需要的部门或人员并记录，以便更新或回收
	访问	规定纸质文件阅读权限，电子文件设置访问、下载、复印、修改等权限控制
	检索	为了便于查找，方便使用，可按名称、部门、日期、产品、客户等信息进行编目、索引
	使用	不同类型文件使用的对象
	贮存和防护	纸质：贮存环境，如温度、湿度、光照、防鼠、防虫等； 电子：备份、ID/密码保护、权限控制、病毒查杀、防断电断网
	更改控制	更改时机、版本及变更履历、变更审批、发放和回收
	保留和处置	保留期间按要求进行贮存和保护，超出保留时限的回收、销毁，有保密要求时应审批并彻底销毁、监销

8　运行

8.1　运行的策划和控制

［标准理解］"运行"位于高层结构的第 8 章，在 PDCA 的运行模式中属于 D 的环节，属于实施和保持环节。

在组织运行的过程中，部分过程可能是外包的，对外包的控制类型和程度取决于外包的性质、风险和机遇。

（1）运行策划和控制的对象：满足产品和服务要求所需的过程及外包过程。

(2)运行策划和控制的措施：包括确定产品和服务的要求，建立准则的过程，确定产品和服务符合要求的资源，按照准则实施过程控制，确保保持、保留成文信息，控制变更、评审非预期变更后果。

8.2 产品和服务的要求

[标准理解]

（1）顾客沟通示例见表3.18。

表3.18 顾客沟通示例

沟通内容	阶段	沟通目的	常用沟通方法
产品和服务信息	售前	顾客了解组织提供的产品和服务特性（如外观、尺寸、性能、可靠性、禁用物质含量等）	产品和服务目录/菜单；产品和服务广告；样品/图片/照片
问询、合同或订单处理包括对其修改	售中	签订合同；修订时，再次确认其要求	签订合同；回传订单；签订保证函
顾客财产处理（适用时）	售中	存在顾客财产且顾客财产异常时双方协商处理的方式及结果	邮件、电话、书面
顾客意见和反馈（包括顾客抱怨）	售后	掌握顾客对组织提供产品和服务的感受信息	顾客抱怨（三包服务）；顾客满意度调查；拜访顾客
应急措施特定要求（相关时）	售后	双方协商确定紧急情况的应急措施	管理规定/邮件、电话、合同

（2）产品和服务要求确定示例见表3.19。

表3.19 产品和服务要求确定示例

要求分类	要求内容举例	提出方法示例
明确规定的要求	产品和服务相关要求，如外观、尺寸、功能、性能、可靠性、禁用物质含量、包装、数量、交货日期、交货地点、交货方式、结算方式、售后服务（如安装、保修、回收和处置等）、服务行业的环境、卫生、服务水平、等待时间，顾客虽然未明确规定，但组织在确定要求时应明确隐含的要求	合同，如采购合同、供货合同；协议，如质量协议、PPM协议订单（书面或ERP系统）；邮件或口头方式自我声明（组织依据产品和服务，组织自行承诺，如网络广告或用途或预期用途确定）
适用的法律法规要求	中国RoHS、3C、国家标准、行业标准、发动机排放规定等	政府机构或协会发布法规或标准

注：RoHS.由欧盟立法制定的一项强制性标准，全称是《关于限制在电子电器中使用某些有害成分的指令》；3C.中国强制性产品认证

8.2.3 产品和服务要求的评审

[标准理解]

（1）要求的目的：确保能力满足向顾客提供的产品和服务的要求。

（2）要求的时机：在承诺向顾客提供产品和服务前。

（3）要求的内容：包括标准8.2.3.1a)～e)，确保差异的有关事项得到解决。

（4）要求的方式：每一个订单要进行正式评审；特殊情况（如网上销售）；大批量常规订单；明确谁来评审。

（5）要求的结果：评审无分歧；评审如有分歧，如何解决，采取了什么措施，结果如何。

（6）要求的记录：记录评审结果；产品和服务的新要求。

（7）保留形成文件的信息：评审结果；产品和服务的新要求。

8.2.4 产品和服务要求的更改

[标准理解] 要求变更：修改相关文件并通知相关人员。

8.3 产品和服务的设计和开发

[标准理解] 设计和开发：GB/T 19001（ISO9000）定义为：将对客体的要求转换为对其更详细的要求的一组过程。分为产品设计和开发、过程设计和开发、服务设计和开发。

设计评审、设计验证、设计确认的区别见表3.20。

表3.20 设计评审、设计验证、设计确认的比较

项目	设计评审	设计验证	设计确认
目的	评价设计结果满足要证实设计输出满足要求的能力，可识别任何问题并提出必要措施	证实产品满足规定的设计输入的要求	证实产品满足规定的使用要求和特定的预期用途的要求
对象	阶段的设计结果	设计输出文件、图纸、样本等	通常是向顾客提供的产品（但有时也可能是样品）
时机	在设计的适当阶段	当形成设计输出时	只要可行，应在产品交付或生产和服务实施之前
方式	会议/传阅方式	试验、计算、对比文件发布前的评审	试用、模拟

8.3.3 设计和开发输入

[标准理解]

（1）设计和开发的输入目的：针对具体类型的产品和服务，确定设计和开发的基本要求。

（2）设计和开发的输入信息：包括标准8.3.3 a）～e）。

（3）设计和开发的输入要求：满足设计开发目的，设计和开发输入应充分规定，要完整，避免模棱两可、冲突、不清楚，解决相互冲突的输入，保留输入的形成文件的信息。

（4）设计和开发的输入示例见表3.21。

表3.21 设计和开发的输入示例

输入内容	输入内容举例或说明	备注
功能和性能要求	特殊性：影响安全、法规及装配、功能和性能的特性	输入来源① 在标准8.2.2 中确定并经标准8.2.3 评审的产品和服务要求；② 知识库（如以往类似设计）
适用的法律法规要求	3C，RoHS，REACH/欧盟法规等输入来源方面的法规	
标准和规范	GB、IEC、ASTM 等	
以往类似设计信息	以往开发经验、过程能力、异常及措施	
产品和服务特点导致的潜在失效后果	潜在失效后果：影响安全、法规；主要功能和次要功能丧失或降低；报废、返工等，可以参照《FMEA参考手册》	

注：REACH. 化学品注册、评估、许可和限制；GB. 国家标准；IEC. 国际电工委员会；ASTM. 美国材料与试验协会

（5）产品设计和开发过程的输入和输出。

8.3.4 设计和开发控制

[标准理解] 设计和开发控制的基本过程：开发活动范围界定→开发活动结果定义→设

计和开发评审→设计和开发验证→设计和开发确认→管理评审。

8.3.5 设计和开发输出

［标准理解］此输出将成为生产和服务过程的关键输入，设计和开发产生的结果保留文件化信息。其示例见表3.22。

表3.22 设计和开发输出示例

常见输出内容	举例说明	备注
确保为后续的产品和服务提供过程，提供充分信息的一般性输出	可行性分析、进度计划、小组成员清单、图纸、过程流程图、特性矩阵图、作业指导书、安装指导书、产品故障诊断指南	依实际需求
特殊性	如用途、安全等方面的特殊性	必需
监视测量要求和接收准则	监视和测量要求：如制订检验规范以规定检验项目、测量方法、样本容量和频率等抽样计划，如抽样计划GB/T2828.1、MILSTD—1916、ANSIZ1.4等	适用时

8.3.6 设计和开发更改

［标准理解］

（1）设计和开发更改的对象：设计和开发期间的更改和后续的更改。

（2）设计和开发更改的目的：确保这些更改对满足要求不会产生不利影响。

（3）设计和开发更改的活动：识别、评审和控制。

（4）保留变更的形成文件的信息：包括设计和开发变更；评审的结果；更改的授权；为防止不利影响而采取的措施。

8.4 外部提供过程、产品和服务的控制

8.4.1 总则

［标准理解］

（1）目的：确保外部提供的过程、产品和服务符合要求。

（2）条件：包括外部供方的过程、产品和服务，其将构成组织产品和服务的一部分；外部供方代表组织直接将产品和服务提供给顾客；组织决定由外部供方提供过程或部分过程。

（3）确定准则并实施评价、选择、绩效监视及再评价。

对上述活动和措施保留形成文件的信息。

（4）外部提供过程、产品和服务控制过程，即确定外部供方→规定要求→评价→选择→监视→重新评价。

8.4.2 控制类型和程度

［标准理解］

（1）控制类型和程度的目的：确保外部提供的过程、产品和服务，不会对组织持续地向顾客交付合格产品和服务的能力产生不利影响。

（2）控制类型和程度的方法：确保外部提供过程保持在组织的QMS控制中；规定对外部供方的控制和输出结果的控制；考虑外部供方对组织稳定满足要求的能力的潜在影响及考虑外部供方实施控制的有效性；确定验证或其他活动确保满足要求（试验/检验、核查/验收、模拟/试用、二方审核、绩效评价）。

8.4.3 提供给外部供方的信息

［标准理解］提供给外部供方的信息要求沟通之前确定是充分和适宜的要求；沟通内容见本标准8.4.3a）～f）。

8.5 生产和服务提供
8.5.1 生产和服务提供的控制

[标准理解] 生产和服务提供的受控条件见表3.23。

表 3.23 生产和服务提供的受控条件

条款要求	受控条件说明
a. 拟生产的产品的特性的成文信息	来源于8.3.5 设计和开发输出项,如图纸、工艺、材料规格等
a. 拟获得的结果的成文信息	8.2.3 产品和服务要求的评审；所输出的结果和新要求,如合格率、效率
b. 适宜的监视和测量资源	7.1.5 监视和测量资源：监视和测量资源状态、校准和检定、维护
c. 实施监视和测量活动	8.1 运行的策划和控制：所策划的监视和测量活动。进料/制程/出货检验
d. 适宜的基础设施	7.1.3 基础设施,如设备的验收、状态、点检、保养、维修等
d. 适宜的环境	7.1.4 过程运行环境,如温度、湿度、照明、噪声、防尘、工作强度
e. 人员及资格	7.1.2 人员、7.2 能力、7.3 意识：人员的能力是否符合任职资格要求
f. 特殊过程的确认、再确认	
g. 防止人为错误	岗前培训、防错技术应用,如计算机接口、定时技术、条码扫描
h. 实施放行	8.6 产品和服务的放行：各阶段验证产品的要求已得到满足,如检验、测试等
h. 交付和交付后的活动	8.5.5 交付后活动：现场安装、保修、技术支持、顾客查询等

8.5.2 标识和可追溯性

[标准理解]

（1）标识和可追溯性识别输出：确保产品和服务合格。
（2）标识和可追溯性识别输出状态：按照监视和测量要求进行。
（3）标识和可追溯性控制输出的唯一性标识：保留形成文件的信息以实现可追溯。
（4）标识。

标识的对象：过程的输出、监视和测量状态、可追溯性。
标识的状态：待检验、合格、不合格等。

（5）标识和追溯性管理见表3.24。

表 3.24 标识和追溯性管理

项目	标识管理	可追溯性管理
目的	防止产品的错用,如品种、数量、批次等；防止非预期使用不合格品；防止过程遗漏、错乱	追溯产品的来源、实现过程、应用情况等,为识别改进机会收集数据,满足法律法规要求（安全、卫生）
方法	标识牌、标签,划分区域（慎用）,颜色,标识管理,版本,记录,合格区,工具	正确识别需求,以实现唯一性标识为基础,记录唯一性标识
要则	确定标识方法,标识制作,标识维护,标识失效后的验证与再标识,必要的记录	原材料供应商名称、批号、日期,产品生产者、批号、设备编号、日期,产品序列号

8.5.3 顾客或外部供方的财产

[标准理解]

（1）顾客或外部供方的财产类别,包括材料、零部件、工具和设备及顾客的场所、知识产权和个人信息。

（2）控制和使用期间进行妥善管理，识别、验证、保护及防护。

（3）报告并保留所发生情况的成文信息，包括丢失、损坏及不适用。

8.5.4 防护

[标准理解]

（1）基本要求。

标识：产品防护标识、安全标识等。

处置：对输出进行处理。

污染控制：防止生产和服务过程对输出的污染。

包装：依据产品特性和顾客要求包装。

贮存：制定贮存规定，防止受损或变质。

传输或运输：当输出为数据或信息时，防止丢失或失密。

（2）防护。①防护时机：生产和服务提供期间；②防护对象：输出；③防护目的：确保符合要求；④防护方法：标识、处置、污染控制（被污染、交叉污染）、包装、贮存、传输（数据或信息的传输——电子邮件或拷贝）、运输、保护。

8.5.5 交付后的活动

[标准理解] 交付后的活动：包括担保条款规定的相关活动，合同义务（培训、维护），附件服务（回收、最终处理；确定交付后的活动覆盖范围和程度时，需考虑的因素包括标准8.5.5 a）~e）。

8.5.6 更改控制

[标准理解]

（1）更改控制的确定：包括①变更识别，常见生产服务的变更包括原材料更改、设备和工装更改、方法变更、工艺参数更改、检验方法更改；②变更评审，考虑方面有更改可行性，更改的影响（包含更改对产品和服务组成部分的影响）及更改评审；③变更策划，包括活动（路径及关键路径，必要时包含评审、验证和确认）、责任部门、责任人、内部沟通及时间进度；④更改实施，按策划要求进行更改实施时选择；⑤变更控制，依据实际情况选择一种或多种控制方法，必要时保留文件化信息。

（2）更改的目的：确保持续的符合要求。

（3）更改的对象：人、机、料、法、环、测。

（4）更改的要求：评审和控制；保留形成文件的信息（更改评审的结果、授权进行更改的人员、根据评审采取的措施）。

8.6 产品和服务的放行

[标准理解]

（1）产品和服务放行的目的：验证产品和服务要求已被满足。

（2）产品和服务放行的依据：策划的安排（时机、方案、准则、资源）。

（3）产品和服务放行的例外：得到有关授权人员的批准，适用时得到顾客的批准。

（4）保留形成文件的信息：符合接收准则的证据；可追溯到授权放行人员。

8.7 不合格输出的控制

[标准理解]

（1）不合格输出的控制目的：识别和控制，防止非预期交付。

（2）不合格输出的控制对象：不符合要求的输出；产品交付之后发现的不合格产品；服

务提供期间及之后发现的不合格服务。

（3）不合格输出的控制依据：不合格的性质及不合格的影响。

（4）不合格输出的控制处置：依据标准 8.7.1 a）～d）。

（5）保留形成文件的信息：描述不合格；描述所采取措施；描述所获得的让步；识别处置不合格的授权。

9 绩效评价

9.1 监视、测量、分析和评价

9.1.1 总则

[标准理解]"绩效评价"位于高层结构的第9章，主要由监视、测量、分析和评价，内部审核，管理评审三个二级条款构成，在 PDCA 的运行模式中属于 C 的环节。

（1）内容：零件尺寸、质量目标、顾客满意度、过程内容参数、质量体系有效性等。

（2）方法：试验/分析、检查过程/产品和服务、能力分析、控制图、评审。

（3）频率：每小时、每批、每月、每年等。

（4）职责权限：谁执行、谁批准、需要什么人员能力和权限资格。

（5）关联条款：6.2 质量目标及其实现的策划、8.1 运行的策划和控制、9.1.2 顾客满意、9.1.3 分析和评价、9.2 内部审核、9.3 管理评审、7.1.5 监视和测量资源。

（6）评价：QMS 的绩效及 QMS 的有效性。

（7）证据：保留适当的形成文件的信息，作为结果的证据。

9.1.2 顾客满意

[标准理解]顾客对其要求得到满足程度的感受信息，是质量管理体系的一种绩效测量。

（1）顾客满意的对象：监视顾客对其需求和期望已得到满足的程度的感受。

（2）获取、监视和评审顾客满意信息的原则：包括关注顾客的感受；确保所收集信息的真实性；所收集的信息应具有连续性和可比性；所使用的收集方法应确保有效；考虑收集动作的成本。

（3）获取、监视和评审顾客满意信息的方法：包括主动搜集（顾客调查、经销商报告、市场占有率分析）及被动获取（顾客对交付产品或服务的反馈、顾客赞扬、担保索赔）。

9.1.3 分析与评价

[标准理解]

（1）分析与评价的对象：通过监视和测量获得的适宜数据和信息。

（2）分析与评价的内容：依据标准 9.1.3 a）～g）。

（3）分析与评价的方法：包括统计方法。

9.2 内部审核

[标准理解]内部审核是组织对其管理体系评价的一种方式。产品和服务的检验，以及过程能力评定等专项检验和评价活动不能代替内部审核。内部审核是一个系统的、独立的并形成文件的过程，是对组织的特定管理体系的建立、实施、保持和改进的全面评价过程。

（1）内审时机：按策划的时间间隔进行。

（2）内审提供的 QMS 信息是否符合组织自身的 QMS 要求；是否符合本标准要求；是否得到有效实施和保持。

（3）内审目的：组织可以通过内部审核，收集相关信息和客观证据，来评价管理体系运行的符合性和有效性，从而识别改进的机会，并进一步采取应对风险和机遇的措施。

（4）审核方案：要考虑的主要内容有审核目标、审核频次、审核范围、审核准则、审核内容、审核进度、审核方结论、审核报告、内审员管理等。

（5）内审步骤：公司根据内审时机，提出内审建议→建立审核小组→编制审核计划→编制检查表→通知审核→首次会议→现场审核。

保留形成文件的信息作为证据（实施审核方案及审核结果实施）。

9.3 管理评审

9.3.1 总则

［标准理解］管理评审也是组织对其管理体系评价的一种方式。内部审核不能代替管理评审。管理评审是组织最高管理者的活动。

（1）管理评审的时机：策划的时间间隔。

（2）管理评审的目的：确保 QMS 持续的适宜性、充分性和有效性；确保 QMS 与组织的战略方向一致。

组织保留管理评审的相关文件化信息是必要的。

9.3.2 管理评审输入

［标准理解］策划和实施管理评审时应考虑的内容见标准 9.3.2a～f）。

9.3.3 管理评审输出

［标准理解］

（1）管理评审的输出内容：改进的机会；质量管理体系所需的变更；资源需求及保留成文信息，作为管理评审结果的证据。

（2）管理评审流程如图 3.14 所示。

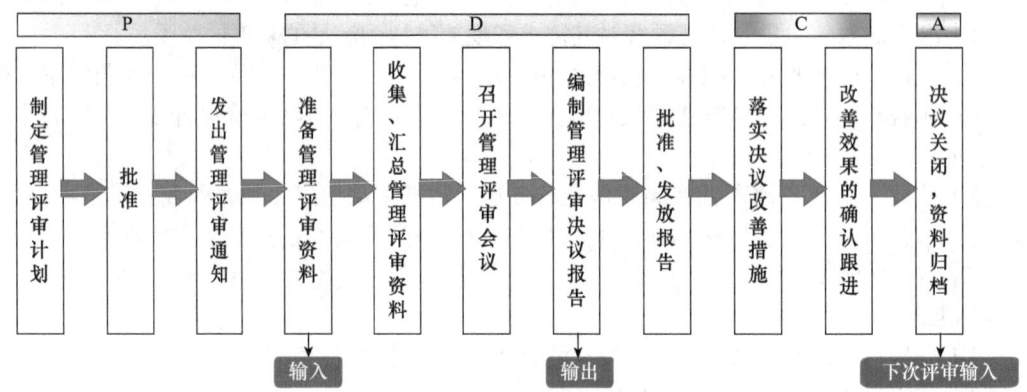

图 3.14　管理评审流程图

（3）部门管理评审报告编写。

确定报告的内容大纲：上次管理评审决议完成情况，本标准要求的输入内容（涉及本部门的部分），评审期间本部门的重点工作完成情况，领导层要求汇报的工作及下一期间重点工作规划。

数据收集评审数据：来源于日常工作的积累。

起草报告：按照大纲逐项编写，日常数据要转化为图、表、总结形式，内容精练、逻辑清楚。

排版美化：内容写完后再排版，以免浪费时间；注意图、文、表排版要美观；按照计划的汇报时间突出重点内容。

管理评审时机确定：上次管理评审到本次之间，包括固定时机（如每年进行固定次数）

及临时增加（重大品质事件，如召回、抱怨/退货、最高管理层变更、组织架构变更等）。

10 改进

10.1 总则

［标准理解］"改进"位于高层结构的第 10 章，主要由不合格和纠正措施、持续改进两个二级条款构成，在 PDCA 的运行模式中属于 A 的环节。

（1）改进的目的：满足顾客要求和增强顾客满意。

（2）改进的内容：标准 10.1a）～c）。

（3）改进的示例：包括纠正、纠正措施、持续改进、突破性改变、创新和重组。

10.2 不合格和纠正措施

［标准理解］

（1）不合格来源：本条款的重点在于纠正产生的问题，并针对原因采取措施，防止再发生。不合格来源包括但不限于内外部审核发现；监视和测量结果；不合格产品；顾客投诉；不符合法律法规要求；外部供方的问题；员工发现的问题及保修索赔。

（2）不符合是未能满足要求。体系、过程、产品和服务都可能存在不符合。

处置不符合的评审的输入层级是控制不符合，包括允许不符合的存在；纠正不符合，包括对不符合后果的处置；对不符合采取纠正措施。

控制不符合是为了使其不继续向不利方向发展；纠正是为消除已发现的不符合所采取的措施；纠正措施是为消除不符合的原因并防止再发生所采取的措施。

（3）不合格和纠正措施的流程见图 3.15。

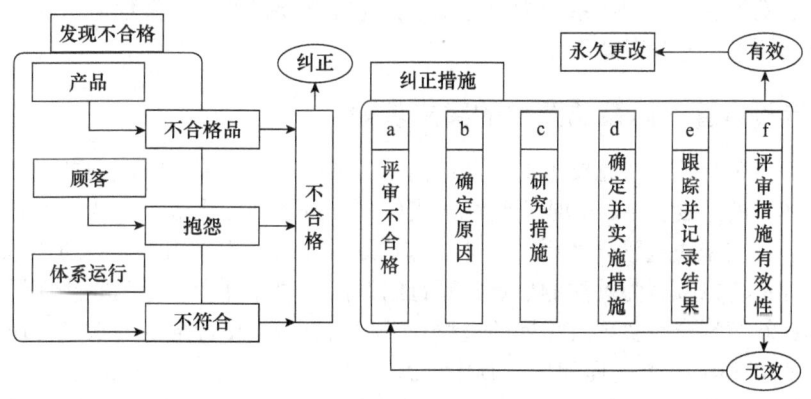

图 3.15　不合格和纠正措施流程图

（4）保留成文信息：保留不合格的性质及采取措施的结果的成文信息，是组织管理体系自我修正和完善的证据，这些信息对合规性尤其重要。

10.3 持续改进

［标准理解］持续改进是提高绩效的循环活动。无论是组织还是其他相关方，组织的持续改进将有利于各方的共同发展需求。

（1）改进的目的：高层结构组织应对其特定管理体系的适宜性、充分性和有效性实施持续改进，更重要的是组织应建立起管理体系持续改进的机制。在该条款中对管理体系的适宜性、充分性和有效性的要求比管理评审中的要求更进一步。

（2）持续改进的途径：分析、评价结果，管理评审输出，确定应关注的持续改进的需求和机遇。

（3）持续改进的改进工具：7步改善法、8D问题求解法、业务流程重组、零缺陷等。

3.3 ISO9001质量管理体系在食品企业的建立和实施

3.3.1 食品企业实施质量管理体系的总要求

3.3.1.1 选择和使用ISO9001的目的

选择和使用ISO9001的目的在于：①建立符合国际标准的质量管理体系；②建立质量管理体系在于保证产品质量，增强顾客满意；③证实组织有能力稳定地提供满足顾客和适用法律法规要求的产品（常用于认证或合同目的）。

3.3.1.2 食品企业实施质量管理体系的要求

为了实施质量管理体系的要求，组织必须做好以下工作：首先识别本组织建立质量管理体系所需的全部过程及其应用。这些过程与组织的类型、规模和所生产的产品或所提供的服务密切相关。组织可采用"以过程为基础"的质量管理体系模式，结合本组织的实际来识别这些过程。其次在识别全部过程中，某一项过程的输入通常是其前过程的输出，某一过程的输出通常是其后过程的输入。

3.3.1.3 食品企业实施质量管理体系的指导思想

食品企业实施质量管理体系的指导思想是：①写你要做的；②做你所写的；③记录做过的；④检查其效果；⑤改正其不足。

3.3.2 保持质量管理体系总要求的实施步骤

实施保持质量管理体系总要求的步骤包括：①最高管理者统一管理领导层思想，确定建立质量管理体系的进度目标；②成立组织的贯标领导班子和工作班子；③根据时间进度目标制订组织建立、实施质量管理体系的具体工作计划；④分层次地组织全体员工进行ISO9001族标准的培训；⑤以顾客为关注的焦点，制订组织的质量方针和在相关职能部门和层次上建立质量目标；⑥策划产品实现所需要的过程；⑦根据ISO9001标准的要求进行现状调查，找出薄弱环节；⑧确定各个过程和子过程中应开展的质量活动；⑨进行质量职能分配；⑩制（修）订各部门的质量管理职责、权限及相互关系；⑪进行质量管理职责和责任的考核；⑫编写质量管理体系文件；⑬进行质量管理体系文件会审后，由最高管理者（总经理）批准发布；⑭开展质量管理体系文件的宣传教育；⑮提供和管理人力资源、基础设施、工作环境；⑯按建立的质量管理体系试运行（3个月以上）；⑰培训内部质量管理体系审核人员，并由厂长（总经理）聘任；⑱进行内部质量管理体系审核和纠正措施的跟踪（一次以上）；⑲最高管理者（总经理）亲自主持管理评审。

3.3.3 ISO9001认证

3.3.3.1 ISO9001认证的范围

ISO9001质量管理体系应用范围共分41大类，包括：肉类及肉制品的生产、加工及保存，肉类的生产、加工及保存，禽肉的生产及保存，肉制品及禽肉制品的生产，鱼及其鱼肉制品的加工及保存，水果及蔬菜的加工及保存，马铃薯的加工及保存，果汁及菜汁的生产，植物油、动物油及动、植物脂肪的生产，原料油及原料脂肪的生产，精炼油及精炼脂肪的生产，人造黄油及类似食用脂肪的生产，乳制品的生产，乳制品及奶酪的生产，冰激凌的生产，谷物加工、淀粉及淀粉制品的生产，家畜饲料的生产，牧场及农园等家畜用饲料的生产，宠物饲料的生产，面包制作，新鲜油酥点心及糕点的制作，烤面包片及饼干的制作，可保存的油酥点心及糕点的制作，砂糖的制作，可可的制作，巧克力及糖果的制作，通心粉、面条类及类似的粉制品的制作，茶及咖啡的加工，调味品的制作，膨化食品配置品及减肥品的制作，其他食品的制作，饮料的制作，蒸馏酒的制作，发酵酒的制作，葡萄酒的制作，苹果酒及其他果酒的制作，非蒸馏型的发酵饮料的制作，啤酒的制作，麦芽的制作，矿泉水和软饮料的制作，烟草制品的生产，草制品的生产。

3.3.3.2 ISO9001 认证的基本要求

开展质量认证是为了保证产品质量，提高产品信誉，保护用户和消费者的利益，促进国际贸易和发展经贸合作。这个认证目的非常清楚地说明，企业要开展认证必须具备条件才能申请认证。

1. 申请质量管理体系认证注册条件 包括①申请组织应持有法人营业执照或证明其法律地位的文件；②已取得生产许可证或其他资质证明（国家或部门法规有要求时）；③申请认证的质量管理体系覆盖的产品应符合有关国家标准、行业标准或注册产品标准（企业标准），产品定型且成批生产；④申请组织应建立符合拟申请认证标准的管理体系，对从事医疗器械生产、经营企业还应符合 W/T0287 标准的要求，生产三类医疗器械的企业，质量管理体系运行时间不少于 6 个月，其他类型的组织，质量管理体系运行时间不少于 3 个月；⑤申请组织至少进行过一次全面内部审核及一次管理评审；⑥在提出认证申请前的一年内，申请组织的产品无重大顾客投诉及质量事故。

2. 质量管理体系认证注册申请材料要求 主要有①申请组织授权代表签署的质量管理体系认证申请书。②申请组织营业执照（复印件）。③其他资质证明（国家或部门法规有要求时），如属于 3C 认证的产品，还需要提供 3C 认证证书（复印件）。④文件化信息清单，必要时信息化文件。⑤管理评审报告、内审报告。⑥产品生产流程及特殊过程、关键过程说明。⑦产品或服务涉及的强制性标准/要求、企业标准清单。⑧产品技术报告或说明书。⑨对于医疗器械生产企业应同时提交"医疗器械企业生产许可证"，已经取得医疗器械产品注册的产品提交"医疗器械产品注册证"（复印件）（包括医疗器械产品制造认可表）。⑩未取得医疗器械产品注册证的医疗器械产品应提交以下材料：产品标准及说明；产品注册检测报告；符合相应规定的临床试验资料或豁免临床的说明；产品说明书；生产流程；二、三类医疗器械产品提示的产品技术报告和风险管理报告。

3.3.3.3 ISO9001 认证程序

1. ISO9001 认证的流程 ISO9001 认证大体分为培训、咨询、认证、实施四个流程。

1）培训流程 内审员培训→基本培训。

2）咨询流程

（1）初访→签约→咨询师进驻→制订计划→体系建设（质量手册编定、程序文件编定）→文件审定→运行辅导→自查及纠正→评审辅导→咨询总结；

（2）咨询准备→培训管理人员及骨干→体系策划→文件编写、调整、审订→质量管理体系试运行→运行指导→内审员培训考试→内审→管理评审。

3）认证流程　　提交申请→签订合同→审核文件→现场审核→纠正措施→批准→注册颁证。

4）实施ISO9001标准的基本流程　　准备→质量管理体系策划→文件编写和整理→文件签发→文件运行→内审→管理评审→审核前准备→审核→审核后行动→扩充体系功能→持续改进。

2. ISO9001质量管理体系（QMS）认证程序的具体过程　　ISO9001质量管理体系认证程序具体如下。

1）质量体系认证的申请

（1）申请人提交一份正式的应由其授权代表签署的申请书。申请书或其附件应包括：①申请方简况，如组织的性质、名称、地址、法律地位，以及有关人力和技术资源；②申请认证覆盖的产品或服务范围；③法人营业执照复印件，必要时提供资质证明、生产许可证复印件；④咨询机构和咨询人员名单；⑤最近一次国家产品质量监督检查情况；⑥有关质量体系及活动的一般信息；⑦申请人同意遵守认证要求，提供评价所需要的信息；⑧对拟认证体系所适用的标准其他引用文件说明。

（2）认证中心根据申请人的需要提供有关公开文件。

（3）认证中心在收到申请方申请材料之日起，经合同评审以后30天内做出受理、不受理或改进后受理的决定，并通知委托方（受审核方）。以确保：①认证的各项要求规定明确，形成文件并得到理解；②认证中心与申请方之间在理解上的差异得到解决；③对于申请方申请的认证范围、运作场所及一些特殊要求，如申请方使用的语言等，认证机构有能力实施认证；④必要时认证中心要求受审核方补充材料和说明。

（4）双方签订"质量体系认证合同"。当某一特定的认证计划或认证要求需要做出解释时，由认证中心代表负责按认可机构承认的文件进行解释，并向有关方面发布。

（5）收到的信息将用于现场审核评定的准备，认证中心承诺保密并妥善保管。

2）现场审核前的准备

（1）在现场审核前，申请方的ISO9001标准建立的文件化质量体系运行时间应达到3个月，至少提前2个月向认证中心提交质量手册及所需相关文件。

（2）认证中心准备组建审核组，指定专职审核员或审核组长作为正式审核的一部分进行质量手册审查、审查以后填写《质量手册审查表》，通知受审核方，并保存记录。

（3）认证中心应准备在文件审查通过以后，与受审核方协商确定审核日期并考虑必要的管理安排。在初次审核前，受审核方应至少提供一次内部质量审核和管理评审的实施记录。

（4）认证中心任命一个合格的审核组，确定审核组长、组成审核组，代表认证中心实施现场审核。其中①审核组成员由国家注册审核员担任；②必要时聘请专业的技术专家协助审核；③审核组成员、专家的姓名由认证中心提前通知受审核方，并提醒受审核方对所指派审核员和专家是否有异议，如以上人员与受审核方可能发生利益冲突时，受审方有权要求更换人员，但必须征得认证中心的同意。

（5）认证中心正式任命审核组，编制审核计划，审核计划和日期应得到受审核方的同意，必要时在编制审核计划之前安排初访受审核方，察看现场，了解特殊要求。

3）现场审核　　具体参见标准2.2质量管理体系的认证规则。

4）认证批准　　具体参见标准2.2质量管理体系的认证规则。

5）认证范围的扩大、缩小和认证标准的变更　　获证企业若需扩大或缩小体系认证范围时，由获证方提出书面申请，提出以扩大或缩小认证范围相应的质量手册，由合同管理部审查接受后，需扩大认证范围的，签订扩大认证范围合同，需缩小认证范围的，办理原合同更改手续。现场审核时将负责审核扩大认证范围相关要素和部门、生产车间，具体实施按《质量体系认证（审核）实施与控制程序》进行。审核通过后，给予更换认证证书，证书内更改覆盖范围，注明换证日期，但证书有效期不变。

3.3.4　质量管理体系的试运行

质量管理体系文件编制完成后，质量管理体系进入试运行阶段。其目的是通过试运行，考验质量管理体系文件的有效性和协调性，并对暴露出的问题采取改进措施和纠正措施，以达到进一步完善质量管理体系文件的目的。

本 章 小 结

管理体系标准高层结构的核心内容有三部分：一是具有相同的标准框架和条款标题；二是具有相同的通用术语和核心定义；三是具有相同的条款核心文本。在高层结构中，第4章至第10章被称为核心条款，这些核心条款在管理体系标准框架中与PDCA之间呈现出对应关系。

"组织环境"位于高层结构的第4章，主要由理解组织及其环境、理解相关方的需求和期望、确定管理体系范围和管理体系四个条款构成。第5章到第10章的所求都可以溯源至第4章。"领导作用"位于第5章，主要由领导作用与承诺，方针，组织的岗位、职责和权限三个条款构成。"策划"位于第6章，主要由应对风险和机遇的措施、目标及其实现的策划两个二级条款构成，在管理体系的PDCA的运行模式中属于P的环节。"支持"位于第7章，主要由资源、能力、意识、沟通和成文信息5个二级条款构成，在管理体系的PDCA的运行模式中属于D的环节。"运行"位于第8章，在PDCA的运行模式中属于D的环节，这是不同的特定管理体系在运行特征上差异较大的部分。因此，特定管理体系可根据其特定的领域，增加与特定管理体系相关的条款。"绩效评价"位于第9章，主要由监视、测量、分析、评价，内部审核，管理评审三个二级条款构成，在PDCA的运行模式中属于C的环节。"改进"位于高层结构的10章，主要由不合格和纠正措施、持续改进两个二级条款构成，在PDCA的运行模式中属于A的环节。

高层结构中使用了战略思维、风险思维、过程思维、系统思维。这些思维在标准正文和核心条款中均有表述。理解每个核心条款的原理和内涵是掌握高层结构和特定管理体系的基础。

知 识 拓 展

GB/T 19001—2016 质量管理体系　要求

GB/T 19000—2016 质量管理体系　基础和术语

GB/T 19002—2018 质量管理体系 GB/T 19001—2016 应用指南

GB/T 19011—2013 管理体系审核指南

复习思考题

1. 名词解释

ISO9000族标准　程序　预防措施　纠正措施　纠正　验证　确认　客观证据　认证　管理体系认证

2. 简答题

（1）ISO9000族标准的特点是什么？

（2）2015版ISO9001标准的结构如何？

（3）ISO9001系列标准与ISO14000系列标准的异同点有哪些？

（4）实施ISO9001认证对食品企业的作用和意义何在？

（5）简述ISO9001质量管理体系认证程序及基本要求。

第4章　食品 SC 认证

【教学目的和要求】 通过对食品 SC 认证的基本知识的学习，能够熟知食品 SC 认证概况，并根据食品生产许可审查通则及监督管理实施细则指导 SC 认证。

4.1　食品 SC 认证概述

4.1.1　行政许可

行政许可是指行政机关根据公民、法人或者其他组织的申请，经依法审查，准予其从事特定活动的行为。对于直接涉及国家安全、公共安全、经济宏观调控、生态环境保护，以及直接关系人身健康、生命财产安全等特定活动，需要按照法定条件予以批准的事项，可以设定行政许可。

行政许可的特征：①行政许可是依法申请的行政行为；②行政许可的内容是国家一般禁止的活动；③行政许可是行政主体赋予行政相对方某种法律资格或法律权利的具体行政行为；④行政许可是一种外部行政行为；⑤行政许可是一种要式行政行为。

行政许可的作用：①行政许可是国家对社会经济、政治、文化活动进行宏观调控的有力手段，有助于从直接命令式的行政手段过渡到间接许可的法律手段；②有利于维护社会经济秩序，保障广大消费者及公民的权益；③有利于保障社会公共利益，维护公共安全和社会秩序；④有利于控制进出口贸易，保护和发展民族经济；⑤有利于资源的合理配置和环境保护，促进人与环境的和谐、健康、协调发展。

4.1.2　工业产品生产许可证制度

4.1.2.1　工业产品生产许可证制度的定义

工业产品生产许可证是生产许可证制度的一个组成部分，是为保证产品的质量安全，由国家主管产品生产领域质量监督工作的行政部门制定并实施的一项旨在控制产品生产加工企业生产条件的监控制度。

《中华人民共和国工业产品生产许可证管理条例实施办法》于 2014 年 4 月 8 日由国家质量监督检验检疫总局局务会议审议通过，自 2014 年 8 月 1 日起施行。

《工业产品生产许可证实施细则通则》规定：市场监管总局负责工业产品生产许可证统一管理工作。市场监管总局产品质量安全监督管理司负责工业产品生产许可证管理的日常工作。各省、自治区、直辖市工业产品生产许可证主管部门（以下简称省级生产许可证主管部门）负责本行政区域内工业产品生产许可证监督管理工作，承担企业申请受理和部分列入实行生产许可证制度管理的产品目录（以下简称目录）的产品生产许可证审查、审批和后置现场审查工作。市、县级工业产品生产许可证主管部门负责本行政区域内生产许可证的监督管理工作。

4.1.2.2 工业产品生产许可证制度的特点

工业产品生产许可证制度具有"强制性""评价性""核准性""准入性"等特点。

1. 强制性　《管理条例》第五条规定：任何企业未取得生产许可证，不得生产列入目录的产品。

2. 评价性　工业产品生产许可证制度，不仅具有强制性，而且是一项专业技术性很强的质量评价制度。

3. 核准性　目前，我国行政审批主要有审批、审核、核准、备案和其他五种形式。"审批"系指行政审批机关对申请人报批的事项进行审查，决定批准或不予批准的行为，申请人即使符合规定的条件，也不一定获得批准；"审核"系指行政审批机关根据规定的条件，对报批的事项进行初步审查，决定是否报有终决权的机关审批；"核准"系指根据事先规定的一定标准，行政审批机关对申请人申报的事项进行审查，只要符合标准，就批准申请人的申请；"备案"系指行为人按照行政机关的规定，向指定机关报送有关或相关材料，存案备查。对上述四种类型以外的行政审批，可归入"其他"类。

工业产品生产许可证制度属于行政审批中的核准，除产业政策限制外，只要符合取得生产许可证的条件，就准予行政许可。

4. 准入性　对符合取得生产许可证条件的生产企业，国家市场监督管理总局和省、自治区、直辖市市场监督管理局做出准予行政许可决定，颁发生产许可证证书，允许其生产、销售和在经营活动中使用取得生产许可证的产品。

4.1.2.3 实行生产许可证制度管理的产品范围

根据《管理条例》第二条的规定，国家对生产下列重要工业产品的企业实行生产许可证制度：①乳制品、肉制品、饮料、米、面、食用油、酒类等直接关系人体健康的加工食品；②电热毯、压力锅、燃气热水器等可能危及人身、财产安全的产品；③税控收款机、防伪验钞仪、卫星地面接收设备、无线广播电视发射设备等关系金融安全和通信质量安全的产品；④安全网、安全帽、建筑扣件等保障劳动安全的产品；⑤电力铁塔、桥梁支座、铁路工业产品、水工金属结构、危险化学品及其包装物、容器等影响生产安全、公共安全的产品；⑥法律、行政法规要求依照《管理条例》的规定实行生产许可证管理的其他产品。

实行生产许可证制度管理的产品，通过发证产品目录来明确。

4.1.2.4 工业产品生产许可证管理的原则

工业产品生产许可证管理应当遵循科学公正、公开透明、程序合法、便民高效的原则。

4.1.3 食品生产许可证制度

4.1.3.1 食品生产许可证制度的定义

食品生产许可证制度是工业产品许可证制度的一个组成部分，是为保证食品的质量安全，由国家主管食品生产领域质量监督工作的行政部门制定并实施的一项旨在控制食品生产加工企业生产条件的监控制度。该制度规定：从事食品生产加工的公民、法人或其他组织，必须具备保证产品质量安全的基本生产条件，按规定程序获得食品生产许可证，方可从事食品的生产。没有取得食品生产许可证的企业不得生产食品，任何企业和个人不得销售无证食品。

《中华人民共和国食品安全法》第三十五条规定国家对食品生产经营实行许可制度。从事食品生产、食品销售、餐饮服务，应当依法取得许可。但是，销售食用农产品不需要取得许可。

《食品生产许可管理办法（2017修订版）》第二条规定在中华人民共和国境内，从事食品生产活动，应当依法取得食品生产许可。

4.1.3.2 食品生产许可的起源

民以食为天，食以安为先。为从生产加工环节保障食品安全，早在2003年我国就开始实施食品企业生产许可市场准入相关规定，对食品企业加强管理。

2003年7月18日，质检总局发布总局令第52号《食品生产加工企业质量安全监督管理办法》经2003年6月19日国家质量监督检验检疫总局局务会议审议通过并公布施行，这是我国首次颁布的对企业实施市场准入的制度。该办法第四条规定：从事食品生产加工的企业（含个体经营者），必须按照国家实行食品质量安全市场准入制度的要求，具备保证食品质量安全必备的生产条件，按规定程序获取食品生产许可证，所生产加工的食品必须经检验合格并加印（贴）食品质量安全市场准入标志后，方可出厂销售。该办法还规定了食品生产企业的必备条件、食品生产许可、食品质量安全检验、食品质量安全（QS）标志、食品质量安全监督和审核办法，以及相应的处罚措施。

2004年质检总局开始对大米等5类食品未取得食品生产许可证的生产企业进行查处。"老五类"食品包括小麦粉、大米、食用植物油、酱油、食醋。

2005年7月1日，质检总局开始对肉制品等10类食品未取得食品生产许可证的食品生产企业进行查处。"十大类"食品包括肉制品、乳制品、饮料、糖和味精、方便面、饼干、罐头、冷冻食品、速冻米面食品、膨化食品。

2005年9月1日，质检总局发布总局令第79号《食品生产加工企业质量安全监督管理实施细则（试行）》。该细则第五条规定：国家实行食品质量安全市场准入制度。从事食品生产加工的企业，必须具备保证食品质量安全必备的生产条件，按规定程序获取工业产品生产许可证，所生产加工的食品必须经检验合格并加印（贴）食品质量安全市场准入标志后，方可出厂销售。该细则完善了食品质量安全市场准入标志与食品生产许可证证书，以及食品生产企业应当承担的法律责任等方面的规定。

2007年1月1日，质检总局开始对糖果制品等13类食品未取得食品生产许可证的生产企业进行查处。"十三类"食品包括糖果制品（含巧克力）、茶叶、葡萄酒及果酒、啤酒、黄酒、酱腌菜、蜜饯、炒货制品、蛋制品、可可制品、焙炒咖啡、水产加工品、淀粉及淀粉制品。至此，国家对28大类525种食品全部实施市场准入。根据国家质检总局安排，从2008年1月1日起，被列入第一批实施市场准入制度管理的食品用塑料包装、容器、工具等制品目录中的39种产品，须获得生产许可证并标注"QS"标志方可上市销售或使用。

2009年6月1日《食品安全法》正式实施，第二十九条规定：国家对食品生产经营实行许可制度。从事食品生产、食品流通、餐饮服务，应当依法取得食品生产许可、食品流通许可、餐饮服务许可。

2010年4月7日，质检总局发布总局令第129号《食品生产许可管理办法》于2010年3月10日审议通过并公布，自2010年6月1日起施行。该办法第二条规定：在中华人民共和国境内，企业从事食品生产活动及质量技术监督部门实施食品生产许可，必须遵守本办法。

2020年1月3日，国家市场监管总局发布《食品生产许可管理办法》（国家市场监管总局令第24号，以下简称《办法》），自2020年3月1日起施行。新《办法》贯彻落实了国务院"放管服"改革工作部署和《国务院关于在全国推开"证照分离"改革的通知》（国发〔2018〕35号）的要求，加强事中事后监管，推动食品生产监管工作重心向事后监管转移，进一步增强食品生产许可管理体制的可操作性。《办法》规定生产许可监管部门由原国家及省、自治区、直辖市食品药品监管部门改为国家及省、自治区、直辖市市场监督管理部门。此调整主要是机构改革所引起的变化，在整个办法中都有所体现。

4.1.3.3 实施食品生产许可制度的必要性

随着社会经济的发展和人民群众生活水平的不断提高，全社会对食品质量安全提出了更高的要求。国家质检总局依据国务院的要求和有关领导同志的指示精神，本着对百姓健康高度负责的原则，逐步建立起了食品生产许可制度。实施食品生产许可制度是国务院的有关要求和国务院领导的指示，是提高食品质量、保证消费者安全健康的需要，是保证食品生产加工企业的基本条件，是强化食品生产法制管理的需要，是创造良好经济运行环境的需要。

4.1.3.4 SC替代QS的演变过程

1. 取消QS标志的原因　　食品包装标注"QS"标志的法律依据是《工业产品生产许可证管理条例》，随着食品监督管理机构的调整和新的《食品安全法》的实施，《工业产品生产许可证管理条例》已不再作为食品生产许可的依据。因此取消食品"QS"标志，一是严格执行法律法规的要求，因为新的《食品安全法》明确规定食品包装上应当标注食品生产许可证编号，没有要求标注食品生产许可证标志；二是新的食品生产许可证编号是字母"SC"加上14位阿拉伯数字组成，完全可以满足识别、查询的要求；三是取消"QS"标志有利于增强食品生产者食品安全主体责任意识。

新获证食品生产者应当在食品包装或者标签上标注新的食品生产许可证编号，不再标注"QS"标志。为了能既尽快全面实施新的生产许可制度，又尽量避免生产者包装材料和食品标签浪费，给予了生产者最长不超过三年的过渡期，即2018年10月1日及以后生产的食品一律不得继续使用原包装和标签及"QS"标志。

2. SC代码的意义　　旧版QS标志是"质量安全"的简称，是政府部门监管许可生产的安全食品。随着新《食品安全法》的实施，明确规定食品包装上应当标注食品生产许可证编号，"QS"标志将不再作为食品生产许可的依据，而是启用新的"SC"标志。"SC"编码代表着企业唯一许可编码，可以达到识别、查询的目的，实现食品的追溯，增强食品生产企业的安全责任意识。

新的食品生产许可证编号是与企业对应的唯一编码，能够实现食品的追溯。"SC"是"生产"的汉语拼音字母缩写，后跟14个阿拉伯数字，从左至右依次为：3位食品类别编码、2位省（自治区、直辖市）代码、2位市（地）代码、2位县（区）代码、4位顺序码、1位校验码（图4.1）。

其中食品类别编号按照《食品生产许可管理办法》第十一条所列食品类别顺序依次标注，即"01"代表粮食加工品，"02"代表食用油、油脂

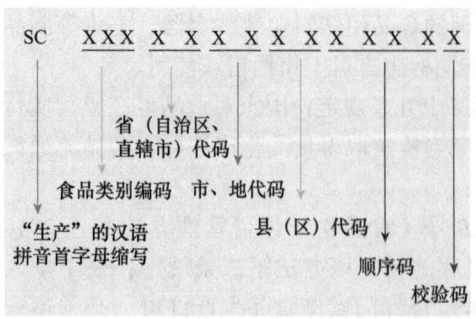

图4.1　SC代码

及其制品,"03"代表调味品,以此类推……"27"代表保健食品,"28"代表特殊医学用途配方食品,"29"代表婴幼儿配方食品,"30"代表特殊膳食食品,"31"代表其他食品。食品添加剂类别编号标志为:"01"代表食品添加剂,"02"代表食品用香精,"03"代表复配食品添加剂。SC许可没有任何标志,只是会在包装上印刷一串以SC开头的生产许可证号。

3. SC与QS的区别　　SC区别于QS之处,总结为"五取消"、"四调整"。

"五取消"指:①取消部分前置审批材料核查;②取消许可检验机构指定;③取消食品生产许可审查收费;④取消委托加工备案;⑤取消企业年检和年度报告制度。

"四调整"指:①调整食品生产许可主体,实行一企一证;②调整许可证书有效期限,将食品生产许可证书由原来3年的有效期限延长至5年;③调整现场核查内容;④调整审批权限,除婴幼儿配方乳粉、特殊医学用途食品、保健食品等重点食品原则上由省级食品药品监督管理部门组织生产许可审查外,其余食品的生产许可审批权限可以下放到市、县级食品生产监管部门。

SC与QS的区别具体详见表4.1。

表4.1　SC与QS的区别

区别	SC	QS
施行时间	2015年10月1日	2001年
表现形式	SC许可没有任何标志,使用"SC+14位数字"的编码代替	QS有标志,标志主色调为蓝色,字母"Q"与"生产许可"四个中文字样为蓝色;字母"S"为白色
制度	一企一证,就是一个企业只有一个食品生产许可证与之对应,一旦生产许可证确定,便不能再做更改	一品一证,一个品牌一个生产许可证,同一个企业可以拥有多个生产许可证
编码	前3位为食品类别编码、2位省(自治区、直辖市)代码、2位市(地)代码、2位县(区)代码、4位顺序码、1位校验码	前4位为受理机关编号,中间4位为产品类别编号,后4位为获证企业代号
意义	SC体现了食品生产企业在保证食品安全方面的主体地位,而监管部门则从单纯发证,变成了事前、事中、事后的持续监管	QS体现的是由政府部门担保的食品安全

4.1.3.5　食品生产许可证发证范围及分类

根据《食品生产许可管理办法》(国家市场监督管理总局令第24号),国家市场监督管理总局对《食品生产许可分类目录》进行修订,自2020年3月1日起,《食品生产许可证》中"食品生产许可品种明细表"按照新修订《食品生产许可分类目录》填写。

4.1.4　食品包装市场准入制度

食品用包装、容器、工具等制品市场准入制度是国家为了保证食品质量安全,由政府食品生产加工主管部门依照法律、法规、规章技术规范的规定要求,对与食品直接接触的包装、容器、工具等制品的生产加工企业,进行必备生产条件、质量安全保证能力审查及对产品进行强制检验,确认其产品具有一定的安全性,企业具备持续稳定生产合格产品的能力,准许其生产销售产品的行政许可制度。

食品用包装、容器、工具等制品的发证范围包括以下方面。

1. 产品范围　　食品用包装、容器、工具等制品是指用于包装、盛放食品或者食品添加剂的塑料、纸、金属、竹木、搪瓷、陶瓷、橡胶、天然纤维、化学纤维、玻璃等制品,以及食品或者食品添加剂生产、流通、使用过程中直接接触食品或者食品添加剂的容器、用具、餐具等制品。目前准入产品范围仅包括了有国家标准或行业标准的产品，随着准入监管的深入，凡属食品用包装、容器、工具等制品，无论是否有国家标准或行业标准，都要纳入市场准入监管的范围。

2. 地域范围 凡是在中华人民共和国领土、领空和领海范围内生产、销售和在经营性活动中使用列入目录产品的公民、法人和社会组织，都要接受生产许可证制度的管理。但是按照我国宪法的规定，香港特别行政区、澳门特别行政区和台湾除外。

3. 主体范围 凡生产、销售或者在经营活动中使用列入目录产品的主体，包括公民、法人和其他社会组织，都属于这项制度的管理范围。

4. 行为范围 凡生产、销售或者在经营活动中使用列入目录产品的行为，都属于食品用包装、容器、工具等制品市场准入监管范围。所谓"经营活动中使用"是指企业在从事生产、为社会提供服务等经营活动时，要消耗和使用列入目录的产品。此种行为属于市场准入监管范围。销售企业虽然不需要取得生产许可，但在销售列入目录的产品时应当遵守《食品生产许可管理办法》的规定。

4.2 食品生产许可法律法规及监管规章

食品生产许可涉及的法律法规及监管规章主要有：《中华人民共和国食品安全法》《中华人民共和国标准化法》《中华人民共和国计量法》《中华人民共和国质量法》《食品生产许可管理办法》《食品生产许可审查通则》《食品生产加工企业质量安全监督管理实施细则》等。下面就《食品生产许可管理办法》《食品生产许可审查通则》《食品生产加工企业质量安全监督管理实施细则》分别作一介绍。

4.2.1 食品生产许可管理办法

2020年1月3日，国家市场监管总局发布的《食品生产许可管理办法》（以下简称《办法》）已经施行。新《办法》贯彻落实了国务院"放管服"改革工作部署和《国务院关于在全国推开"证照分离"改革的通知》（国发〔2018〕35号）的要求，加强事中事后监管，推动食品生产监管工作重心向事后监管转移，进一步增强食品生产许可管理体制的可操作性。《办法》规定生产许可监管部门由原国家及省、自治区、直辖市食品药品监管部门改为国家及省、自治区、直辖市市场监督管理部门。此调整主要是机构改革所引起的变化，在整个办法中都有所体现。

4.2.1.1 新《食品生产许可管理办法》的亮点

新《办法》与时俱进，融合了国务院"放管服"改革工作和《国务院关于在全国推开"证照分离"改革的通知》的要求，同时与相关法律法规之间保持了一致。

新《办法》的亮点包括以下10个方面：①监管部门的改变；②食品生产许可全面推进网络信息化；③明确生产许可分类的依据和准则；④缩短现场核查、审查决定、发证和注销等时限；⑤明晰各级监管部门之间的职责及应承担的责任；⑥简化食品生产许可申请、变更、延续与注销材料；⑦简化生产许可证书的载明信息；⑧新增试制食品检验报告的条件要求和来源选择性；⑨明确获证企业持续合规要求；⑩明确相关法律责任并加大违反规定的处罚力度。

4.2.1.2 新《食品生产许可管理办法》的主要内容

新《办法》共 8 章 61 条,主要内容包括总则,申请与受理,审查与决定,许可证管理,变更、延续与注销,监督检查,法律责任及附则。

4.2.2 食品生产许可审查通则

2016 年 10 月 1 日起施行的《食品生产许可审查通则》,是根据《中华人民共和国食品安全法》及其实施条例、《食品生产许可管理办法》等有关规定,国家食品药品监督管理总局组织制定并颁布的。

地方各级市场监督管理部门要严格按照《食品生产许可管理办法》《食品生产许可审查通则》规定的程序和要求,进一步优化许可流程,提高许可效率,加强监督管理。

4.2.2.1 《食品生产许可审查通则》的主要内容

《食品生产许可审查通则》共有 5 章 56 条,主要内容为第一章总则,第二章材料审查,第三章现场核查,第四章审查结果与检查整改,第五章附则;附有 4 个附件,包括现场核查首末次会议签到表,食品、食品添加剂生产许可现场核查评分记录表,食品、食品添加剂生产许可现场核查报告,食品、食品添加剂生产许可核查材料清单。

4.2.2.2 新《食品生产许可审查通则》的亮点

重新修订的《食品生产许可审查通则》(以下简称《通则》)于 2016 年 10 月 1 日起正式实施,原 2010 版《通则》不再执行。其亮点在于新《通则》凸显"两通一简"三大变化,即一是实现了《通则》的通用性;二是实现了许可与监督的联通;三是简化了许可审查条件、要求和内容。

4.2.3 食品生产加工企业质量安全监督管理实施细则

《食品生产加工企业质量安全监督管理实施细则》经 2005 年 8 月 31 日国家质量监督检验检疫总局局务会议审议通过,自 2005 年 9 月 1 日起施行(中华人民共和国国家质量监督检验检疫总局令第 79 号)。

4.2.3.1 制定目的及依据

为加强食品生产加工企业质量安全监督管理,提高食品质量安全水平,保障人民群众安全健康,根据《中华人民共和国产品质量法》、《中华人民共和国工业产品生产许可证管理条例》、《国务院关于进一步加强食品安全工作的决定》和国务院赋予国家质量监督检验检疫总局的职能等有关规定,制定了《食品生产加工企业质量安全监督管理实施细则》。

4.2.3.2 主要框架

《食品生产加工企业质量安全监督管理实施细则》共计 9 章 108 条,内容包括:第一章总则;第二章食品生产加工企业必备条件;第三章食品生产许可;第四章食品质量安全检验;第五章食品质量安全市场准入标志与食品生产许可证证书;第六章食品质量安全监督;第七章核查人员和检验人员;第八章法律责任;第九章附则。

4.2.3.3 食品生产许可审查细则的主要内容

以《婴幼儿辅助食品生产许可审查细则》（2017版）为例，本审查细则共8章75条，其主要内容包括：第一章总则，第二章生产场所，第三章设备设施，第四章设备布局与工艺流程，第五章人员管理，第六章管理制度，第七章试制产品检验合格报告，第八章附则及附件5个，包括婴幼儿辅助食品生产企业记录清单、婴幼儿辅助食品生产所需主要原辅料及包材涉及的主要标准、食品安全国家标准 婴幼儿谷类辅助食品（GB 10769）规定的检测项目与方法、食品安全国家标准 婴幼儿罐装辅助食品（GB 10770）规定的检测项目与方法、食品安全国家标准 辅食营养补充品（GB 22570）规定的检测项目与方法。

4.2.3.4 各类食品生产许可审查细则

截至目前我国已颁布的各类食品生产许可审查细则详见表4.2。

表4.2 各类食品生产许可审查细则一览表

分类号	审查细则名称	颁布日期	来源
0101	小麦粉生产许可证审查细则及修改单	2005年1月发布，9月修订	国质检监〔2005〕15号公告发布，依据国质检监函〔2005〕776号修订
0102	大米生产许可证审查细则及修改单	2005年1月发布，9月修订	国质检监〔2005〕15号公告发布，依据国质检监函〔2005〕776号修订
0103	挂面生产许可证审查细则	2006版	国质检食监〔2006〕365号公告
0104	其他粮食加工品生产许可证审查细则	2006版	国质检食监〔2006〕646号公告
0201	食用植物油生产许可证审查细则	2006版	国质检食监〔2006〕646号公告
0202	食用油脂制品生产许可证审查细则	2006版	国质检食监〔2006〕646号公告
0203	食用动物油脂生产许可证审查细则	2006版	国质检食监〔2006〕646号公告
0301	酱油生产许可证审查细则	2005年修订发布	国质检监〔2005〕15号公告
0302	食醋生产许可证审查细则	2005年修订发布	国质检监〔2005〕15号公告
0303	糖生产许可证审查细则	2006版	国质检食监〔2006〕646号公告
0304	味精生产许可证审查细则	2005年修订发布	国质检监〔2005〕15号公告
0305	鸡精调味料生产许可证审查细则	2006版	国质检食监〔2006〕365号公告
0306	酱类生产许可证审查细则	2006版	国质检食监〔2006〕365号公告
0307	调味料产品生产许可证审查细则	2006版	国质检食监〔2006〕646号公告
0401	肉制品生产许可证审查细则	2006版	国质检食监〔2006〕646号公告
0501	企业生产乳制品许可条件审查细则	2010版	质检总局2010年第119号公告
0502	婴幼儿配方乳粉生产许可审查细则	2013版	国家食品药品监督管理总局2013年第49号公告
0601	饮料生产许可审查细则〔包装饮用水、碳酸饮料（汽水）、茶（类）饮料、果蔬汁类及其饮料、蛋白饮料、固体饮料、其他饮料类〕	2017版	国家食品药品监督管理总局2017年第166号公告
0701	其他方便食品生产许可证审查细则	2006版	国质检食监〔2006〕646号公告
0701	方便食品生产许可证审查细则	2006版	国质检食监〔2006〕646号公告

续表

分类号	审查细则名称	颁布日期	来源
0801	饼干生产许可证审查细则	2005年1月发布，9月修订	国质检食监〔2005〕15号公告发布，依据国质检监函〔2005〕776号修订
0901	罐头食品生产许可证审查细则	2006版	国质检食监〔2006〕646号公告
1001	冷冻饮品生产许可证审查细则	2005年修订发布	国质检食监〔2005〕15号公告
1101	速冻食品生产许可证审查细则	2006版	国质检食监〔2006〕646号公告
1201	膨化食品生产许可证审查细则	2005年修订发布	国质检食监〔2005〕15号公告
1202	薯类食品生产许可证审查细则	2006版	国质检食监〔2006〕646号公告
1301	巧克力及巧克力制品生产许可证审查细则	2006版	国质检食监〔2006〕646号
1301	可可制品生产许可证审查细则	2004版	国质检监〔2004〕557号公告
1301	糖果制品生产许可证审查细则	2004版	国质检监〔2004〕557号公告
1302	果冻生产许可证审查细则	2006版	国质检食监〔2006〕365号公告
1401	边销茶生产许可证审查细则	2006版	国质检食监函〔2006〕462号公告
1401	茶叶生产许可证审查细则	2006版	国质检食监函〔2006〕462号公告
1402	含茶制品和代用茶生产许可证审查细则	2006版	国质检食监〔2006〕646号公告
1501	白酒生产许可证审查细则	2006版	国质检食监〔2006〕428号公告
1502	葡萄酒及果酒生产许可证审查细则	2004年发布，2005年修订	国质检监〔2004〕557号，依据国质检监函〔2005〕776号修订
1503	啤酒生产许可证审查细则	2004年发布，2006年修订	国质检监〔2004〕557号发布，依据国质检监函〔2005〕776号、国质检食监函〔2006〕462号修改单修订
1504	黄酒生产许可证审查细则	2004年发布，2006年修订	国质检监〔2004〕557号发布，依据国质检监函〔2005〕776号、国质检食监函〔2006〕462号修改单修订
1505	其他酒生产许可证审查细则	2006版	国质检食监〔2006〕646号公告
1505	食用酒精产品生产许可证换（发）证实施细则	2004版	2004年2月24日关于发布《食用酒精产品生产许可证换（发）证实施细则》及检验单位的通知（全许办〔2004〕09号）
1601	蔬菜制品生产许可证审查细则——酱腌菜	2006版	国质检食监〔2006〕646号公告
1601	蔬菜制品生产许可证审查细则——食用菌制品	2006版	国质检食监〔2006〕646号公告
1601	蔬菜制品生产许可证审查细则——蔬菜干制品	2006版	国质检食监〔2006〕646号公告
1601	蔬菜制品生产许可证审查细则——其他蔬菜制品	2006版	国质检食监〔2006〕646号公告
1701	蜜饯生产许可证审查细则	2004版	国质检监〔2004〕557号公告
1702	水果制品生产许可证审查细则	2006版	国质检食监〔2006〕646号公告
1801	炒货食品及坚果制品生产许可证审查细则	2006版	国质检食监〔2006〕646号公告
1901	蛋制品生产许可证审查细则	2006版	国质检食监〔2006〕646号公告
2001	可可制品生产许可证审查细则	2004版	国质检监〔2004〕557号公告
2101	焙炒咖啡生产许可证审查细则	2004年发布，2006年修订	国质检监〔2004〕557号，已依据国质检食监函〔2006〕462号修改单进行修订

续表

分类号	审查细则名称	颁布日期	来源
2201	水产加工品生产许可证审查细则	2004年发布，2005年修订	国质检监〔2004〕557号，依据国质检监函〔2005〕776号修订
2201	鱼糜制品生产许可证审查细则	2004年发布，2006年修订	国质检监〔2004〕557号公告
2201	盐渍水产品生产许可证审查细则	2004年发布，2006年修订	国质检监〔2004〕557号公告
2202	其他水产加工品生产许可证审查细则	2006版	国质检食监〔2006〕646号公告
2301	淀粉及淀粉制品生产许可证审查细则	2004版	国质检监〔2004〕557号公告
2302	淀粉糖生产许可证审查细则	2006版	国质检食监〔2006〕646号公告
2401	糕点生产许可证审查细则	2006版	国质检食监〔2006〕365号公告
2501	豆制品生产许可证审查细则	2006版	国质检食监〔2006〕365号公告
2501	其他豆制品生产许可证审查细则	2006版	国质检食监〔2006〕646号公告
2601	蜂产品生产许可证审查细则	2006版	国质检食监〔2006〕365号公告
2601	蜂花粉及蜂产品制品生产许可证审查细则	2006年发布，2009年修订	国质检食监〔2006〕646号公告发布，依据国质检食监函〔2009〕588号公告修订
2701	婴幼儿辅助食品生产许可证审查细则	2017版	国家食品药品监督管理总局2017年第4号公告
2701	婴幼儿及其他配方谷粉产品生产许可证审查细则	2006版	国质检食监〔2006〕646号
	保健食品生产许可审查细则	2017版	食药监食监三〔2016〕151号
	食品添加剂生产许可审查通则	2010版	

4.3 食品SC认证的流程

根据2020年3月1日起施行的《食品生产许可管理办法》，就食品SC认证做如下介绍。

食品SC认证的流程包括申请、受理、审查、决定、许可证管理、变更、延续与注销及监督检查等。

4.3.1 申请与受理

1. 申请食品生产许可资质要求 申请食品生产许可，应当先行取得营业执照等合法主体资格。企业法人、合伙企业、个人独资企业、个体工商户、农民专业合作组织等，以营业执照载明的主体作为申请人。

2. 申请食品生产许可的食品类别 粮食加工品，食用油、油脂及其制品，调味品，肉制品，乳制品，饮料，方便食品，饼干，罐头，冷冻饮品，速冻食品，薯类和膨化食品，糖果制品，茶叶及相关制品，酒类，蔬菜制品，水果制品，炒货食品及坚果制品，蛋制品，可可及焙烤咖啡产品，食糖，水产制品，淀粉及淀粉制品，糕点，豆制品，蜂产品，保健食品，特殊医学用途配方食品，婴幼儿配方食品，特殊膳食食品，其他食品等。国家市场监督管理总局可以根据监督管理工作需要对食品类别进行调整。

3. 申请食品生产许可应当符合的条件 包括：①具有与生产的食品品种、数量相适应的食品原料处理和食品加工、包装、贮存等场所,保持该场所环境整洁,并与有毒、有害场所,以及其他污染源保持规定的距离。②具有与生产的食品品种、数量相适应的生产设备或者设施,有相应的消毒、更衣、盥洗、采光、照明、通风、防腐、防尘、防蝇、防鼠、防虫、洗涤及处理废水、存放垃圾和废弃物的设备或者设施;保健食品生产工艺有原料提取、纯化等前处理工序的,需要具备与生产的品种、数量相适应的原料前处理设备或者设施。③有专职或者兼职的食品安全专业技术人员、食品安全管理人员和保证食品安全的规章制度。④具有合理的设备布局和工艺流程,防止待加工食品与直接入口食品、原料与成品交叉污染,避免食品接触有毒物、不洁物。⑤法律、法规规定的其他条件。

4. 申请食品生产许可申请人需要提交的材料 材料提交部门申请食品生产许可,应当向申请人所在地县级以上地方市场监督管理部门提交材料。主要有:①食品生产许可申请书;②食品生产设备布局图和食品生产工艺流程图;③食品生产主要设备、设施清单;④专职或者兼职的食品安全专业技术人员、食品安全管理人员信息和食品安全管理制度;⑤申请保健食品、特殊医学用途配方食品、婴幼儿配方食品等特殊食品的生产许可,还应当提交与所生产食品相适应的生产质量管理体系文件,以及相关注册和备案文件。

5. 申请食品添加剂生产许可需要提交的材料 从事食品添加剂生产活动,应当依法取得食品添加剂生产许可;申请食品添加剂生产许可,应当具备与所生产食品添加剂品种相适应的场所、生产设备或者设施、食品安全管理人员、专业技术人员和管理制度。

申请食品添加剂生产许可,应当向申请人所在地县级以上地方市场监督管理部门提交材料。包括:①食品添加剂生产许可申请书;②食品添加剂生产设备布局图和生产工艺流程图;③食品添加剂生产主要设备、设施清单;④专职或者兼职的食品安全专业技术人员、食品安全管理人员信息和食品安全管理制度。

6. 申请食品生产许可的要求 主要有:①申请人应当如实向市场监督管理部门提交有关材料和反映真实情况,对申请材料的真实性负责,并在申请书等材料上签名或者盖章;②申请人申请生产多个类别食品的,由申请人按照省级市场监督管理部门确定的食品生产许可管理权限,自主选择其中一个受理部门提交申请材料。受理部门应当及时告知有相应审批权限的市场监督管理部门,组织联合审查。

7. 申请受理 县级以上地方市场监督管理部门对申请人提出的食品生产许可申请,应当根据下列情况分别做出处理:①申请事项依法不需要取得食品生产许可的,应当及时告知申请人不受理。②申请事项依法不属于市场监督管理部门职权范围的,应当及时做出不予受理的决定,并告知申请人向有关行政机关申请。③申请材料存在可以当场更正的错误的,应当允许申请人当场更正,由申请人在更正处签名或者盖章,注明更正日期。④申请材料不齐全或者不符合法定形式的,应当当场或者在5个工作日内一次告知申请人需要补正的全部内容。当场告知的,应当将申请材料退回申请人;在5个工作日内告知的,应当收取申请材料并出具收到申请材料的凭据。逾期不告知的,自收到申请材料之日起即为受理。⑤申请材料齐全、符合法定形式,或者申请人按照要求提交全部补正材料的,应当受理食品生产许可申请。

县级以上地方市场监督管理部门对申请人提出的申请决定予以受理的,应当出具受理通知书;决定不予受理的,应当出具不予受理通知书,说明不予受理的理由,并告知申请人依法享有申请行政复议或者提起行政诉讼的权利。

4.3.2 审查与决定

1. 材料审查 包括:①县级以上地方市场监督管理部门对申请人提交的申请材料进

行审查。需要对申请材料的实质内容进行核实的，应当进行现场核查。②市场监督管理部门开展食品生产许可现场核查时，应当按照申请材料进行核查。③对首次申请许可或者增加食品类别的变更许可的，根据食品生产工艺流程等要求，核查试制食品的检验报告。④开展食品添加剂生产许可现场核查时，可以根据食品添加剂品种特点，核查试制食品添加剂的检验报告和复配食品添加剂配方等。试制食品检验可以由生产者自行检验，或者委托有资质的食品检验机构检验。

2. 现场核查

（1）核查组。现场核查应当由食品安全监管人员进行，根据需要可以聘请专业技术人员作为核查人员参加现场核查。核查人员不得少于2人。核查人员应当出示有效证件，填写食品生产许可现场核查表，制作现场核查记录，经申请人核对无误后，由核查人员和申请人在核查表和记录上签名或者盖章。申请人拒绝签名或者盖章的，核查人员应当注明情况。

（2）审查内容按生产许可审查细则对所有审查项目进行核查。

（3）申请保健食品、特殊医学用途配方食品、婴幼儿配方乳粉生产许可，在产品注册或者产品配方注册时经过现场核查的项目，可以不再重复进行现场核查。

（4）委托核查。市场监督管理部门可以委托下级市场监督管理部门，对受理的食品生产许可申请进行现场核查。特殊食品生产许可的现场核查原则上不得委托下级市场监督管理部门实施。

（5）现场核查时限。核查人员自接受现场核查任务之日起5个工作日内，完成对生产场所的现场核查。

除可以当场做出行政许可决定的之外，县级以上地方市场监督管理部门应当自受理申请之日起10个工作日内做出是否准予行政许可的决定。因特殊原因需要延长期限的，经本行政机关负责人批准，可以延长5个工作日，并应当将延长期限的理由告知申请人。

（6）审查结论判定及整改。

a. 审查结论。经过SC认证的现场审查之后，评审组会按评审细则的要求对审查的项目做出评定，对每个项目的评定结果分三种：符合、不符合、基本符合（有的地方叫作合格、不合格、一般合格；还有的叫作合格、不合格、有缺陷）。

审查结论包括：①当全部评审的项目均为符合时，现场评审结论是符合的，许可机关依法做出准予食品生产许可决定；②当评审项目有1~8项评审结论是基本符合的，则需要整改；③当评审项目有一项评审结论为不符合或者8项以上项目为基本符合的，预期未完成整改或整改不到位的，许可机关依法做出不予食品生产许可决定。

b. 整改要求包括：①整改对象是基本符合项；②整改完成时间以申请人提交整改完成报告时间为准；③整改方式，通过资料、照片等递交县级以上地方市场监督管理部门进行文件审查，或审查部门安排人员现场复查。

注意申请人对整改审查结论有异议的，可向食品监管部门提出异议申请。需要核实的，由食品监管部门组织区、县级市质监局、审查人员进行调查，形成最终整改审查结论。

3. 生产许可的决定 县级以上地方市场监督管理部门应当根据申请材料审查和现场核查等情况，对符合条件的，做出准予生产许可的决定，并自做出决定之日起5个工作日内向申请人颁发食品生产许可证；对不符合条件的，应当及时做出不予许可的书面决定并说明理由，同时告知申请人依法享有申请行政复议或者提起行政诉讼的权利。食品添加剂生产许可申请符合条件的，由申请人所在地县级以上地方市场监督管理部门依法颁发食品生产许可证，并标注食品添加剂。

4. 食品生产许可证发证日期及有效期　　为许可决定做出的日期，有效期为 5 年。

5. 听证　　包括：①县级以上地方市场监督管理部门认为食品生产许可申请涉及公共利益的重大事项，需要听证的，应当向社会公告并举行听证；②食品生产许可直接涉及申请人与他人之间重大利益关系的，县级以上地方市场监督管理部门在做出行政许可决定前，应当告知申请人、利害关系人享有要求听证的权利；③申请人、利害关系人在被告知听证权利之日起 5 个工作日内提出听证申请的，市场监督管理部门应当在 20 个工作日内组织听证。听证期限不计算在行政许可审查期限之内。

4.3.3　许可证管理

1. 食品生产许可证　　食品生产许可证分为正本、副本。正本、副本具有同等法律效力；食品生产许可实行一企一证原则；市场监督管理部门制作的食品生产许可电子证书与印制的食品生产许可证书具有同等法律效力。国家市场监督管理总局负责制定食品生产许可证式样。省、自治区、直辖市市场监督管理部门负责本行政区域食品生产许可证的印制、发放等管理工作。

2. 食品生产许可证应当载明的事项　　生产者名称、社会信用代码、法定代表人（负责人）、住所、生产地址、食品类别、许可证编号、有效期、发证机关、发证日期和二维码。

副本还应当载明食品明细。生产保健食品、特殊医学用途配方食品、婴幼儿配方食品的，还应当载明产品或者产品配方的注册号或者备案登记号；接受委托生产保健食品的，还应当载明委托企业名称及住所等相关信息。

3. 食品生产许可证的保管　　食品生产者应当妥善保管食品生产许可证，不得伪造、涂改、倒卖、出租、出借、转让。食品生产者应当在生产场所的显著位置悬挂或者摆放食品生产许可证正本。

4.3.4　变更、延续与注销

1. SC 认证变更的情况　　包括：①食品生产许可证有效期内，食品生产者名称、现有设备布局和工艺流程、主要生产设备设施、食品类别等事项发生变化，需要变更食品生产许可证载明的许可事项的，食品生产者应当在变化后 10 个工作日内向原发证的市场监督管理部门提出变更申请；②食品生产者的生产场所迁址的，应当重新申请食品生产许可；③食品生产许可证副本载明的同一食品类别内的事项发生变化的，食品生产者应当在变化后 10 个工作日内向原发证的市场监督管理部门报告；④食品生产者的生产条件发生变化，不再符合食品生产要求，需重新办理许可手续的，应当依法办理。

2. 申请变更食品生产许可需提交的申请材料　　申请变更食品生产许可的，应当提交下列申请材料：①食品生产许可变更申请书；②与变更食品生产许可事项有关的其他材料。

3. SC 认证延续换证材料　　食品生产者需要延续依法取得的食品生产许可的有效期的，应当在该食品生产许可有效期届满 30 个工作日前，向原发证的市场监督管理部门提出申请。

食品生产者申请延续食品生产许可需提交的材料：①食品生产许可延续申请书；②与延续食品生产许可事项有关的其他材料；③保健食品、特殊医学用途配方食品、婴幼儿配方食品的生产企业申请延续食品生产许可的，还应当提供生产质量管理体系运行情况的自查报告。

4. SC 认证延续换证的决定　　县级以上地方市场监督管理部门应当根据被许可人的延续申请，在该食品生产许可有效期届满前作出是否准予延续的决定；县级以上地方市场监督管理部门应当对变更或者延续食品生产许可的申请材料进行审查，并按照本办法第二十一条的规定实施现场核查。

申请人声明生产条件未发生变化的,县级以上地方市场监督管理部门可以不再进行现场核查。

申请人的生产条件及周边环境发生变化,可能影响食品安全的,市场监督管理部门应当就变化情况进行现场核查。

保健食品、特殊医学用途配方食品、婴幼儿配方食品注册或者备案的生产工艺发生变化的,应当先办理注册或者备案变更手续。

市场监督管理部门决定准予变更的,应当向申请人颁发新的食品生产许可证。

5. SC认证延续换证证书编号及发证日期 SC认证延续换证食品生产许可证编号不变,发证日期为市场监督管理部门做出变更许可决定的日期,有效期与原证书一致。

6. 食品生产许可证的撤回、撤销 食品生产者终止食品生产,食品生产许可被撤回、撤销,应当在20个工作日内向原发证的市场监督管理部门申请办理注销手续;食品生产者申请注销食品生产许可的,应当向原发证的市场监督管理部门提交食品生产许可注销申请书。

7. 食品生产许可注销的情况 有下列情形之一,食品生产者未按规定申请办理注销手续的,原发证的市场监督管理部门应当依法办理食品生产许可注销手续,并在网站进行公示:①食品生产许可有效期届满未申请延续的;②食品生产者主体资格依法终止的;③食品生产许可依法被撤回、撤销或者食品生产许可证依法被吊销的;④因不可抗力导致食品生产许可事项无法实施的;⑤法律法规规定的应当注销食品生产许可的其他情形。

4.3.5 监督检查

监督检查包括:监督检查的部门及要求,监督检查的工作人员,食品生产许可档案管理制度,保密要求,特殊情况等方面。

本 章 小 结

行政许可是指行政机关根据公民、法人或者其他组织的申请,经依法审查,准予其从事特定活动的行为。对于直接涉及国家安全、公共安全、经济宏观调控、生态环境保护,以及直接关系人身健康、生命财产安全等特定活动,需要按照法定条件予以批准的事项,可以设定行政许可。

工业产品生产许可证制度具有强制性、核准性、评价性、准入性等特点;其管理应当遵循科学公正、公开透明、程序合法、便民高效的原则。

实施食品生产许可制度是提高食品质量、保证消费者安全健康的需要,是保证食品生产加工企业的基本条件,是强化食品生产法制管理的需要,是创造良好经济运行环境的需要。

SC体现了食品生产企业在保证食品安全方面的主体地位,而监管部门则从单纯发证,变成了事前事中事后的持续监管。

食品用包装、容器、工具等制品的发证范围包括产品范围、地域范围、主体范围及行为范围。

知 识 拓 展

食品生产许可管理办法　食品生产许可分类目录　食品添加剂生产许可审查通则　食品生产加工企业质量安全监督管理实施细则

复习参考题

1. 名词解释

工业产品　生产许可证制度　市场准入　食品市场准入制度

2. 简答题

（1）工业产品生产许可证制度的特点有哪些？

（2）食品质量安全市场准入制度的基本内容是什么？

（3）食品质量安全市场准入制度的适用范围有哪些？

（4）实施食品生产许可制度的必要性有哪些？

（5）食品质量安全准入制度的作用是什么？

（6）简述如何进行 SC 认证。

第 5 章　HACCP 认证

【教学目的和要求】 通过对 HACCP 认证基本知识的学习，熟知 HACCP 的起源和发展，并根据良好操作规范（GMP）、卫生标准操作程序（SSOP）及 HACCP 原理的理解，指导 HACCP 认证。

5.1　HACCP 概述

为了满足人们对食品安全的需要，消除人们对不安全食品的恐慌，企业、政府机构，以及相关国际组织都投入大量精力，研究解决问题的各种方法和途径。其中，实施 HACCP 体系是世界公认的控制食品安全问题最为有效的手段之一。

5.1.1　HACCP 体系的起源及组成

HACCP 是"Hazard Analysis Critical Control Point"英文的缩写，即危害分析和关键控制点。HACCP 体系被认为是控制食品安全和风味品质的最好、最有效的管理体系，是一种保证食品安全与卫生的预防性管理体系。

国家标准《GB/T15091—1994 食品工业基本术语》对 HACCP 的定义为：生产（加工）安全食品的一种控制手段；对原料、关键生产工序及影响产品安全的人为因素进行分析，确定加工过程中的关键环节，建立、完善监控程序和监控标准，采取规范的纠正措施。

国际标准 CAC/RCP-1《食品卫生通则 1997 修订 3 版》对 HACCP 的定义为：鉴别、评价和控制对食品安全至关重要的危害的一种体系。

5.1.1.1　HACCP 体系的起源

HACCP 诞生于 20 世纪 60 年代的美国。1959 年，美国皮尔斯柏利（Pillsbury）公司与美国航空航天局（NASA）纳蒂克（Natick）实验室为了保证太空食品的安全首次建立了 HACCP 体系，保证了航天计划的完成。1993 年，国际食品法典委员会（CAC）推荐 HACCP 系统为目前保障食品安全最经济有效的途径。

HACCP 是以科学为基础，通过系统性地确定具体危害及其控制措施，以保证食品安全性的系统。HACCP 的控制系统着眼于预防而不是依靠最终产品的检验来保证食品的安全。任何一个 HACCP 系统均能适应设备设计的革新、加工工艺或技术的发展变化。HACCP 是一个适用于各类食品企业的简便、易行、合理、有效的控制体系。

5.1.1.2　HACCP 组成

HACCP 是一套确保食品安全的管理系统，这种管理系统一般由下列各部分组成：①对从原料采购→产品加工→消费各个环节可能出现的危害进行分析和评估；②根据这些分析和评估来设立某一食品从原料直至最终消费这一全过程的关键控制点（CCP）；③建立起能有效监测关键控制点的程序。

5.1.2 HACCP 体系的相关术语

FAO/WHO 食品法典委员会（CAC）在法典指南，即《HACCP 体系及其应用准则》中规定的基本术语及其定义如下。

危害分析（hazard analysis） 指收集和评估有关的危害，以及导致这些危害存在的资料，以确定哪些危害对食品安全有重要影响因而需要在 HACCP 计划中予以解决的过程。

关键控制点（critical control point, CCP） 指能够实施控制措施的步骤。该步骤对于预防和消除一个食品安全危害或将其减少到可接受水平非常关键。

必备程序（prerequisite program） 为实施 HACCP 体系提供基础的操作规范，包括良好操作规范（GMP）和卫生标准操作程序（SSOP）等。

HACCP 小组（HACCP team） 负责制订 HACCP 计划的工作小组。

流程图（flow diagram） 指对某个具体食品加工或生产过程的所有步骤进行的连续性描述。

危害（hazard） 指对健康有潜在不利影响的生物性、化学性或物理性因素或条件。

显著危害（significant hazard） 有可能发生并且可能对消费者导致不可接受的危害；有发生的可能性和严重性。

HACCP 计划（HACCP plan） 依据 HACCP 原则制定的一套文件，用于确保在食品生产、加工、销售等食物链各阶段与食品安全有重要关系的危害得到控制。

步骤（step） 指从产品初加工到最终消费的食物链中（包括原料在内）的一个点、一个程序、一个操作或一个阶段。

控制（control；动词） 为保证和保持 HACCP 计划中所建立的控制标准而采取的所有必要措施。

控制（control；名词） 指执行了正确的操作程序并符合控制标准的状况。

控制点（control point, CP） 能控制生物、化学或物理因素的任何点、步骤或过程。

关键控制点判定树（CCP decision tree） 通过一系列问题来判断一个控制点是否是关键控制点的组图。

控制措施（control measure） 指能够预防或消除一个食品安全危害，或将其降低到可接受水平的任何措施和行动。

关键限值（critical limit） 区分可接受和不可接受水平的标准值。

操作限值（operating limit） 比关键限值更严格的，由操作者用来减少偏离风险的标准。

纠偏措施（corrective action） 当针对关键控制点的监测显示该关键控制点失去控制时所采取的措施。

监测（monitor） 为评估关键控制点是否得到控制，而对控制指标进行有计划的连续观察或检测。

确认（validation） 证实 HACCP 计划中各要素是有效的。

验证（verification） 指为了确定 HACCP 计划是否正确实施所采用的除监测以外的其他方法、程序、试验和评价。

5.1.3 HACCP 控制体系的特点

HACCP 作为科学的预防性食品安全体系，具有高效性、通用性、科学性、预防性、可操作性、可树立消费者的信心、全面性、协调性、预防性、非零风险等特点。

5.1.4 实施 HACCP 体系的作用及意义

HACCP 作为一种与传统食品安全质量管理体系截然不同的崭新的食品安全保障模式，它的实施对食品企业、消费者、政府保障食品安全具有广泛而深远的作用和意义。

5.1.4.1 HACCP 的作用

食品企业建立并实施 HACCP，其作用在于：①提高食品的安全性；②能增强顾客的信心；③作为已经实施 HACCP 体系的生产商会直接影响他们的原料供应商也采用相似的方法来控制食品安全；④食品符合检验标准，降低成本；⑤有助于改善生产商与官方主管当局的关系，以及工厂与消费者之间的关系，增强消费者对食品安全的信心；⑥增强组织的食品风险意识；⑦强化食品及原料的可追溯性；⑧具备了改善食品质量的潜能；⑨对于出口外向型企业，拥有第三方的 HACCP 认证证书可满足美国食品与药物管理局（FDA）进口商验证程序（产品的安全卫生指标、确诊步骤）中的确认步骤要求，避免烦琐的进口商验证。

5.1.4.2 实施 HACCP 体系的意义

对食品工业企业而言，有利于增强消费者和政府的信心，减少法律和保险支出，增加市场机会，降低生产成本（减少回收/食品废弃），提高产品质量的一致性，有利于全员参与，可降低商业风险，增强企业竞争力和出口机会，加强管理，改善公司形象且提高企业的社会效益；对消费者而言，可减少食源性疾病的危害，增强卫生意识，增强对食品供应的信心，提高生活质量，促进社会经济的良性发展具有重要意义；对政府而言，建立 HACCP 可改善公众健康，更有效和有目的的食品监控，减少公众健康支出，确保贸易畅通，提高公众对食品供应的信心，增强国内企业竞争力。

5.2 良好操作规范

5.2.1 良好操作规范的定义及类型

5.2.1.1 什么是 GMP？

良好操作规范（good manufacturing practice，GMP），简称 GMP，是一种安全和质量保证体系。其宗旨在于确保在产品制造、包装和贮藏等过程中的相关人员、建筑、设施和设备均能符合良好的生产条件，防止产品在不卫生的条件下，或在可能引起污染的环境中操作，以保证产品安全和质量稳定。因为 GMP 的内容是在不断完善和补充着的，所以有时称其为 CGMP（current good manufacturing practice）。

GMP 要求食品生产企业应具备良好的生产设备，合理的生产过程，完善的质量管理和严格的检测系统，确保最终产品的质量（包括食品安全卫生）符合法规要求。

5.2.1.2 GMP 的类型

从 GMP 的发展来看，现行的 GMP 可分为三类：①具有国际性质的 GMP，如 WHO 的 GMP，北欧七国自由贸易联盟制定的 PIC-GMP（PIG 为 Pharmaceutical Inspection Convention，即药品生产检查互相承认公约），东南亚国家联盟的 GMP 等；②国家权力机构颁布的 GMP，如中华人民共和国卫生部及国家药品监督管理局、美国 FDA、英国卫生和社会保险部、日本厚生省等政府机关制定的 GMP；③工业组织制定的 GMP，如美国制药工业联合会制定的，标准不低于美国政府制定的 GMP，中国医药工业公司制定的 GMP 实施指南，甚至还包括药厂或公司自己制定的。

从 GMP 制度的性质来看，可分为两类：①将 GMP 作为法典规定，如美国、日本、中国的 GMP；②将 GMP 作为建议性的规定，有些 GMP 起到对药品生产和质量管理的指导作用，如联合国 WHO 的 GMP。

按照法律效力 GMP 可分为强制性 GMP 和推荐性（或指导性）GMP。强制性 GMP 是食品企业必须遵守的，一般由政府部门制定并监督实施；企业制定的 GMP 对该企业本身而言，一旦制定实施就是强制性的。推荐性（或指导性）GMP 是由政府部门、行业组织或协会等制定并推荐给食品企业参照执行，是非强制性的，企业可以选择是否遵守。

5.2.2 GMP 的目的和意义

5.2.2.1 GMP 的目的

GMP 是食品生产过程质量管理实践中总结、抽象、升华出来的规范化的条款，其目的是保证所生产的食品安全，它所覆盖的是所有食品、所有食品生产企业；推行食品 GMP 的主要目的在于提高食品的品质与卫生安全，保障消费者与生产者的权益，强化食品生产者的自主管理体制及促进食品工业的健全发展。

实施 GMP 有利于降低食品制造过程中人为的错误，防止食品在制造过程中遭受污染或品质劣变，要求建立完善的质量管理体系，这也是食品 GMP 的基本精神所在。

5.2.2.2 GMP 的意义

食品企业 GMP 的意义在于为食品生产提供一套必须遵循的组合标准，为卫生行政部门、食品卫生监督员提供监督检查的依据，为建立国际食品标准提供基础，便于食品的国际贸易，使食品生产经营人员认识食品生产的特殊性，提供重要的教材，由此产生积极的工作态度，激发对食品质量高度负责的精神，消除生产上的不良习惯，使食品生产企业对原料、辅料、包装材料的要求更为严格，有助于食品生产企业采用新技术、新设备，从而保证食品质量。

5.2.3 GMP 管理的基本内容和要求

GMP 所规定的内容是食品加工企业必须达到的最基本的条件。

5.2.3.1 食品 GMP 的管理要素

GMP 实际上是一种包括 4M 管理要素的质量保证制度，即选用规定要求的原料（material），以合乎标准的厂房设备（machine），由胜任的人员（man），按照既定的方法（method），制造出品质既稳定又安全卫生的产品的一种质量保证制度。

5.2.3.2 按 GMP 方式制定和实施的食品制造标准的主要环节

包括：各种原材料，每一工序中间产品的安全性和保证；为了避免食品中附着和混入夹杂物、重金属、残留农药、食品中毒的病原菌或有损于食品质量的微生物，必须采取有效措施，切实防止来自工厂设施、操作环境、机械器具、空中沉降细菌和操作人员等方面的污染；加强工艺技术方面的管理，实行双重检查，建立各工艺的检验制度和质量管理制度，对误差的防除措施；商标管理；管理记录的保存。

5.2.3.3 我国的 GMP 主要内容

我国食品企业最基本的 GMP 是《GB14881—2013 食品生产通用卫生规范》。此外，还颁布了多个专业食品加工企业卫生规范。

1. 我国食品加工企业 GMP　2009 年《中华人民共和国食品安全法》颁布前，原卫生部以食品卫生国家标准的形式发布了近 20 多项"卫生规范"和"良好生产规范"。国家卫生健康委员会正在组织开展食品安全国家标准整合工作，通过整合食品生产经营过程的卫生要求标准，形成以《食品生产通用卫生规范》为基础、40 余项涵盖主要食品类别的生产经营规范类食品安全标准体系。各行业主管部门发布的各类规范类标准将按照不与食品安全国家标准相抵触的原则，由各归口部门自行管理。

2. 《食品生产通用卫生规范》的主要内容

其主要内容见表 5.1。

表 5.1 《食品生产通用卫生规范》的主要内容要求

条款	主要要求
3. 选址及厂区环境	食品工厂的选址及厂区环境与食品安全密切相关。适宜的厂区周边环境可以避免外界污染因素对食品生产过程的不利影响。在选址时需要充分考虑来自外部环境的有毒有害因素对食品生产活动的影响，如工业废水、废气、农业投入品、粉尘、放射性物质、虫害等。如果工厂周围无法避免的存在类似影响食品安全的因素，应从硬件、软件方面考虑采取有效的措施加以控制。 厂区环境包括厂区周边环境和厂区内部环境，工厂应从基础设施（含厂区布局规划、厂房设施、路面、绿化、排水等）的设计建造到其建成后的维护、清洁等，实施有效管理，确保厂区环境符合生产要求，厂房设施能有效防止外部环境的影响
4. 厂房和车间	良好的厂房和车间的设计布局有利于使人员、物料流动有序，设备分布位置合理，减少交叉污染发生风险。食品企业应从原材料入厂至成品出厂，从人流、物流、气流等因素综合考虑，统筹厂房和车间的设计布局，兼顾工艺、经济、安全等原则，满足食品卫生操作要求，预防和降低产品受污染的风险
5. 设施与设备	企业设施与设备是否充足和适宜，不仅对确保企业正常生产运作、提高生产效率起到关键作用，同时也直接或间接地影响产品的安全性和质量的稳定性。 正确选择设施与设备所用的材质及合理配置安装设施与设备，有利于创造维护食品卫生与安全的生产环境，降低生产环境、设备及产品受直接污染或交叉污染的风险，预防和控制食品安全事故。 设施与设备涉及生产过程控制的各直接或间接的环节，其中，设施包括供水、排水设施、清洁、消毒设施、废弃物存放设施、个人卫生设施、通风设施、照明设施、仓储设施、温控设施等；设备包括生产设备、监控设备，以及设备的保养和维修等
6. 卫生管理	卫生管理是食品生产企业食品安全管理的核心内容，包括从原料采购到出厂管理，贯穿于整个生产过程。卫生管理涵盖管理制度、厂房与设施、人员健康与卫生、虫害控制、废弃物、工作服等方面管理。以虫害控制为例，食品生产企业常见的虫害一般包括老鼠、苍蝇、蟑螂等，其活体、尸体、碎片、排泄物及携带的微生物会引起食品污染，导致食源性疾病传播，因此食品企业应建立相应的虫害控制措施和管理制度
7. 食品原料、食品添加剂和食品相关产品	有效管理食品原料、食品添加剂和食品相关产品等物料的采购和使用，确保物料合格是保证最终食品产品安全的先决条件。食品生产者应根据国家法规标准的要求采购原料，根据企业自身的监控重点采取适当措施保证物料合格。可现场查验物料供应企业是否具有生产合格物料的能力，包括硬件条件和管理；应查验供货者的许可证和物料合格证明文件，如产品生产许可证、动物检疫合格证明、进口卫生证书等，并对物料进行验收审核。在贮存物料时，应依照物料的特性分类存放，对有温度、湿度等要求的物料，应配置必要的设备设施。物料的贮存仓库应由专人管理，并制定有效的防潮、防虫害、清洁卫生等管理措施，及时清理过期或变质的物料，超过保质期的物料不得用于生产。不得将任何危害人体健康的非食用物质添加到食品中。此外，在食品的生产过程中使用的食品添加剂和食品相关产品应符合 GB2760、GB9685 等食品安全国家标准

续表

条款	主要要求
8. 生产过程的食品安全控制	生产过程中的食品安全控制措施是保障食品安全的重中之重。企业应高度重视生产加工、产品贮存和运输等食品生产过程中的潜在危害控制，根据企业的实际情况制定并实施生物性、化学性、物理性污染的控制措施，确保这些措施切实可行和有效，并做好相应的记录。企业宜根据工艺流程进行危害因素调查和分析，确定生产过程中的食品安全关键控制环节（如杀菌环节、配料环节、异物检测探测环节等），并通过科学依据或行业经验，制定有效的控制措施
9. 检验	检验是验证食品生产过程管理措施有效性、确保食品安全的重要手段。通过检验，企业可及时了解食品生产安全控制措施上存在的问题，及时排查原因，并采取改进措施。企业对各类样品可以自行进行检验，也可以委托具备相应资质的食品检验机构进行检验。企业开展自行检验应配备相应的检验设备、试剂、标准样品等，建立实验室管理制度，明确各检验项目的检验方法。检验人员应具备开展相应检验项目的资质，按规定的检验方法开展检验工作。为确保检验结果科学、准确，检验仪器设备精度必须符合要求。企业委托外部食品检验机构进行检验时，应选择获得相关资质的食品检验机构。企业应妥善保存检验记录，以备查询
10. 食品的贮存和运输	贮存不当易使食品腐败变质，丧失原有的营养物质，降低或失去应有的食用价值。科学合理的贮存环境和运输条件是避免食品污染和腐败变质，保障食品性质稳定的重要手段。企业应根据食品的特点、卫生和安全需要选择适宜的贮存和运输条件。贮存、运输食品的容器和设备应当安全无害，避免食品污染的风险
11. 产品召回管理	食品召回可以消除缺陷产品造成危害的风险，保障消费者的身体健康和生命安全，体现了食品生产经营者是保障食品安全第一责任人的管理要求。食品生产者发现其生产的食品不符合食品安全标准或会对人身健康造成危害时，应立即停止生产，召回已经上市销售的食品；及时通知相关生产经营者停止生产经营，通知消费者停止消费，记录召回和通知的情况，如食品召回的批次、数量、通知的方式、范围等；及时对不安全食品采取补救、无害化处理、销毁等措施。为保证食品召回制度的实施，食品生产者应建立完善的记录和管理制度，准确记录并保存生产环节中的原辅料采购、生产加工、贮存、运输、销售等信息，保存消费者投诉、食源性疾病、食品污染事故记录，以及食品危害纠纷信息等档案
12. 培训	食品安全的关键在于生产过程控制，而过程控制的关键在人。企业是食品安全的第一责任人，可采用先进的食品安全管理体系和科学的分析方法有效预防或解决生产过程中的食品安全问题，但这些都需要由相应的人员去操作和实施。所以对食品生产管理者和生产操作者等从业人员的培训是企业确保食品安全最基本的保障措施。企业应按照工作岗位的需要对食品加工及管理人员进行有针对性的食品安全培训，培训内容包括：现行的法规标准，食品加工过程中卫生控制的原理和技术要求，个人卫生习惯和企业卫生管理制度，操作过程的记录等，提高员工对执行企业卫生管理等制度的能力和意识
13. 管理制度和人员	完备的管理制度是生产安全食品的重要保障。企业的食品安全管理制度是涵盖从原料采购到食品加工、包装、贮存、运输等全过程，具体包括食品安全管理制度，设备保养和维修制度，卫生管理制度，从业人员健康管理制度，食品原料、食品添加剂和食品相关产品的采购、验收、运输和贮存管理制度，进货查验记录制度，食品原料仓库管理制度，防止化学污染的管理制度，防止异物污染的管理制度，食品出厂检验记录制度，食品召回制度，培训制度，记录和文件管理制度等
14. 记录和文件管理	记录和文件管理是企业质量管理的基本组成部分，涉及食品生产管理的各个方面，与生产、质量、贮存和运输等相关的所有活动都应在文件系统中明确规定。所有活动的计划和执行都必须通过文件和记录证明。良好的文件和记录是质量管理系统的基本要素。文件内容应清晰、易懂，并有助于追溯。当食品出现问题时，通过查找相关记录，可以有针对性地实施召回

5.2.3.4 我国出口企业 GMP 的主要内容

出口食品企业的 GMP 主要是《出口食品生产企业卫生要求》。该要求是出口食品生产企业建立卫生质量体系及体系文件的基本依据。申请卫生注册或者卫生登记的出口食品生产、加工、贮存企业（以下简称出口食品生产企业）应当建立保证出口食品的卫生质量体系，并制定指导卫生质量体系运转的体系文件。

主要包括：国家认证认可监督管理委员会《出口食品生产企业安全卫生要求》，国家认监委发布的出口食品专业注册卫生规范，国家认监委发布的食品安全管理体系认证专项技术规范及食品安全国家标准中的GMP等。

5.3 卫生标准操作程序

5.3.1 卫生标准操作程序是实施HACCP的基础

良好生产规范（GMP）和卫生标准操作规程（SSOP）是建立HACCP的前提性条件或基础程序。

HACCP的基础程序一般都要符合政府的卫生法规，各类行业的作业规范、GMP或SSOP规程等。通常HACCP的支持程序主要涉及生产区域的清洁、检测器具的准确度、虫害控制和监控岗位人员的专门培训等内容。

GMP、SSOP是制定和实施HACCP计划的前提和基础。GMP是整个食品安全控制体系的基础，SSOP计划是根据GMP中有关卫生方面的要求制定的卫生控制程序，HACCP计划则是控制食品安全的关键程序。SSOP实际上是落实GMP卫生法规的具体程序，SSOP的制定和有效执行是企业实施GMP法规的具体体现，使HACCP计划在企业得以顺利实施；GMP法规是政府颁发的强制性法规，而企业的SSOP文本是由企业自己编写的卫生标准操作程序。

5.3.2 卫生标准操作程序的定义、起源、作用及主要内容

5.3.2.1 SSOP的定义

SSOP是"Sanitation Standard Operating Procedure"的缩写，中文意思为"卫生标准操作程序"。SSOP是为了确保加工过程中消除不良的人为因素，使其所加工的食品符合卫生要求而制定的一个指导食品生产加工过程中如何实施清洗、消毒和保持卫生的指导性文件，是食品生产和加工企业建立和实施食品安全管理体系的重要前提条件。

5.3.2.2 SSOP的起源

20世纪90年代美国食源性疾病频繁暴发，造成每年大约700万人次感染，7000人死亡，调查数据显示，其中有大半感染或死亡的原因与肉、禽产品有关。这一结果促使美国农业部（USDA）不得不重视肉、禽的生产状况，决心建立一套包括生产、加工、运输、销售所有环节在内的肉禽产品生产安全措施，从而保障公众的健康。1995年2月颁布的《美国肉、禽类产品HACCP法规》（9CFRPart 304）中第一次提出了要求建立一种书面的常规可行的程序——卫生标准操作程序（SSOP），确保生产出安全、无掺杂的食品，但在这一法规中并未对SSOP的内容做出具体规定。同年12月，美国FDA颁布的《美国水产品HACCP法规》中进一步明确了SSOP必须包括的8个方面及验证等相关程序，从而建立了SSOP的完整体系。此后SSOP一直作为HACCP的基础程序加以实施，成为完成HACCP体系的重要前提条件。

5.3.2.3 SSOP的作用

因企业而异，企业可根据法规和自身需要建立文件化的SSOP。企业建立SSOP的作用

在于指导食品生产加工过程中如何实施清洗、消毒和卫生保持,正确制定和有效执行,对控制危害非常有价值。

5.3.2.4 SSOP 的主要内容

根据美国 FDA 的要求,SSOP 计划至少包括 8 项内容:①与食品接触或与食品接触物表面接触的水(冰)的安全;②与食品接触的表面(包括设备、手套、工作服)的清洁度;③防止交叉污染;④手的清洗与消毒,厕所设施的维护与卫生的保持;⑤防止食品被污染物污染;⑥有毒化学物质的标记、贮存和使用;⑦员工的健康与卫生控制;⑧虫害的防治。

5.3.3 卫生标准操作程序的建立

食品企业在建立和实施卫生控制程序时,应保证必须建立和实施书面的 SSOP 计划;必须检测卫生状况和操作;必须及时纠正不卫生的状况和操作;必须保持卫生控制和纠正记录。SSOP 一般包括关键卫生条件、要求、污染的预防、监控及记录等。下面以防止食品被污染物污染为例加以说明。

【示例】防止发生交叉污染 交叉污染是通过生的食品、食品加工者或食品加工环境,把生物或化学的污染物转移到食品的过程。

1. 关键卫生条件 包括:①防止员工操作造成的产品污染;②生的食品和即食食品的隔离;③防止工厂设计造成的污染。

2. 交叉污染的来源与控制

(1)造成交叉污染的原因:①工厂选址、设计、车间布局不合理;②加工人员个人卫生不良;③清洁消毒不当,卫生操作不当;④生、熟产品未分开;⑤原料和成品未隔离。

(2)预防交叉污染发生的措施主要有:①工厂选址、设计:周围环境不会造成污染;厂区内不会造成污染;按有关规定建设(提前请有关部门审图纸)。②车间布局:工艺流程布局合理;初加工、精加工、成品包装分开;生、熟加工分开;清洗消毒与加工车间分开。③明确人流、物流、水流、气流方向:人流→从高清洁区到低清洁区;物流→不造成交叉污染,可用时间、空间进行分隔;水流从高清洁区到低清洁区;气流→入气控制、正压排气。④加工人员卫生操作、洗手、首饰、化妆、饮食等的控制;手接触不洁物,如厕后、处理完脏的设备和工具后要洗手和消毒。

3. 监控 监控主要包括:在开工、交班、餐后继续加工时进入生产车间;生产连续监控;产品贮存区域(如冷库)每日检查。

4. 纠正 纠正包括:发生交叉污染后,采取措施防止再发生;必要时停产,直到有改进;如有必要,评估产品的安全性;记录采取的纠正措施。

5. 记录 主要有:①企业人员接受卫生培训的记录;②每日卫生监控记录,观察记录工厂状况是否满意;③消毒控制记录(生产车间的地面、墙壁、空间、门窗设备、器具的清洗和消毒记录);④个人卫生检查记录;⑤进入车间的员工规范着装检查记录;⑥纠正措施记录。

5.3.4 SSOP 与 HACCP 控制危害的区别

对于某些卫生控制来说,设定关键限值(HACCP 原理 3)、纠偏行动(HACCP 原理 5)是很困难的,将额外的卫生监测列入关键控制点控制,会加重 HACCP 计划的负担,会分散对关键加工程序的注意力。通常,已鉴别的危害是与产品本身或某个单独的加工步骤有关的,则必须由 HACCP 来控制;已鉴别的危害是与环境或人员有关的,一般由 SSOP 控制较好。这并不是降低其重要性，只是因为 SSOP 控制更加适合。两者的区别如表 5.2 所示。

表 5.2　HACCP 与 SSOP 控制危害的区别

危害	控制	控制的类型	控制计划
组胺	贮存、运输、加工鲭鱼的时间和温度	特定的产品	HACCP
致病菌存活	烟熏鱼的时间和温度	加工步骤	HACCP
致病菌污染	接触产品前洗手	人员	SSOP
	限制员工在生熟区之间走动	人员	SSOP
	清洗、消毒食品接触面	工厂环境	SSOP
化学品污染	只使用食品级的润滑油	工厂环境	SSOP

通过表 5.2 可以看出哪些危害需要由 HACCP 控制，哪些危害需要由 SSOP 控制。有时同一个危害可能由 HACCP 和 SSOP 共同控制，如 HACCP 控制致病菌的杀灭，SSOP 控制致病菌的再污染等。

5.3.5　SSOP 的制定

食品加工企业应该按照本节推荐的 8 个重要方面（8 项内容）（可以视情况增加内容），结合本企业的实际情况制定具体的 SSOP。SSOP 文件可以由 8 个方面（或更多）组成，一般包括每个方面的要求和程序，每一个环节的作业指导书，以及执行、检查和纠正记录。

5.3.5.1　要求和程序

主要包括：①明确每一个方面应达到什么样的要求或目标。②为了达到目标，需要什么样的硬件设施或物资。③由哪些部门和人员负责实施；检查、纠正、记录，如何分工。④何时去做。⑤如何去做。

5.3.5.2　作业指导书

作业指导书是针对某一件具体事情而编写的文件，如水塔如何清洗消毒，刀具如何清洗、消毒，肉糜斩拌机如何清洗、消毒，牛奶泵和输送管道如何清洗、消毒，消毒剂如何配制及检测浓度等。

作业指导书中应写明每一件事情应达到的目标，需要哪些物资，由谁来完成，具体的实施步骤，多长时间做一次，如何检查其效果，如何纠正，如何记录等。要使每一岗位上的每一员工看到作业指导书后就知道自己应该干什么，何时干，如何干，干到什么程度，即达到什么要求。作业指导书的编写切忌空洞、脱离实际和没有可操作性。

5.3.5.3　记录

SSOP 中必须包括预先设计好的各种记录表格，包括执行记录表、监控和检查记录表、纠正记录表、员工培训记录表等。

记录格式的设计必须符合操作实际，具有可操作性；记录栏目的内容必须反映出所做工作的客观实际。有具体数据的地方，应记录具体数据。

记录表中应有执行人员和检查人员签名、填时间的地方。

5.4 HACCP 的原理及应用

5.4.1 HACCP 计划的前提条件

HACCP 体系必须建立在一系列前提的基础之上，否则它将失去作用。食品加工企业首先必须满足相关的卫生法规要求，其次建立完善的前提条件和程序，在此基础上建立并有效实施 HACCP 计划。

食品生产加工企业建立和实施 HACCP 计划的前提条件至少包括：①满足良好操作规范（GMP）的要求；②建立并有效实施卫生标准操作程序（SSOP）；③建立并有效实施产品的标识、追溯和回收计划；④建立并有效实施加工设备与设施的预防性维护保养程序；⑤建立并有效实施教育和培训计划。

其他的前提条件还可包括实验室管理、文件资料的控制、加工工艺控制、产品品质控制程序等。

5.4.2 HACCP 的七大原理

1993 年，由联合国粮食及农业组织（FAO）和世界卫生组织（WHO）联合创建的食品法典委员会（CAC），开始鼓励各国使用 HACCP，其下属机构食品卫生委员会（The Food Hygiene Committee of Codex Alimentation Commission）起草了《HACCP 原理应用指导》，提出了 HACCP 七大原理。

5.4.2.1 原理一——危害分析和预防措施

1. 危害及危害分析　　危害指可以引起食物不安全消费的生物、化学或物理的因素。其包括生物危害、化学危害、物理危害。

2. 危害的分类　　食品中的危害一般可分为生物危害、化学危害和物理危害（图 5.1）。

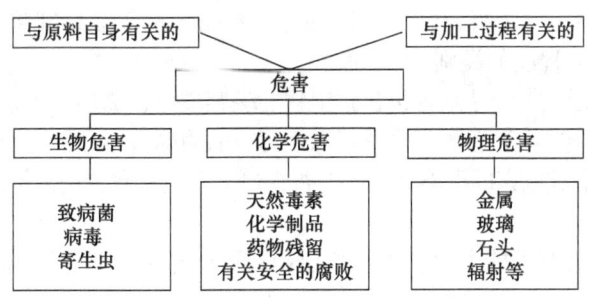

图 5.1　危害的分类

食品生产企业通过其生产活动对生物危害、化学危害和物理危害进行控制，按照控制措施的作用可以分为三类：①能够防止食品安全危害发生的，如原料来源的控制，即选用不受农兽药污染的原料；②能够消除食品安全危害的，如热处理杀灭致病菌、永磁桶吸附铁屑等；③在已知消除或预防危害不可能的情况下，尽可能地减少危害的存在，将危害降低到可接受水平，如在生鱼片加工中将肉眼可见的寄生虫通过人工挑选的方法去除。

3. 危害的来源

1）生物危害　　主要指生物（尤其是微生物）本身及其代谢过程、代谢产物（如毒素）对食品原料、加工过程、储运、销售直到使用中的污染，危害人体健康。按生物的种类来分有以下几种危害：病源性微生物（如沙门氏菌）、病毒（如疯牛病病毒）、寄生虫（如裂头绦虫）。

2）**化学危害** 是指有毒的化学物质污染食物而引起的危害，包括常见的食物中毒。按来源不同主要有以下几种。

（1）来自植物、动物和微生物的天然存在的化学物质：①霉菌毒素（如黄曲霉毒素）；②鱼肉毒素；③蕈类毒素；④贝类毒素。

（2）有意加入的化学物质（食物添加剂，如防腐剂、营养强化剂、色素等）。

（3）食品添加剂的超量：①防腐剂的超量；②营养强化剂的超量；③色素的超量。

（4）无意或偶然加入的化学品：①农业养殖、种植所用化学物（农药、化肥、激素、兽药）；②有毒元素和化合物（铅、砷、氰化物等）；③清洁用药品（酸、腐蚀性物质）；④设备用润滑剂；⑤包装物（增塑剂、甲醛、苯乙烯等）。

（5）其他：①食品包装材料、容器与设备，如塑料、橡胶、涂料及其他材料带来的危害；②食品中的放射性污染，包括各种放射性同位素污染食品原料等；③N-亚硝基化合物、多环芳族化合物等。

化学危害对人体可能造成急性中毒、慢性中毒，影响人体发育、致畸、致癌，甚至致死等后果。

3）**物理危害** 指在食品中不正常出现的、可导致伤害的异物，如碎玻璃、木料、石块、金属、骨头、塑料等。当人们误食后可能造成身体外伤、窒息或其他健康问题。

物理危害的主要来源：植物收获过程中掺进玻璃、铁丝、铁钉、石头等；水产品捕捞过程中掺杂鱼钩、铅块等；食品加工设备上脱落的金属碎片、灯具及玻璃容器破碎造成的玻璃碎片等；畜禽在饲养过程中误食铁丝，畜禽肉和鱼剔骨时遗留的骨头碎片或鱼刺。

4）**危害分析时可利用的信息资源** 主要包括公开出版的书籍、科学刊物和互联网上的信息，顾问或专家，研究机构，供货商和客户。在做出任何结论之前，必须仔细研究和评估所有来源的信息。

5）**危害特征分类** 危害评估分成两部分，根据5种危害特征将食品进行分类，随后基于这一分类确定风险程度的类别。

危害特征分类包括：①产品是否包含微生物的敏感成分；②加工中是否有有效消灭微生物的处理步骤；③是否存在加工后微生物及其毒素污染的明确危害；④是否有批发和消费者消费过程中由于不良习惯造成危害的可能性；⑤是否在包装后或家庭食用前不进行最后的加热处理。

6）**显著危害**

（1）显著危害：极有可能发生，如不加控制有可能导致消费者不可接受的健康或安全危害的风险。

危害分析：根据加工过程的每个工序分析是否产生了显著的危害，并叙述相应的控制措施。

（2）显著危害与危害的区别。

风险（risk） 显著危害是极有可能发生，如生吃双壳贝类则极有可能会引起麻痹性贝类毒素中毒，这当然要有专家、历史经验、流行病学资料，以及其他科学技术资料来支持。

严重性（severity） 危害的严重程度到消费者不可接受，如食品添加剂在规定的限量之内，相对的危害程度要低，而致病菌则危害程度就高。

危害分析（hazard analysis） 就是分析出显著的危害并加以控制。

（3）显著危害的特性。显著危害必须具备的两个特性，即极有可能发生（可能性）；一旦控制不当可能给消费者带来不可接受的健康风险（严重性）。

① 评估危害的可能性，即该危害发生的概率多大。
a）频繁：经常发生，消费者持续接触或食用，发生概率50%，水平等级5。
b）经常：发生几次，消费者经常接触或食用，发生概率15%～50%，水平等级4。
c）偶尔：将会发生，零星发生，发生概率5%～15%，水平等级3。
d）很少：可能发生，很少发生在消费者身上，发生概率1%～5%，水平等级2。
e）不可能：极少发生在消费者身上，发生概率1%以下，水平等级1。

② 评估危害的严重性，即危害的发生将产生后果的严重性。
a）灾难性：食品污染导致消费者死亡，水平等级4。
b）严重：食品污染导致消费者严重疾病，水平等级3。
c）中度：食品污染导致消费者轻微性疾病，水平等级2。
d）可忽略：食品污染导致较少轻微性疾病，水平等级1。

通过分析资料、信息来判定危害的可能性和严重性。如可能性和严重性缺少一项，则不列为显著危害。

③ 绘制风险评估表（表5.3）。根据识别的危害，对每个危害进行评估。可采用风险评估表对已识别的危害进行分类，确定风险的性质，然后根据风险评估表将危害按照风险表进行分级，从而确定组织需要控制的危害。

表5.3 风险评估表

危害的严重性		危害的可能性				
		频繁	经常	偶尔	很少	不可能
		A	B	C	D	E
灾难性	I	很高风险		高风险		
严重	II					
中度	III			中等风险		
可忽略	IV				低风险	

注：灰度相同，风险等级相同。

④ 风险分级表（表5.4）。

表5.4 风险分级表

危害的严重性		危害的可能性				
		频繁	经常	偶尔	很少	不可能
		A	B	C	D	E
灾难性	I	1	2	6	8	12
严重	II	3	4	7	11	15
中度	III	5	9	10	14	16
可忽略	IV	13	17	18	19	20

注：数字越小，风险越高。

食品危害的识别和分析一般由食品企业 HACCP 体系负责小组来完成，也可以聘请技术专家指导完成。

4. 危害的预防措施　　控制措施也被列为预防措施，是用以防止或消除食品安全危害或将其降低到可接受的水平所采取的任何行动和活动。有时一种显著危害需要同时用几种方法来控制，有时一种控制方法可同时控制几种不同的危害。

1）生物危害的预防措施

生物危害的预防措施如表 5.5 所示。

表 5.5　生物危害的预防措施

序号	项目	措施
1	控制有害细菌的措施	①时间/温度控制：加热和蒸煮过程（可杀死病原体） ②发酵和（或）pH 控制（发酵产生乳酸的细菌抑制一些病原体的生长；使它们在酸性条件下不能生长） ③盐和其他防腐剂（抑制一些病原体的生长） ④干燥（通过除去食品中足够的水分来抑制一些病原体的生长） ⑤来源控制（通过从非污染源处取得原料来控制）
2	控制病毒危害的有效途径	①对食品原料进行有效的消毒处理 ②原料来源控制：屠宰场对原料动物进行严格的宰前和宰后检验；肉品加工厂对原料肉来源进行控制 ③生产过程控制：严格执行卫生标准操作规程，确保加工人员健康和加工过程中各环节的消毒效果 ④不同清洁度要求的区域严格隔离
3	寄生虫的控制	原料控制（如检疫）、动物饮食控制、环境控制、失活、人工剔除、加热、干燥、冷冻等

2）化学危害的预防措施

（1）来源控制：产地证明、供应商证明、原料检测。

（2）加工控制：食品防腐剂、食品营养强化剂等添加剂的合理使用。

（3）标识控制：成品合理标示配料和已知过敏物质，标明产品的正确食用方法。

3）物理危害的预防措施

物理危害的预防措施如表 5.6 所示。

表 5.6　物理危害的预防措施

危害	潜在的伤害	来源	预防措施
玻璃	割伤，出血，可能需要动手术	原物料，瓶子，灯具，容器	进料检验，加工中过滤、挑选
木头	划伤，感染，哽住，可能需要动手术	原物料，木托盘，木盒，建筑物	进料检验，加工中过滤、挑选，器具清理
石头	哽住，嗑牙	农作物，建筑物	进料检验，加工中过滤、挑选
金属	割伤，感染	机器，农作物，电线，员工	进料检验，加工中过滤、挑选（金检机）
骨头	窒息，外伤	原料，不正规工厂，加工工序	进料检验，加工中挑选
昆虫	疾病，损伤，窒息	农作物，工厂进入	进料检验，加工中挑选，车间虫害控制
塑料	窒息，割伤，感染	农作物，包装材料，员工	进料检验，加工中挑选
私人物品	窒息，割伤，嗑牙	员工	制定规范，禁止人员带入私人物品

（1）来源控制：供应商证明、原料检测。
（2）生产控制：剔除，利用磁铁、金属探测器、筛网、分选机、空气干燥机、X射线设备和感官控制。

5.4.2.2 原理二——确定关键控制点

1. 关键控制点（critical control point，CCP） 是指能够施加控制，并且该控制对防止、消除某一食品安全危害或将其降低到可接受水平的一个加工点、步骤或工序。

CCP指食品生产过程中的某一点、步骤或过程，必须是可以控制的，通过对其控制消除或降低危害；而可接受是指免除法律责任和食品安全方针要求的危害。在HACCP体系中，对危害分析中确定的每一个显著危害，均必须有一个或多个CCP对其进行控制。

2. CCP的特点 主要有：①当危害能被预防时，这些点可以被认为是，如能通过在配方或添加配料步骤中的控制来预防化学危害；②能将危害消除的点确定为CCP，如在蒸煮过程中病原体被杀死；③能将危害降低到可接受水平的点可以确定为CCP，如通过人工挑虫，把寄生虫危害减少到最低限度。

3. 控制点（CP） 不能被确定为CCP的、能控制生物、物理或化学因素的任何点、步骤或过程称为控制点。

4. 多种CCP和危害 一个CCP可以控制多种危害，如冷冻贮藏可能是控制病原体和组胺形成的一个关键控制点；多种CCP可以用来控制一个危害，如在煮熟的水饺中控制病原体，如果煮熟时间取决于水饺的大小，那么煮熟和成型的步骤都被认为是关键控制点。

5. CCP的特殊性 生产和加工的特殊性决定了CCP的特殊性。在一条加工线上确定的某一产品的CCP，可以与另一条加工线上的同样产品的CCP不同。危害及其控制的最佳点可以随下列因素而改变，如场地、原料配方、生产工艺、设备、支持程序。

6. CCP的确定 确定能够实施控制且可以通过正确的控制措施达到预防危害、消除危害或将危害降低到可接受水平的CCP，如加热、冷藏、特定的消毒程序等。虽然对每个显著危害都必须加以控制，但每个引入或产生显著危害的点、步骤或工序未必都是CCP。CCP的确定可以借助于CCP判断树。其一般通过回答以下四个问题来判断该点（步骤或过程）是否为CCP（图5.2）。

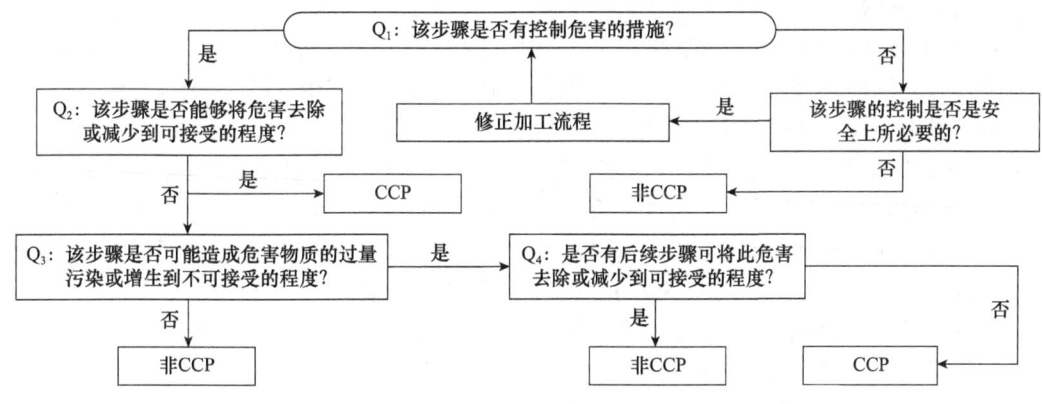

图 5.2　CCP 判断树

问题一（Q_1），对已确定的危害，在本步骤或工序之后，是否存在预防措施？

问题二（Q_2），在此步骤能否消除可能发生的显著危害或减少存在的类似危害到一个可以接受的水平？

问题三（Q_3），识别污染的危害是否超过了可以接受水平或能增加到不可接受的水平？

问题四（Q_4），随后的工序是否将已识别的危害消除或降低到可接受水平？

如果这个控制措施是专为 CCP 所设置（Q_1），如金属探测器、杀菌、灭菌等，那就直接跳至 Q_4，检查后续是否还有针对金属或微生物的控制措施，如果有，那么这个控制措施就不是 CCP 了。

如果这个控制措施本身就不是为 CCP 所设计的，那么检查 Q_2 和 Q_3 的意义也不大。

7. [示例] 冷冻羊肉生产中的危害性分析及确定 CCP

（1）羊在生长过程中，受周围环境的影响（是否为疫病区），饲养中饲料添加剂、农药残留、兽药在体内的残存和个体的健康因素，以及在运输过程受到病源菌、寄生虫的污染。这种显著危害只有在屠宰前检疫中控制，所以把宰前检疫作为 CCP，即 CCP1 点。查验"非疫区证""产地检疫合格证""车辆运输消毒证"，以及对静养期的隔离观察记录，"宰前检疫合格证"（送宰前群检、个检，经检验合格的，由兽医签发），凭证屠宰。

（2）待屠宰的羊有疫病和寄生虫病及局部病变的组织，这种生物危害的 CCP1 点如得不到有效控制，可通过"内脏检验检疫"和"胴体的检验检疫"加以控制去除。因此把"内脏检验检疫"和"胴体的检验检疫"列为 CCP 来控制，即 CCP2 点。

（3）在剔骨、分割、修整的工序中，因操作不当会把碎骨、软骨、断刀尖、断锯齿残留在肉中，可通过金属探测仪和检验控制，因此将"金属探测仪和检验"列为 CCP 来控制，即 CCP3 点。

（4）胴体羊及分割肉速冻不及时易产生腐败；因此，产品进入速冻间前，必须将速冻间温度降至 −35℃以下，产品进入速冻间后，并且连续速冻 24h 以内（速冻时间过长，易产生腐败），至肉中心温度达到 −15℃以下。因此将"速冻"列为 CCP 来控制，即 CCP4 点。

5.4.2.3 原理三——建立关键限值

CCP 确定后，必须为每一个关键控制点建立关键限值（critical limits，CL）。在 HACCP 体系的实际运行中，仅有关键限值是不够的，往往需要比关键限值更严格的操作限值（operating limit，OL）来确保危害被消除或控制降低到可接受水平。

1. 关键限值

1）关键限值的定义　　食品法典对关键限值的定义是"一种能区分可接受或不可接受的标准"，即关键限值是 CCP 的每一个控制措施必须达到的安全限值和必须满足的标准，是确保食品可接受与不可接受的界限指标。

2）关键限值确定的有效性　　关键限值必须有效，即该指标必须能控制已确认的危害。

3）关键限值确定原则　　主要包括：①直观（objective）；②易于监测；③仅基于食品安全；④通过时间控制；⑤能使只出现少量被销毁或处理的产品就可采取纠正措施；⑥不能打破常规方式；⑦不是 GMP 或 SSOP 措施；⑧不能违背法规。

2. 关键限值的特点　　确定关键限值应注重三项原则：有效、简捷和经济。有效是指在此限值内，显著危害能够被防止、消除或降低到可接受水平；简捷是指易于操作，可在生产线不停顿的情况下快速监控；经济是指较少的人力、财力的投入。一个好的关键限值应该是可控制且直观、快速、准确、方便和可连续监测；可操作性强，如检测虾片的中心温度的操作性不强，而测油的温度、加热时间、虾片厚度则容易操作。

3. 确定关键限值的信息来源 正确的关键限值需要通过实验研究、资料检索、法律标准、专家咨询等渠道收集信息，予以确定。

4. 关键限值指标 构成关键限值的因素或指标可以是化学、物理或微生物方面的，这取决于将要在CCP实施控制的危害类型。通常可能作为CCP的关键限值所使用的指标包括：①温度及湿度；②时间；③pH；④含盐/糖量；⑤物理参数；⑥原料接受、特定的加热、冷却过程、特别的卫生措施；⑦可滴定的酸度、有效率、添加剂；⑧感官指标，如外观和气味等。

如果出现工厂位置、配合、加工过程、仪器设备、配料供方、卫生控制和其他支持性计划及用户的改变，CCP都可能改变。

5. 操作限值（OL） 又称临界限值。指由操作者用来防止发生偏离关键限值的风险，比关键限值更严格的判定标准或最大、最小水平参数。CCP的操作限值是比关键限值更严格的限值，是操作人员用以降低偏离关键限值风险的标准。

5.4.2.4 原理四——监控程序

监控是实施一个有计划的一定顺序的连续观察和测量，以评估一个过程是否受控，并进行准确记录。

1. 监控的目的 主要有跟踪加工或操作过程，检查并识别可能偏离关键限值的趋势；查明何时失控；提供加工控制的书面文件（记录）。

2. 监控程序的内容 监控程序的四个主要内容包括3W和1H，即监控什么（what）、怎么监控（how）、何时监控（when）、谁来监控（who）。

1）监控什么（监控对象） 监控对象通常是针对CCP而确定的加工过程或产品的某个可以测量的特性，如时间、温度等。

2）怎么监控（监控方法） 对每个CCP的具体监控过程取决于关键限值及监控设备和检测方法。一般采用两种基本监控方法：一种方法为在线检测系统，即在加工过程中测量各临界因素；另一种为终端检测系统，即不在生产过程中而是在其他地方抽样测定各临界因素。最好的监控过程是连续在线检测系统，它能及时检测加工过程中的CCP的状态，防止CCP发生失控现象。

3）何时监控（监控频率） 监控的频率取决于CCP的性质及监测过程的类型。

4）谁来监控（监控人员） 进行CCP监控的人员可以是流水线上的人员、设备操作者、监督员、维修人员、质量保证人员。

5）CCP监控人员的选择原则 包括：①接受有关CCP监控技术的培训；②充分理解CCP监控的重要性，具有强烈的责任感；③能及时进行监控活动；④能提供监控活动的准确报告；⑤能及时报告CL偏离情况，以便迅速采取纠偏行动。

5.4.2.5 原理五——纠正措施

纠正措施又称纠偏行动，指当监控偏离关键性限值时，采取的程序或行动，如重新加工、处理等。偏离越早被确认，纠偏行动就越容易实施，把不符合要求的产品减少到最小量的可能性就越大。

1. 纠正（偏）的目的 主要是保证进入市场的产品对健康无害或禁止由于偏离CL而产生的劣质产品进入市场；产生的偏离已被纠正和消除失控所致的潜在危害，CCP重新受控。

2. 纠正（偏）措施的功能 包括：①利用监控的结果调整加工方法，以便保持控制；②决定是否销毁失控状态下生产的食品；③纠正或消除导致失控的原因；④保留纠正措施的执行记录。

3. 纠正措施的实施 经监控认为关键控制点有失控时，应采取纠正措施。当监测结果指出一个关键控制点失控时，HACCP系统必须允许立即采取改善措施，并且必须在偏差导致安全危害之前采取措施。改善措施包括四个方面的活动：①利用监测的结果调整加工方法以便保持控制；②如果失控，必须处理不符合要求的产品；③必须确定原因或改正不符合要求的因素；④保留改正措施的记录。

4. 纠正措施的格式 If（说明情况）/then（叙述采取的纠正措施）。

5. 纠正措施记录 应包括以下内容：①产品确认（如产品描述，隔离和扣留产品数量）；②偏离的描述；③采取的纠正措施，包括受影响产品的最终处理；④采取纠正措施的负责人的姓名；⑤必要时的验证结果。

5.4.2.6 原理六——验证程序

1. 定义 指除了监控方法以外，用来确定HACCP体系是否按照HACCP计划运作或者计划是否需要修改，以及再被确认生效使用的方法、程序、检测及审核手段。

2. 验证的内容 验证的内容包括：①确认；②CCP的验证；③监控设备的校正；④有针对性的取样检测；⑤CCP记录的复查；⑥HACCP系统的验证；⑦审核；⑧最终产品的微生物试验；⑨执法机构的验证。

3. 验证的类型 验证活动一般分为两类：一类是内部验证，由企业内部的HACCP小组进行，可视为内审；另一类是外部验证，由政府检验机构或有资格的第三方进行，可视为外审。

4. 验证的方法 包括生物学的、物理学的、化学的或感官方法。

5. HACCP方案的确认 确认是指收集和评估科学和技术信息，以判断一个HACCP是否能够有效地控制已识别的危害。

1）确认的目的 提供证明HACCP计划的所有要素（危害分析、CCP确定、CL建立、监控程序、纠正措施、记录等）都有科学依据的客观证明，从而有根据地证明只要有效实施HACCP计划，就可控制影响食品安全的潜在危害。任何一项HACCP计划在开始实施前都必须经过确认；HACCP计划实施后，各要素如发生变化需要再次采取确认行动。

2）确认方法 包括：①结合基本科学原则；②运用科学数据；③依靠专家意见；④生产中进行观察或检测。

3）确认对象 HACCP计划的每一环节从危害分析到验证对策做出科学技术上的复查。

4）确认频率 最初的确认。下列情况下应采取确认：①原料改变；②产品或加工改变；③验证数据出现相反的结果且重复出现偏差；④有关危害和控制手段的新信息；⑤生产中的观察。

5）谁来确认 HACCP小组和受过适当培训或经验丰富的人员。

6. CCP验证活动的建立 必须对CCP制定相应的验证程序，才能保证所有控制措施的有效性及HACCP计划的实际实施过程与HACCP计划的一致性。包括：①CCP的校准：对监控设备校准，确保监控结果的准确性；校准记录的复查：涉及检查日期、校准方法和试验结果。②针对性的取样检测。③CCP记录的复查。

每一个CCP至少有两种记录类型：监控记录和纠偏记录。

7. HACCP体系的验证 验证目的是确定企业HACCP体系的符合性和有效性。

验证内容包括：①审核、检查产品说明和生产流程的准确性；②检查工艺过程是否按照 HACCP 计划被监控；③检查工艺过程确实在关键界限内操作；④检查记录是否准确、是否按要求进行记录；⑤审核记录的复查活动是否在 HACCP 计划的规定位置进行了监控活动；⑥监控活动是否按 HACCP 计划规定的频率执行；⑦监控表明发生了关键界限的偏差时，是否有了纠偏行动；⑧设备是否按 HACCP 计划进行了校准；⑨最终产品的微生物试验是否保证食品安全指标达到相关法律法规及顾客要求。

8. 执法机构执行验证活动　　包括：①对 HACCP 计划及其修改的复查；②对 CCP 监控记录的复查；③对纠偏记录的复查；④对验证记录的复查；⑤检查操作现场，HACCP 计划执行情况及记录保存情况；⑥抽样分析。

9. 其他形式验证　　主要包括：消费者投诉、卫生控制的验证、执法机构的检查、成品的检验等。

10. HACCP 体系的验证频率　　HACCP 体系的验证就是检查 HACCP 计划所规定的各种控制措施是否被贯彻实施。内、外审核是验证的一个重要部分，是对整个 HACCP 体系的评价。这种验证活动通常每年进行一次。在系统发生故障，或产品、加工等发生显著改变后，验证频率需相应改变。

5.4.2.7　原理七——文件和记录保持程序

HACCP 具体方案在实施中都要求做例行的、规定的各种记录，同时还要求建立有关适用于这些原理及应用的所有操作程序和记录的档案制度，包括计划准备、执行、监控、记录及相关信息与数据文件等都要准确和完整地保存。

1. 记录的要求　　总的要求是所有记录都必须至少包括以下内容：加工商或进口商的名称和地址，记录所反映的工作日期和时间，操作者的签字或署名，适当的时间，包括产品的特性和代码，以及加工过程或其他信息资料也应包括在记录中。记录主要有严肃性、真实性、原始性及完整性。

2. 记录的构成　　HACCP 需要建立有效的文件和记录管理程序，以便使 HACCP 体系文件化。需保存的文件和记录可以包括：① HACCP 计划和用于制订计划的支持性文件；②关键控制点监控记录，包括关键限值的偏离；③产品描述及识别；④生产流程图；⑤危害分析；⑥验证活动记录（包括 HACCP 审核表）；⑦确定关键限值的偏离；⑧验证关键限值的依据、验证活动的结果；⑨监控记录，包括关键限值的偏离；⑩卫生控制记录；⑪培训记录；⑫产品的标识和可追溯记录；⑬其他预防控制措施记录，包括设备校准记录、清洁记录、害虫控制记录、供应商认可记录、产品回收记录、审核记录及 HACCP 体系的修改记录等。

3. 记录的检查　　关键控制点的监控记录、纠偏行动记录、监控设备的校准记录应该由企业管理层的代表定期复查，复查者应接受过系统的 HACCP 培训；所有的记录应由复查者签名并注明日期；对已批准实施的 HACCP 体系文件及体系运行中形成的记录应妥善保管和存档，工厂应明确收集和保存记录的各级责任人员；所有文件和记录应定期装订成册，以便官方验证或第三方机构认证审核时使用。

5.4.3　制订和实施 HACCP 计划的步骤

HACCP 体系建设在不同的国家有不同的模式，即使在同一国家，不同的管理部门对不同的食品生产推行的 HACCP 也不尽相同。

5.4.3.1 美国 FDA 推荐的步骤

美国 FDA 推荐采用以下 18 个步骤来制订 HACCP 计划，见表 5.7。

表 5.7 FDA 采用的 HACCP 内容

序号	主要内容	序号	主要内容
1	一般资料	10	判断潜在危害
2	描述产品	11	确定潜在危害是否显著
3	描述销售和贮存的方法	12	确定关键控制点
4	确定预期用途和消费者	13	填写 HACCP 计划表
5	建立流程图	14	设置关键限值
6	建立危害分析工作单	15	建立监控程序
7	建立与品种有关的潜在危害	16	建立纠正措施
8	确定与加工过程有关的潜在危害	17	建立记录保存系统
9	填写危害分析工作单	18	建立验证程序

5.4.3.2 食品卫生法典委员会（CCFH）和美国微生物标准咨询委员会（NACMCF）推荐和步骤

CCFH 和 NACMCF 推荐采用以下 12 个步骤来实施 HACCP，见表 5.8。

表 5.8 CCFH 和 NACMCF 采用的 HACCP 内容

序号	主要内容	序号	主要内容
1	成立 HACCP 小组	7	确定关键控制点（原理二）
2	产品描述	8	确定关键控制限值（原理三）
3	确定产品预期用途及消费对象	9	关键控制点的监控制度（原理四）
4	绘制生产工艺流程图	10	建立纠正措施（原理五）
5	现场验证生产工艺流程图	11	建立审核程序（原理六）
6	危害分析及确定控制措施（原理一）	12	建立记录和文件管理系统（原理七）

5.4.3.3 CAC 推荐的步骤

食品法典委员会《HACCP 体系及其应用准则》详细阐述 HACCP 计划的研究过程，此过程由 12 个步骤组成，涵盖了 HACCP 七项基本原理。12 个步骤为：组建 HACCP 小组→产品描述→确定预期用途及消费对象→建立工艺流程图及工厂人流物流示意图→现场验证工艺流程图及工厂人流物流示意图，列出每一步的危害（原理一）→运用 HACCP 判断树确定 CCP（原理二）→建立关键限值（原理三）→建立监控程序（原理四）→建立纠正措施（原理五）→建立验证程序（原理六）→建立记录保持文件程序（原理七）。

5.4.4 HACCP 计划的制订

制订 HACCP 计划应分两步进行，首先完成指定 HACCP 计划的预备步骤，然后再完成 HACCP 计划的制订。制订 HACCP 计划包括五个预备步骤（包括成立 HACCP 小组、产品描述、确定产品预期用途及消费对象、绘制工艺流程图、验证工艺流程图)和 HACCP 七大原理。

5.4.4.1 成立 HACCP 小组

这一步骤可以在制订 GMP、SSOP 等前提条件下完成。成立 HACCP 小组是建立 HACCP 计划的重要步骤,它能减少风险,避免关键控制点被错过或某些操作过程被误解。

1. HACCP 小组组长 由管理部门正式指定或聘请 HACCP 小组组长。HACCP 小组组长应具备 HACCP 的相关知识,能够确保 HACCP 小组有效地开展工作。大多数的组长来自品质控制部门。

组长应具备的基本技能或知识:①有食品加工生产的实际工作经验;②具有微生物学及食源性疾病的基本知识;③对良好的环境卫生、良好操作规范及工业化生产有科学的理解;④了解与本企业产品有关的生物危害、化学危害和物理危害及其控制措施,了解食品加工设备的基本知识;⑤有表达和组织能力,最为重要的是确保 HACCP 小组成员完全理解 HACCP 计划。

2. HACCP 小组人员的组成 多部门人员组成,包括维护、生产、卫生、质量控制、研究开发、采购、运输、销售及直接从事日常操作的人员等。

3. HACCP 小组任务 HACCP 小组成员的任务主要是:①能够正确地进行危害分析;②识别潜在危害;③识别必须控制的危害;④推荐控制方法、关键限值、监控、验证程序、纠偏行动;⑤如缺乏重要信息,则开展相关 HACCP 计划的研究工作;⑥确认 HACCP 计划。

4. 小组进行培训 为了确保 HACCP 小组成员完全理解 HACCP 及其原理,对 HACCP 小组应展开培训,形式包括社会培训和厂内培训等。

5.4.4.2 产品描述

HACCP 小组的最终目标是为生产中的每个产品及其生产线制订一个 HACCP 计划。因此,小组首先要对产品及其特性、规格与安全性进行全面描述。

描述食品主要包括(不限于)以下内容:①品名,包括商品名、主要成分的学名和最终产品的形式,如单粒冻煮熟小龙虾仁;②加工流水线;③食品的成分;④加工的方法(包括主要参数);⑤包装形式,如塑料袋真空包装,外套纸盒等;⑥销售和贮存方式,即确定产品是如何销售、销售过程中应该如何贮存,如 $-18℃$ 以下冷冻,$0\sim4℃$ 冷藏,加冰保鲜、干燥,常温保存等。

5.4.4.3 确定产品预期用途及消费对象

产品的预期消费者是什么样的群体及消费者将如何使用该产品,将直接影响下一步的危害分析结果。包括确定食品的消费对象和确定食品的预期用途。

5.4.4.4 绘制工艺流程图

流程图指的是以图解的方式系统地表达过程中各环节之间的顺序及相互作用,是用简单的方框或符号,清晰、简明地描述从原料接收到产品储运的整个加工过程及有关配料等辅助加工步骤。

1. 加工流程图 加工流程图是用简单的方框或符号,清晰、简明地描述从原料接收到产品储运的整个加工过程,以及有关配料等辅助加工步骤。

2. 加工流程图的要求　　流程图应覆盖加工的所有步骤和环节，应从原料、辅料及包装材料开始绘制，随着原料进入厂，注意将先后的加工步骤全部列出；流程图为 HACCP 小组和验证审核人员提供了重要的视觉工具；流程图由 HACCP 小组绘制，HACCP 小组可以利用它来完成制订 HACCP 计划的其余步骤，HACCP 小组应把所有的过程、参数（时间、温度等）标注到流程图中，或单独编制一份加工工艺说明，以便进行危害分析；在制作流程图和进行系统规划时，应有现场工作人员参加，为潜在污染的确定提出控制措施。

5.4.4.5　验证工艺流程图

1. 流程图的绘制目的　　为评价食品安全危害可能发生、增加、减少或引入的基础，为危害分析提供了分析框架，有助于识别危害、危害评价和控制措施评价。

流程图可包括厂区平面图、车间布置图、工艺流程图、人流图、物流图、水流及废水排放图、气流图等，绘制流程图以显示其他控制措施的相关位置及食品安全危害可能引入和重新分布的情况，一般在工厂平面示意图中表明物流、人流、设备流等。

2. 流程图的内容　　应绘制食品安全管理体系覆盖的产品或过程的流程图。内容包括：①操作步骤的顺序和相互作用；②任何外包过程；③原材料、配料、加工助剂、包装材料、公用设施和中间产品进入流程；④进行再加工和回收的地方；⑤释放或去除最终产品、中间产品、副产品和废物。

3. 流程图绘制的要求　　包括：①流程图应清晰，准确，并且足够详细地列出加工的所有步骤和环节，以便进行危害分析。②HACCP 小组必须通过现场观察操作，来确定他们绘制的流程图与实际生产是否一致。③HACCP 小组成员在整个生产过程中以"边走边谈"的方式，对生产工艺流程图进行确认。如果有误，应加以修改调整。如改变操作控制条件、调整配方、改进设备等，应对偏离的地方加以纠正，以确保流程图的准确性、适用性和完整性。④HACCP 小组应考虑所有的加工工序及流程，如早班与晚班的生产操作是否一致；如有必要，应对流程图做必要的修改。通过这种深入调查，可使每个小组成员对产品的生产加工全面了解。⑤流程图绘制完成后，HACCP 小组或食品安全小组应通过现场核对来验证所绘制流程图的准确性及详细与否，并将验证无误的流程图作为记录予以保存。

4. 流程图的现场确认　　包括：①流程图的现场核对由食品安全小组负责；②通过现场核对来查看流程图的准确性；③流程图要及时更新；④不论是核对还是更新流程图都应该保留记录。

5.4.4.6　危害分析及确定控制措施

HACCP 体系中对食品危害的定义是："任何生物的、化学的或物理的特性都可能导致难以接受的健康风险"。

1. 危害分析的基础工作　　建立 HACCP 小组，描述产品及分发的方式，确定产品将来可能的消费群体及消费方式，画出流程图和确认流程图。

2. 危害分析　　在 HACCP 方案中 HACCP 小组应识别生产安全卫生食品必须排除或要减少到可以接受水平的危害。危害分析是 HACCP 中最重要的一环。按食品生产的流程图，HACCP 小组要列出各工艺步骤可能会发生的所有危害及其控制措施，包括某些可能发生的情况，如突然停电而延迟加工、半成品临时贮存等。危害包括生物性（微生物、昆虫及人为的）、化学性（农药、毒素、化学污染物、药物残留、合成添加剂等）和物理性（杂质、软硬度）的危害。

3. 危害分析工作单 危害分析工作单对于组织记录确定食品安全危害是很有用途的，其由表头、表格组成，共有6栏，如表5.9所示。

表5.9 危害分析工作单

企业名称： 产品种类：
企业地址： 贮存及运输方式：
预期用途和消费者：

加工工序（1）	本工序被引入、控制或增加的潜在危害（2）	潜在的危害是否显著（是/否）（3）	第3栏的判定依据（4）	能用于显著危害的预防措施是什么（5）	该工序是不是关键控制点（是/否）（6）
	生物性危害				
	化学性危害				
	物理性危害				
	（过敏原）				

4. 危害分析的特殊性 危害分析的特殊性主要体现在HACCP有产品、工序和工厂特异性，不同的产品有不同的危害；同一产品不同的加工方式存在不同危害；同一产品同一加工工序而在不同的工厂加工，仍然存在着不同危害。

5. HACCP计划表 HACCP小组依据HACCP的七个原理，针对各种产品，制订HACCP计划，而制订HACCP计划的过程的同时也是完成"危害分析工作单"和"HACCP计划表"的过程，具体见表5.10。

表5.10 HACCP计划表

公司名称： 产品种类；
公司地址： 贮存和销售方式：
预期用途和消费者：
签署： 日期：

关键控制点（CCP）（1）	显著危害（2）	关键限值（3）	监控				纠正措施（8）	验证（9）	记录（10）
			对象（4）	方法（5）	频率（6）	人员（7）			

6. 确定关键控制点 采用判断树来判定CCP。如果分析的显著危害在这一步骤可以被控制、被预防、消除或降低到可接受水平，那么这一步骤就是CCP。

7. 确定关键限值 关键限值是一个区别能否接受的标准，即保证食品安全的允许限值。关键限值决定了产品的安全与不安全、质量好与坏的区别。如有可能，对每一个CCP必须规定关键限值并保证其有效性。在某些情况下，在特定步骤中要对一个以上的关键限值做出详细说明。

8. 建立监控程序 对每个CCP的关键限值必须监控，以确定CCP是否失控。监控应及时提供检测信息，因此化学和物理测量通常优于微生物检验；监控过程所获数据、资料应由专门人员进行评价。

9. 建立纠正措施 纠正措施是针对关键控制点控制限值所出现的偏差而采取的行动。

必须对 HACCP 体系中的每个 CCP 制定特定的纠正措施，以便出现偏差时进行处理。当监控结果表明 CCP 的控制有失控趋势时，应对过程进行调整，并采取相应的纠正措施。纠正措施必须保证 CCP 重新处于控制状态。

10. 建立验证程序　　验证是用来确定企业建立的 HACCP 计划是否有效和是否被正确执行的方法、程序和试验。验证的频率应足以证实 HACCP 体系的有效运行。

验证程序应包括：① HACCP 计划的验证；② CCP 的验证；③ HACCP 体系的验证。

11. 建立文件保持记录　　记录是采取措施的书面证据，因此，认真、及时和精确的记录及保存资料是不可缺少的，且必须有效、准确地保存记录。

记录包含了 CCP 在监控、偏差、纠正措施等过程中发生的历史性信息，不但可用来验证企业是按既定质量、HACCP 计划执行的，而且可利用这些信息建立产品流程档案，一旦发生问题，可以从中查询产生问题的实际生产过程，还作为监控的有效方式。

5.5　我国食品生产企业的 HACCP 体系认证

5.5.1　食品生产企业的 HACCP 体系认证

5.5.1.1　HACCP 认证适用范围

HACCP 体系认证是指企业委托有资格的认证机构对本企业所建立和实施的 HACCP 管理体系进行认证的活动。该活动的审核方是获得国家认监委批准的，并按有关规定取得国家认可机构资格的 HACCP 认证机构。从事该认证工作的人员应是获得食品相关专业学历，有食品工艺方面的实践经验，接受过 HACCP 培训并取得认证人员注册机构注册的专业评审人员。

HACCP 认证是一种适用于食品行业的认证，它是食品生产过程中通过对关键控制点有效的预防措施和监控手段，使危害因素降到最低程度。

1. 食品安全管理体系的适用范围　　其适用于所有在食品链中期望建立和实施有效的食品安全管理体系的组织，且无论该组织类型、规模和所提供的产品如何。这包括直接介入食品链中一个或多个环节的组织（如但不仅限于饲料加工者，农作物种植者，辅料生产者，食品生产者，零售商，食品服务商，配餐服务组织，提供清洁、运输、贮存和分销服务的组织），以及间接介入食品链的组织（如设备、清洁剂、包装材料及其他与食品接触的材料的供应商）。

2. HACCP 体系认证的性质　　对一般食品生产企业，申请认证是企业的自愿行为。

3. HACCP 认证的重要性　　在食品的生产过程中，控制潜在危害的先期觉察决定了 HACCP 的重要性。通过对主要的食品危害，如微生物、化学和物理污染的控制，食品工业可以更好地向消费者提供消费方面的安全保证，降低食品生产过程中的危害，从而提高人民的健康水平。

5.5.1.2　HACCP 体系认证的特点

HACCP 体系不是一个孤立的体系，而是建立在企业良好的食品卫生管理传统基础上的管理体系，是预防性的食品安全控制体系，是根据不同食品加工过程来确定的，强调关键控制点的控制，是一个基于科学分析建立的体系，并不是没有风险，只是能减少或者降低食品安全中的风险；其不是一种僵硬的、一成不变的、理论教条的、一劳永逸的模式，而是与实际工作密切相关的，不断发展变化和不断完善的体系；应进行实践—认识—再实践—再认识的过程,而不是搞形式主义,走过场。

企业在制订 HACCP 体系计划后,要积极推行,认真实施,不断对其有效性进行验证,在实践中加以完善和提高。

5.5.1.3 HACCP 体系认证应具备的基本条件

企业要申请认证应满足以下几个基本条件:①产品生产企业应为有明确法人地位的实体,产品有注册商标,质量稳定且批量生产;②企业应按 GMP 和 HACCP 基本原理的要求建立和实施了质量管理体系,并运行有效;③企业在申请认证前,HACCP 体系应至少有效运行三个月,至少做过一次内审,并对内审中发现的不合格实施了确认、整改和跟踪验证。

5.5.2 食品生产企业的 HACCP 体系认证的程序步骤

5.5.2.1 认证前的准备工作

包括编制体系认证工作计划、选定认证机构及做好检查前准备。

5.5.2.2 HACCP 体系认证流程

HACCP 体系认证流程见图 5.3。

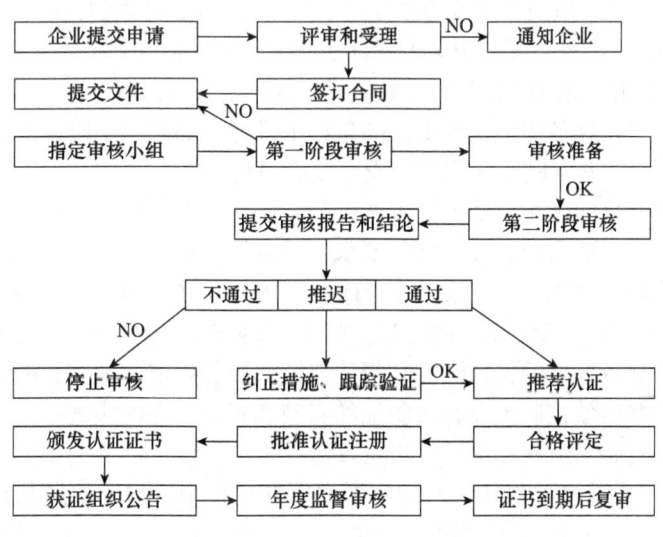

图 5.3 HACCP 体系认证流程图

5.5.2.3 HACCP 体系认证程序

根据《食品安全管理体系认证实施规则》,食品安全管理体系认证的认证程序如下。

1. 认证申请

(1) 申请人应具备的条件:①取得有关机构注册登记的法人资格(或其组成部分);②已取得相关法规规定的行政许可文件(适用时);③生产、加工的产品或提供的服务符合中华人民共和国相关法律、法规、安全卫生标准和有关规范的要求;④已按以上基本认证依据和相关专项技术要求,建立和实施了文件化的食品安全管理体系,一般情况下体系需有效运行 3 个月以上。

（2）申请人应提交的文件和资料：①食品安全管理体系认证申请；②有关法规规定的行政许可文件证明文件（适用时）；③食品安全管理体系手册和程序文件；④申请认证产品的生产、加工或服务工艺流程图；⑤生产、加工或服务过程中执行的相关法律、法规、标准和规范清单；⑥产品符合卫生安全要求的相关证据和自我声明；⑦生产、加工设备清单和检验设备清单；⑧其他需要的文件。

2. 认证受理

（1）认证机构应向申请人至少公开以下信息：①认证范围；②认证工作程序；③认证依据；④证书有效期；⑤认证收费标准。

（2）文件评审认证机构应根据认证依据、程序等要求，及时对申请人提交的申请文件和资料进行评审并保存评审记录，以确保：①认证要求规定明确、形成文件并得到理解；②认证机构和申请人之间在理解上的差异得到解决；③对于申请的认证范围、申请人的工作场所和任何特殊要求，认证机构均有能力开展认证服务。

3. 现场审核 包括审核组员选择及现场审核。

第一阶段审核的目的是调查申请人是否已具备实施认证审核的条件，第一阶段的审核工作应在现场进行。审核的内容包括：①文件的符合性、适宜性和充分性；②适用法律、法规的识别情况及在相关文件中落实法律、法规的情况；③申请人所在场所和其生产产品的特殊性，在其内部和食品链上进行沟通的符合性和适宜性，申请人对认证标准要求的理解和对影响产品安全关键过程的识别、危害识别和评价的充分性，以及HACCP计划制订的可行性，采取的控制措施和可接受水平的合理性；④与申请人就认证范围再次确认，了解申请人为接受第二阶段审核而做的准备情况，并商定第二阶段的审核安排；⑤申请人内部审核和管理评审的实施情况。

第二阶段审核应在具备实施认证审核的条件下进行，如果第一阶段审核提出影响实施第二阶段审核的问题，这些问题应在第二阶段审核前得到解决。

第二阶段审核的目的是在申请人的现场进行系统、完整地审核，评价申请人的食品安全管理体系是否满足所有适用的认证依据的要求，是否推荐认证注册。应将前提方案、关键过程控制要求和产品检测列为第二阶段审核的重点。内容包括（但不限于）：①食品安全管理体系实施的有效性，包括HACCP计划与前提方案的实施、对产品安全危害的控制能力等；②与适用法律、法规及标准的符合性；③当法律、法规的要求变更和新的危害产生时能否及时地调整危害分析并有效控制；④有关验证的实施和有关程序的实施；⑤产品实物或服务的安全状况；⑥实现食品安全方针及目标的能力。

4. 认证决定 综合评价认证机构应根据审核过程中收集的信息和其他有关信息，对审核结果进行综合评价；对认证决定的申诉申请人如对认证决定结果有异议，可在10个工作日内向认证机构申诉，认证机构自收到申诉之日起，应在一个月内进行处理，并将处理结果书面通知申请人。

5. 监督 包括合理确定监督审核的时间间隔或频次，监督审核的内容，产品的安全性验证，监督结果评价，信息通报制度及信息分析认证。

6. 复评 认证证书有效期前三个月，获证组织可申请复评。复评认证程序与初次认证程序一致。适宜时，复评可不进行第一阶段现场审核。

7. 获证业务范围的变更 包括：①获证组织拟变更业务范围时，应向认证机构提出申请，并按认证机构的要求提交相关材料。②认证机构根据获证组织的申请，策划并实施适宜的审核活动，并按照相关要求做出认证决定。这些审核活动可单独进行，也可与获证组织的监督或复评一起进行。③对于申请扩大获证业务范围的，适用时应在审核中验证其产品的安全性。

5.5.2.4 HACCP体系认证证书

包括认证证书有效期及认证证书的管理。

本 章 小 结

HACCP是"hazard analysis critical control point"英文的缩写,即危害分析和关键控制点,是一种保证食品安全与卫生的预防性管理体系,具有高效性、通用性、科学性、预防性、可操作性、可树立消费者的信心、全面性、协调性、预防性、非零风险等特点,它的实施对食品企业、消费者、政府保障食品安全具有广泛而深远的作用和意义。

GMP是良好操作规范(good manufacturing practice)的简称,是一种安全和质量保证体系。SSOP是"sanitation standard operating procedure"的缩写,中文意思为"卫生标准操作程序"。

HACCP七个原理,包括:原理一,危害分析和预防措施;原理二,确定关键控制点;原理三,建立关键限值;原理四,监控程序;原理五,纠正措施;原理六,验证程序;原理七,文件和记录保持程序。

HACCP体系认证是指企业委托有资格的认证机构对本企业所建立和实施的HACCP管理体系进行认证的活动,是一种适用于食品行业的认证,它是食品生产过程中通过对关键控制点有效的预防措施和监控手段,使危害因素降到最低程度。

知 识 拓 展

食品卫生通则

GB 14881—2013 食品安全国家标准 食品生产通用卫生规范

食品安全管理体系认证实施规则

SN/T 1443.2—2004 食品安全管理体系 审核指南

HACCP应用规范 食品生产企业通用要求

GB/T 27341—2009 危害分析与关键控制点(HACCP)体系 食品生产企业通用要求

GB/T 19538—2004 危害分析与关键控制点(HACCP)体系及其应用指南

SC/T 0003—2006 水产企业HACCP管理体系认证指南

复习思考题

1. 名词解释

HACCP SSOP GMP HACCP体系 HACCP计划 危害显著危害 关键控制点 判定树 控制措施 关键限值 操作限值 偏差 纠偏措施 监测 确认 验证 HACCP体系认证

2. 简答题

（1）HACCP控制体系的特点是什么？实施HACCP体系的意义何在？
（2）GMP、SSOP的内容是什么？我国现行GB14881的主要内容有哪些？
（3）HACCP与ISO22000、GMP、SSOP的关系？
（4）如何区别SSOP与HACCP控制的危害？
（5）食品生产加工企业如何建立和实施HACCP计划？
（6）HACCP计划的前提条件是什么？
（7）HACCP七个原理有哪些？
（8）如何区别危害与显著危害？
（9）确定关键限值的信息来源有哪些？
（10）验证的内容有哪些？
（11）记录产生的一般要求是什么？
（12）如何制订和实施HACCP计划的步骤？
（13）HACCP体系认证有哪些特点？
（14）食品企业HACCP体系建立与认证的意义是什么？
（15）食品生产企业HACCP体系认证的步骤如何？

第6章 ISO22000:2018 标准及认证

【教学目的和要求】通过对ISO22000知识的学习，能够熟知ISO22000的概述，并根据对ISO22000:2018标准的理解，指导ISO22000认证和管理。

6.1 ISO22000 标准概述

6.1.1 ISO22000:2018 概述

《ISO22000:2018 食品安全管理体系—食品链中各类组织的要求》标准是国际标准化组织ISO（International Organization for Standardization）下设的ISO/TC 34食品技术委员会的工作小组WG8（负责食品安全管理体系）开发的。

ISO22000的目的是让食物链中的各类组织执行食品安全管理体系，确保组织将其终产品交付到食品链下一段时，已通过控制将其中确定的危害消除和降低到可接受水平。

ISO22000适用于食品链内的各类组织，从饲料生产者、初级生产者到食品制造者、运输和仓储经营者，直至零售分包商和餐饮经营者，以及与其关联的组织，如设备、包装材料、清洁剂、添加剂和辅料的生产者。

6.1.1.1 ISO22000食品安全管理体系族标准的产生和发展

ISO为了协调和统一国际食品安全管理体系，由ISO/TC34农产食品技术委员会在总结了HACCP在世界上各国多年应用经验的基础上，借鉴了ISO9001国际质量管理体系的编写框架，制定的一套专用于食品链内的食品安全管理体系，并于2005年9月1日向全世界正式颁布。

ISO22000的整个产生过程经历了如下阶段：① 20世纪60年代美国太空计划；② 1995年美国水产品HACCP法规；③ 1997年CACHACCP体系应用指南；④ 2002年质检总局出口食品厂应用；⑤ 2004年6月ISO/TC34委员会DIS版；⑥ 2005年5月FDIS版；⑦ 2005年9月1日ISO22000:2005标准版；⑧ 2018年ISO22000:2018标准版。

6.1.1.2 ISO22000系列国际标准的构成

ISO22000是食品安全管理系列标准中的第一个标准。食品安全管理系列标准正在陆续发布，已发布或将要发布的其他标准包括：《ISO22003 食品安全管理体系—ISO22000认证指南》《ISO22004 食品安全管理体系—ISO22000应用指南》《ISO22005 饲料和食品链的可追溯性—体系设计和开发的通用原理和指南》。

6.1.2 ISO22000 标准的特点

ISO22000标准的特点是：详细描述基于HACCP七个原理的食品安全管理体系，可用于审核，亦可用于认证，具有广泛适用性（整个食品链），能将HACCP同先决条件及标准卫生操作程序兼容,其结构与ISO9000和ISO14000趋同,为国际上HACCP概念的交流提供机制。

6.2 ISO22000:2018标准的理解

为便于理解ISO22000,保持一致性,先列出标准,然后以理解要点的方式对原标准进行理解,并且按标准的原编号进行诠释;原文内容可扫描章后二维码。因ISO22000:2018高级结构与ISO9000相同,部分标准内容与其一致,有些内容与HACCP认证一致,学习本章需参考ISO9001及HACCP有关内容,故在此不再重述。

1 范围

[标准理解]

(1)ISO22000的应用范围包括直接介入食品链中一个或多个环节的组织,如饲料加工、种植生产、辅料生产、食品加工、零售、食品服务、配餐服务、提供清洁、运输、贮存和分销服务的组织,以及间接介入食品链的组织,如设备供应商、清洁剂和包装材料及其他食品接触材料的供应商。

(2)本标准规定的所有要求是通用的,旨在适用于各种类型、不同规模和提供不同产品和服务的组织。

2 规范性引用文件

本标准中无规范性引用文件。

[标准理解]本标准无规范性引用文件。

3 术语和定义

3.1 可接受的水平　　组织提供的终产品中的食品安全危害不能超出的水平。

[标准理解]组织就是提供产品和服务的个人或单位。

终产品不是半成品,也不是原料、辅料和包材,而是在控制范围或者势力范围不会再加工(这个加工也包括"包装"等工序)的产品。

3.2 行动准则　　用于监视一个操作性前提方案OPRP的可测量的或可观察的准则。

[标准理解]行动准则是一个全新的定义,用于监视一项OPRP的可测量或可观察的规范。

给操作性前提方案(OPRP)设定行动准则,类似于在关键控制点(CCP)上设定的关键限值。OPRP和CCP都是用来控制显著食品安全危害的,它们都有判断标准,更确切地说是判定值,如果这个判定值不能被满足或者不能达到,则说明显著食品安全已经发生,在此条件下生产出来的产品(终产品)就应该判定为"潜在不安全产品"。

3.3 审核　　系统的、独立的和文件化的过程,通过获取审核证据和评价,客观地判定审核准则实现的程度。

[标准理解]根据ISO9000:2015,客观证据指的是支持事物存在或真实性的数据;而审核证据指的是与审核准则有关,并能够证实的记录、事实陈述或其他信息。

3.4 能力　　应用知识和技能实现预期结果的本领。

[标准理解]"能力"这条定义来源于ISO9000:2015第3.10.4条,无任何改变。

3.5 符合　　满足要求。

[标准理解]"符合"这条定义来源于ISO9000:2015第3.6.11条,在GB/T19000—2016中该词条被翻译成两个中文词语:"合格"和"符合"。

3.6 污染　　在产品或加工环境中引入或产生污染,包括食品安全危害。

[标准理解]"污染"可以来源于两个方面:"产品"或者"加工环境"中,有可能是引

人的，也有可能本身就存在。"食品安全危害"属于"污染"的一个部分。

3.7　持续改进　　提升绩效的循环活动。

［标准理解］"为改进制定目标和寻求机会的过程，是一个利用审核发现和审核结论、数据分析、管理评审或其他方法的持续过程，通常会产生纠正措施或预防措施。"这个注解告诉人们，可以通过什么方法从哪些方面获得持续改进。

3.8　控制措施　　用于防止一种显著食品安全危害或将其降低到可接受水平的必要行动或活动。

［标准理解］在ISO22000:2018新版定义中，将食品安全危害的控制方法由原先ISO22000:2005版中的三种变成了两种，即去掉了"消除"，只保留了"防止"和"降低到可接受水平"。

3.9　纠正　　为消除已发现的不合格所采取的措施。

［标准理解］要采取"纠正"，首先这个"不合格"必须是已经发生的，或者说已经发现的；其次，有效的"纠正"必须包括对潜在不安全产品的处理。如果没有对潜在不安全产品的处理，那么不能称之为"纠正"。

关于纠正、纠正措施和预防措施的区别，即纠正——就事论事；纠正措施——找到根本原因，对症下药；预防措施——举一反三。可统称为"整改措施"。

3.10　纠正措施　　为消除不合格的原因并预防再次发生所采取的措施。

［标准理解］纠正措施的目的要么是"消除不合格的原因"，要么是"防止再发生"。

3.11　关键控制点（CCP）　　过程中用于控制措施的步骤用于预防或减少显著食品安全危害至可接受的水平，有规定的关键限值并且通过测量能够进行纠偏。

［标准理解］根据ISO22000:2018对关键控制点的定义，则必须清楚以下几点：① CCP是过程中的某一个步骤，不是两个甚至更多的步骤；②这个过程的控制措施是用来控制显著食品安全危害的；③ CCP必须具备，或者说包含"关键限值"和"测量"，且如果经"测量"的"关键限值"未满足或未达到标准，则必须要能够对其进行纠正行动。

3.12　关键限值　　区分可接受和不可接受的测量的值。

［标准理解］"关键限值"和ISO22000:2018 3.2条款的"行动准则"相对应：前者对应CCP，后者对应操作性前提方案（OPRP）。关键限值必须是一个值，而且是可以测量的，是通过现场的计量器具可以测量并直接读取的。

3.13　文件化信息　　组织需要控制和保持的信息及其载体。

［标准理解］成文信息指的是组织需要控制和保持的信息及其载体。ISO9000:2015标准第3.8.5条定义"文件"就是"信息及其载体"，并给出了示例——"记录、规范、程序文件、图样、报告、标准"。

总之，成文信息是必须要控制和保持的文档资料。文档资料包括所有的程序文件、作业指导书、记录、规格书，甚至图纸、报告等，而且文档资料可以是任何形式。

3.14　有效性　　完成策划的活动并得到策划结果的程度。

［标准理解］"有效性"被定义成"完成策划的活动并得到策划结果的程度"。有效性就是"写的"是否都"做"到了，也就是说"写"和"做"之间的匹配程度。

3.15　终产品　　组织不再被进一步加工或转化的产品。

［标准理解］"终产品"是指不会被组织进一步加工或转化的产品，即终产品不是半成品，也不是原料、辅料和包材，而是在控制范围或者势力范围内不会再加工的产品。

3.16　饲料　饲喂给食用动物的单一或复合产品，可以是加工品、半加工品或原料。

[标准理解]把食源性动物消费的食品称之为饲料。

3.17　流程图　依据各步骤之间的顺序及相互作用以图解的方式进行系统性表达。

[标准理解]

（1）要用"图解的方式"，注意不是文字的方式。用"图解"会更简洁，更直观，更通俗易懂。

（2）系统性表达，"系统"就是"全面"，"过程中"的每一个步骤或环节都不能遗漏，不能省略，更不能隐藏，否则就不能称之为"流程图"。

（3）要注意"顺序"和"相互作用"。"顺序"就是"谁先谁后"的顺序，而"相互作用"则表示"你中有我，我中有你"的影响或者依赖关系。

3.18　食品　用于食用的物质，包括饮料、口香糖和任何作为"食品"生产、制备或处理的物质，可以是加工品、半加工品或原料，但不包括化妆品、烟草或只作为药用的物质。

[标准理解]食品通俗理解就是人和动物吃的或者喝的东西，或者用来加工人和动物吃的或者喝的东西的原料和辅料都统称为食品，包括固体和半固体的食物，也包括用来喝的饮料，但是不包括烟草和化妆品，也不包括以治疗身体病症为目的的药物或者药品。

3.19　动物食品　饲喂给非养殖动物的单一或复合产品，可以是加工品、半加工品或原料。

[标准理解]非食源性动物指不是用来给人消费的，而是其他用途，如陪伴、观赏等。包括两类，一类是指宠物，如狗、猫，有些人还会把蛇、蜥蜴当成宠物；另一类是动物园饲养的一些动物，它们既不供人类食用，也不是宠物，而是供人观赏的。给这些动物食用的食物称之为"动物食品"。

3.20　食物链　从初级生产直至消费的各环节的顺序，涉及食品及其配料的生产、加工、分销、贮存和处理。

[标准理解]"食物链"是指"直接或间接介入的组织，包括但不限于饲料生产者、动物食品生产者、野生动植物收获者、农作物种植者、辅料生产者、食品生产制造者、零售商，提供食品服务、餐饮服务、清洁和消毒服务、运输、贮存和分销服务的组织，设备、清洁和消毒剂、包装材料，以及其他与食品接触的材料的供应商。"

3.21　食品安全　食品在按照预期用途进行制备和（或）食用时不会对消费者健康有不良影响的保证。

[标准理解]《中华人民共和国食品安全法》定义：食品安全指食品无毒、无害，符合应当有的营养要求，对人体健康不造成任何急性、亚急性或者慢性危害。

食品（食物）的种植、养殖、加工、包装、储藏、运输、销售、消费等活动符合国家强制标准和要求，不存在可能损害或威胁人体健康的有毒有害物质以导致消费者病亡或者危及消费者及其后代的隐患。该概念表明，食品安全既包括生产安全，也包括经营安全；既包括结果安全，也包括过程安全；既包括现实安全，也包括未来安全。

3.22　食品安全危害　食品中所含有的对健康有潜在不良影响的生物、化学或物理因素。

[标准理解]食品安全危害指食品中存在的对健康有不良影响的生物性、化学性或物理性危害物质。生物性危害指对食品原料、加工过程和食品造成危害的微生物及其代谢产物，包括致病性微生物（主要指有害细菌）、病毒、寄生虫等；化学性危害指食用后引起急性中

毒或慢性积累性伤害的化学物质，包括天然毒素类（天然存在的化学物质）、食品添加剂和其他污染物（如农药残留等）；物理性危害指食用后可能导致物理性伤害的异物，如玻璃、金属碎片、石块等。

3.23 相关方（优先术语）

利益相关者（承认术语） 能够影响、被影响或认为自己受到某项决定或活动影响的人或组织。

[标准理解]食品在生产、加工，抑或分销、贮存和处理过程中，都或多或少会和上下游及监管机构、认证机构、检验机构，甚至个人发生一定关系；发生关系的可以是个人，也可以是组织。

3.24 批 在相同条件下生产和（或）加工和（或）包装的一定数量的产品。

[标准理解]"批"是ISO22000:2018新增加的内容。需要特别关注的是"相同条件下"，即在"相同条件下"生产或者加工出来的产品，其性能相对比较稳定，不会出现大的波动。"批量"的大小会影响到企业的运行效率和成本。

3.25 管理体系 组织的相互关联或相互作用的要素，用以建立方针、目标和过程来实现这些目标。

[标准理解]在本标准中就明确指出"一个管理体系可以针对单一的领域或多个领域"，在ISO9000:2015标准第3.5.3条定义的"注1"中也指出"一个管理体系可以针对单一的领域或几个领域，如质量管理（3.3.4）、财务管理或环境管理"。

3.26 测量 确定数值的过程。

[标准理解]"量值"就是"可测量的值"，不是用于定性的，而是定量的。

3.27 监视 确定体系、过程或活动的状态。

[标准理解]

（1）监视的目的是评价控制措施的有效性；监视的对象是控制措施的控制参数；监视方法是观察或测量。

（2）在进行监视的策划和实施时，要明确：①监视的对象；②监视的内容及标准；③监视的方法；④监视的地点（阶段）；⑤监视的频次；⑥监视的实施者；⑦监视所需的资源和装置；⑧监视需要的文件和记录；⑨监视结果的利用等。

3.28 不合格 未满足要求。

3.29 目标 要实现的结果。

3.30 操作性前提方案 用于预防或减少显著食品安全危害的可接受的水平的控制措施或控制措施组合，其通过行动准则和测量或观察能够有效控制过程和（或）产品。

[标准理解]操作性前提方案在ISO22000:2005标准第3.9节中的定义直接指出是"通过危害分析确定的必不可少的前提方案"，而在ISO22000:2018标准第3.30节明确指出操作性前提方案是"用于防止或降低显著食品安全危害到可接受水平"的"控制措施"或"控制措施组合"。

3.31 组织 为实现其目标，有职责、权限和相互关系的职能的人或一组人。

[标准理解]"组织"与ISO9000:2015标准第3.2.1条完全一致。对于食品链组织，就是在本标准第1章"范围"提到的："饲料生产者，动物食品生产者，野生动植物收获者，农作物种植者，辅料生产者，食品生产制造者，零售商，提供食品服务、餐饮服务、清洁和消毒服务、运输、贮存和分销服务的组织，设备、清洁和消毒剂、包装材料，以及其他与食品接触的材料的供应商。"

3.32 外包，动词 安排外部组织执行组织的部分职能或过程。

［标准理解］"外包"做动词用，与ISO9000:2015标准第3.4.6条完全一致。"外包"是构成产品或者服务的一部分。没有"外包"，产品和服务就不可能完成。因此，"外包"属于管理体系不可或缺的一个部分。然而，"外包"有可能在组织自己的管控区域进行，也有可能不在自己的管控区域，即外包方所辖区域进行。

3.33 绩效 测量的结果。

［标准理解］绩效与ISO9000:2015标准第3.7.8条保持一致。

3.34 方针 由最高管理者正式发布的组织的宗旨和方向。

［标准理解］方针与ISO9000:2015标准第3.5.8条完全一致。企业宗旨有时也称为企业使命，一般来讲，是指企业经营的原则和愿景，通俗地说就是"企业到底想怎么样"；而"方向"就是说"我到底要去哪？"

3.35 前提方案（PRP） 在组织内和食品链中保持食品安全所必需的基本条件和活动。

注：PRP取决于组织所处的食品链环节和组织的类型。类似术语的例子有：良好农业规范（GAP）、良好兽医规范（GVP）、良好操作规范（GMP）、良好卫生规范（GHP）、良好生产规范（GPP）、良好分配规范（GDP）和良好贸易规范（GTP）。

［标准理解］ISO22000:2018标准对前提方案（PRP）的定义中，将原ISO22000:2005标准定义中的"卫生环境"更改为"食品安全"，这样涉及的面更广、更深了，因为食品安全不仅限于"卫生环境"，还有其他方面。

3.36 过程 将输入转化为输出的相互关联或相互作用的一组活动。

［标准理解］"过程"在ISO9000:2015中也出现过，但是稍有改变。ISO22000:2018标准是将原ISO9000:2015第3.4.1条定义中的"预期结果"改成"输出"，"实现"改成"转化"。

3.37 产品 过程结果的输出。

［标准理解］"产品"是ISO22000:2018新增加定义，在ISO9000:2015第3.7.6条有过定义，但是意义不尽相同。ISO22000:2018标准对"产品"的定义更简洁、更通俗易懂。

3.38 要求 明示的、通常隐含的或必须履行的需求或期望。

［标准理解］"要求"为ISO9000:2015第3.6.4条的定义，且未做改变，只是ISO22000:2018标准将ISO9000:2015第3.6.4条定义中的6个注解减少至2个。"要求"更多的是指顾客和适用的法律法规的要求。

3.39 风险 不确定性的影响。

［标准理解］"风险"这条定义的第4条和第5条注释很相近，说某事件的风险是大还是小，主要关注两方面——事件发生的概率（可能性）和事件发生后带来的后果（严重性）。

3.40 显著食品安全危害 通过危害分析识别的、需要通过控制措施控制的食品安全危害。

［标准理解］"显著食品安全危害"属于食品安全危害，是性质比较恶劣，或者比较严重，而且发生的可能性比较大的食品安全危害；必须通过危害评估来确定，即危害发生的可能性及危害造成不良后果的严重性，来进行危害评估以确定是否属于显著食品安全危害；显著食品安全危害是需要通过控制措施来进行控制的。

3.41 最高管理者 在最高层指挥和控制组织的一个人或一组人。

［标准理解］"最高管理者"是ISO22000:2018标准新增加的，与ISO9000:2015标准第

3.1.1 条定义保持一致。最高管理者可以是一个人，也可以是一组人，或者说几个人。然而，不论是一人还是多人，最高管理者必须有授权和提供资源的权力，最重要的权力是能"提供资源"。

3.42 可追溯性 通过特定的生产、加工和配送阶段来跟踪一个目标的历史、应用情况、移动和所处位置的能力。

［标准理解］"可追溯性"是 ISO22000:2018 标准新增加的，与 ISO9000:2015 标准第 3.6.13 条定义基本一致，但是有所更改。可通俗地理解为从哪里来，怎么来，要到哪里去？

3.43 更新 为确保应用最新信息而进行的即时和（或）有计划的活动。

［标准理解］需要强调的是关注客户和适合的法律法规要求的更新，特别是法律法规要求的更新。

3.44 确认 （食品安全）获得证据标明，控制措施（或控制措施组合）能够有效控制显著食品安全危害。

［标准理解］"确认"在 ISO9000:2015 第 3.8.13 条和 ISO22000:2005 第 3.15 节出现过，但是这两处的定义和 ISO22000:2018 第 3.44 节的定义有很大出入。

3.45 验证 通过提供客观证据对规定要求已得到满足的认定。

［标准理解］"确认"在 HACCP 运行前或者变更后进行，更侧重于文件的符合性，即文件是否符合现状，是否涵盖了所有控制要素，即"我要确认一下""双方确认签字"也都包含这层意思；"验证"在 HACCP 运行中和运行后进行，目的是在于证实实际的运作是否达到了预期的控制水平或要求，更侧重于文件的执行性，即文件是否执行到位，是否存在文件上规定的（写的）与实际实施的（做的）不一致。

4 组织所处的环境

4.1 理解组织及其环境

［标准理解］参见 ISO9000:2015 标准 4.1。

食品企业环境分析可以从外部环境及内部环境进行分析，包括但不限于法律、技术、竞争、市场、文化、社会、经济环境、网络安全、食品欺诈、食品防御、故意污染、知识和性能。

4.2 理解相关方的需求和期望

［标准理解］参见 ISO9000:2015 标准 4.2。

（1）与食品安全管理体系（Food Safety Management，FSMS）相关的利益相关方就是食品链中的组织类型，包括饲料生产者、食品初级生产者，以及食品生产制造者、运输和仓储经营者、零售分包商、餐饮服务与经营者（包括与其密切相关的其他组织，如设备、包装材料、清洁剂、添加剂和辅料的生产者），也包括相关服务的提供者。

（2）组织相关方关注组织持续提供的产品和服务质量是否符合顾客要求，是否适销对路，以及生产经营的合规情况。组织要明确影响企业绩效或受到企业经营影响的相关方，通过调查、访谈了解上述相关方的要求。同时每年通过访谈、网站向社会告知企业联系方式和经营情况，持续与相关方沟通，了解相关方的要求，对他们的要求进行评审。

4.3 确定食品安全管理体系的范围

［标准理解］组织在策划食品安全管理体系时，考虑到目前内外环境和影响因素，根据相关方的要求、产品和服务，在管理手册中明确了管理体系的边界和适用性。

4.4 食品安全管理体系

［标准理解］

（1）组织按照 ISO22000:2018、GB/T27341—2009 标准的要求，建立、实施、保持和持

续改进食品安全管理体系，包括所需过程及其相互作用。

（2）根据标准要求，结合组织实际需要，组织要：①根据生产和服务过程控制要求，制定相应的程序文件、管理规范、工艺文件、操作规范等体系文件，支持食品安全管理体系各过程的运行；②保留确认过程按策划进行的证据文件。

5 领导作用

5.1 领导作用和承诺

[标准理解]最高管理者指在最高层指挥和控制组织的一个人或一组人。本条款阐述了组织最高管理者应做出的公开承诺，即建立、实施食品安全管理体系并持续改进其有效性。

（1）最高管理者的承诺体现在对制订与宣传食品安全方针的参与程度；了解本组织食品安全管理体系的概况及目前状态；了解本组织在食品安全方面的业绩；对与食品安全有关的信息及时采取措施的情况，如对投诉、抱怨的处理；管理评审活动。

（2）最高管理者承诺的证据：正式签署的文件，体系运行的记录（如体系建立与实施的会议记录，培训课程的签到记录、票据和计划内容等），也可是其他任何证据，如与最高管理者交谈了解其履行承诺的情况。

（3）承诺活动的证实：最高管理者认识到组织食品安全管理体系的重要性，通过实施以下活动体现其领导作用和承诺：ISO22000:2018标准5.1a)～h)。

5.2 方针

5.2.1 制定食品安全方针

[标准理解]食品安全方针是由组织的最高管理者正式发布的该组织总的食品安全宗旨和方向，它应是其总方针和战略的组成部分，并与其保持一致。

（1）食品安全方针的内容要求做到"两个适合，一个框架，两个承诺，一个沟通"，即适合于组织的宗旨和所处的环境（两个适合）；为食品安全管理体系目标提供设定和审查的框架（一个框架）；满足适用要求的承诺及持续改进食品安全管理体系的承诺（两个承诺）；处置内部和外部交流（一个沟通）。

（2）食品安全方针管理要求。由组织的最高管理者批准发布，形成文件化信息；在组织各层沟通、实施和保持；对方针的持续适宜性进行评审。

（3）食品安全目标要求：①适应性；②可测量；③分层次；④可实现；⑤全方位；⑥一致性。

5.2.2 沟通食品安全方针

[标准理解]组织在食品安全管理手册中对方针进行公开声明，在组织内部会议进行宣讲、沟通，全体员工能够准确理解其含义并在工作中贯彻落实食品安全方针。在与相关方沟通时，可向相关方说明组织食品安全方针。

5.3 组织的岗位、职责和权限

[标准理解]

（1）组织根据职能建立组织结构图，确保公司内相关岗位的职责、权限得到分派、沟通和理解。

（2）组织相关岗位的职责、权限及分配人员。最高管理者应确保组织相关岗位的职责、权限得到分配、沟通和理解。

（3）组织的岗位、职责和权限的分派。最高管理者应分派职责和权限，见ISO22000:2018标准5.3.1中a)～d)。

（4）标准规定组织的岗位、职责和权限考虑的四个方面包括：①必须确保食品安全管理体系符合本标准的要求；②必须向最高管理者报告食品安全管理体系的绩效；③必须任命食品安全小组和食品安全小组组长；④必须指定具有明确职责和权限的人员采取措施并予以记录。

5.3.2 食品安全小组组长负责

[标准理解] 食品安全小组组长的任命。组织的最高管理者从管理层成员（通常为中高层人员）中指定一名食品安全小组组长，书面明确其职责和权限。

（1）食品安全小组组长应至少具备食品安全的基本知识，不必要求其必须具备专家水平，但小组中其他成员应能够提供相应专家意见。

（2）食品安全小组组长的要求：可以专职，也可以兼职。如果食品安全小组组长兼任其他职责，则这些职责不应与食品安全小组组长的职责发生利益冲突。

（3）食品安全小组组长的职责和权限主要包括 ISO22000:2018 标准 5.3.2 中 a)～d)。

5.3.3 所有人员

[标准理解] 为确保食品安全管理体系有效运行和保持，最高管理者应当在适宜的组织机构基础上，对职责、权限做出规定，并要求在职能层次间进行相互沟通。

（1）在确定职责和权限时，应将组织内的部门设置及各部门的职责、权限及相互关系以文件的形式加以规定；应将部门内岗位设置及各岗位的职责、权限和相互关系以文件的形式加以规定。

（2）职责、权限和沟通方式确定得合适与否，应以能否促进组织食品安全活动的协调性与有效性为依据；职责和权限的沟通要用适当的方式。

（3）所有员工有责任汇报与食品安全管理体系有关的问题，但应当明确规定发生问题时应向谁报告；相关的指定人员具有明确的职责和权限，以采取适当措施，并记录结果。

6 策划

6.1 应对风险和机遇的措施

[标准理解] 参见 ISO9000:2015 标准 6.1.1 及 6.1.2。

（1）组织在策划食品安全管理体系时，应考虑到影响组织目标和战略方向及管理体系绩效的内外因素和组织相关方的要求，确定需要应对的风险和机遇，以便①确保食品安全管理体系能够实现其预期结果；②增强有利影响；③预防或减少不利影响；④实现持续改进。

（2）组织根据风险分析结果，策划应对这些风险和机遇的措施，包括规避风险，为寻求机遇承担风险，消除风险源，改变风险的可能性和后果，分担风险，或通过明智决策延缓风险。应对风险和机遇的措施应与其对于产品和服务符合性的潜在影响相适应。

6.2 食品安全管理体系环境目标及其实现的策划

[标准理解]

（1）组织策划并制定食品安全目标，并对相关职能、层次和过程进行分解。食品安全目标策划、变更和实施中应与食品安全方针保持一致；可测量；考虑适用的要求；与提供合格产品和服务及增强顾客满意度相关，予以监视；予以沟通；适时更新。组织保留有关食品安全目标的实施和考核结果的记录。

（2）策划在实现食品安全目标时，组织应确定采取的措施；需要的资源；由谁负责；何时完成；如何评价结果。

6.3 变更的策划

[标准理解] 当组织确定需要对食品安全管理体系进行变更时，应对变更活动进行策划并根据 ISO22000:2018 标准 4.4 的要求系统地实施沟通。应考虑到的内容包括：①变更目的

及其潜在后果；②食品安全管理体系的完整性；③资源的可获得性；④责任和权限的分配或再分配。

7 支持

7.1 资源

7.1.1 总则

[标准理解] 参见 ISO9000:2015 标准 7.1.1。资源是组织通过建立食品安全管理体系及工程而实现食品安全方针和食品安全目标的必备条件，包括人力资源、基础设施和工作食品安全，即人员、资金、设施、设备、技术、方法、工作环境、信息、文化环境等。

（1）提供资源的目的：实现和保持现有食品安全管理体系和持续改进其有效性，增强顾客的满意度。

（2）确定和提供资源的职责：主要是最高管理者的职责，但也是整个组织的职责。管理者应该主动识别资源缺乏、过剩，还是匹配。

（3）提供资源的途径主要有：①应适当规定提供资源的途径；②在各层次的策划中，应识别和确定资源的需要并做好配置计划；③在管理评审的输出过程中，应包括资源需求的措施和行动等。

（4）组织应确定并提供为建立、实施、保持和持续改进食品安全管理体系所需的资源。应考虑：①现有内部资源的能力和约束；②需要从外部供方获得的资源。

资源不足时要寻求外部相关技术支持，如小型欠发达组织等。

7.1.2 人员

[标准理解]

（1）组织确定并配备所需要的人员，以便有效实施食品安全管理体系，包括过程运行和控制。

（2）外部专家要求。如果外部专家的协助用于食品安全管理体系的开发、实施、操作或评估，则应保留外部专家的能力、责任和权限的协议或合同，作为书面信息。

7.1.3 基础设施

[标准理解] 基础设施是指组织运行所必需的设施、设备和服务的体系，可包括建筑物、工作场所和配套设施，它是组织实现产品符合性的物质保证。本条款中的设施是指为建立和保持食品安全管理体系所需要的设施。组织应根据所生产产品的性质和相关方的要求，参考国际（法典）、国内相关的食品卫生规范和食品链其他环节的要求，提供基础设施。设施可包括但不限于：①土地、船只、建筑物和相关设施的布局和建设；②设备，包括硬件和软件；③运输；④信息和通信技术。此外还包括工作空间和员工设施在内的厂房布局，空气、水、能源和其他基础条件的提供，废弃物和污水处理的支持性服务。

7.1.4 工作环境

[标准理解]

（1）工作环境是指"作业时所处的一组条件"，这些条件包括物理的、社会的、人文的、心理的、环境的和食品安全因素，如热、卫生、振动、噪声、温度、湿度、污染、光、清洁度、空气流动、绿化等（物理因素）；企业文化建设、制订安全规则和指南、工作方法、运用人体工效学、进行职业策划和开发、宗教信仰要求、员工健康与福利、动物福利等（人的因素）。

（2）合适的环境可以是人体和物理因素的组合。例如，①社交（如非歧视性、冷静、非对抗性）；②心理（如减压、预防倦怠、情绪保护）；③物理（如温度、热量、湿度、光线、气流、卫生、噪音)。

7.1.5 食品安全管理体系的外部开发要素

[标准理解]

(1)组织确保外部开发食品安全符合产品生产过程和产品食品安全要求。

(2)组织确保所提供的要素,参见ISO22000:2018标准7.1.5a)～e)。

(3)组织基于外部供方提供所要求的过程、产品或服务的能力,确定对外部供方的评价、选择、绩效监视及再评价的准则,并加以实施。评价活动和由评价引发的任何必要的措施应形成文件化信息并保留。

7.1.6 外部提供的过程、产品或服务的控制

[标准理解]本条文是对组织建立、实施、保持并持续改进食品安全管理体系的总体性要求。

(1)控制类型和程度。组织确保外部开发食品安全的过程、产品和服务不会对组织稳定地向顾客交付合格安全的产品和服务的能力产生不利影响。组织应:①制定对外部供方控制程序,确保外部提供的过程保持在食品安全管理体系的控制之中。②规定对外部供方的控制及其输出结果的控制。③考虑外部提供的过程、产品和服务,对组织稳定地提供满足顾客要求,以及适用的法律法规要求的能力的潜在影响;外部供方自身控制的有效性;组织应以供方符合本标准为目标进行供方食品安全管理体系的开发。④确定必要的验证或其他活动,以确保外部提供的过程、产品和服务满足要求。

(2)外部供方的信息。与外部供方沟通的内容包括:①所提供的过程、产品和服务;②内容的批准,包括产品和服务,方法、过程和设备及产品和服务的放行;③能力,包括所要求的人员资质;④外部供方与组织的接口;⑤对外部供方绩效的控制和监视;⑥组织或顾客拟在外部供方现场实施的验证或确认活动。

(3)文件化信息保留。这些活动及评估和重新评估后的任何必要行动的记录信息。

7.2 能力

[标准理解]人员的能力是指经证实的应用知识和技能的本领。

(1)组织中任何可能影响食品安全的人员都应具备必要的能力(专业能力、技能、经验),以便胜任其所从事的工作。人员包括食品安全小组的成员、食品安全过程的监视人员、食品检测人员、食品安全信息的外部沟通人员等。若以上人员不能胜任时可以对其进行相应的教育和培训。组织可根据需要聘请外部专家,但应以协议或合同的方式对专家的职责和权限做出规定并予以保存。

(2)培训的实施。培训的实施包括确定培训需求,制订培训计划,实施培训,培训后的考核,培训结果的处理等,根据培训考核的结果颁发上岗证或重新培训。

(3)培训的内容。培训的内容必须使员工意识到自己的工作对食品安全的重要性和对食品安全可能的影响,必须使员工认识到有效沟通的必要性,并熟悉掌握有效沟通的要求。

培训的内容一般包括四个方面:①岗位文件、岗位职责;②食品安全知识、技能培训等;③食品安全意识培训;④管理知识培训等。

(4)培训的对象。所有人员,包括兼职、临时雇用、分包方人员等。

(5)特殊工作人员的资格认定。特殊工作人员(如电焊工、电工、天车工、锅炉工、计量员、内审员等),应通过必要的培训,获得资格认定。

(6)保留适当的文件信息作为能力的证据,组织建立人事档案,保存每个员工的教育、

培训、经验和资格鉴定的记录。

7.3 意识

[标准理解] 参见 ISO9000:2015 标准 7.3 意识。为提高全员食品安全意识、顾客意识，组织应通过多种形式宣传交流，确保相关工作人员知晓。

7.4 沟通

7.4.1 总则

[标准理解] 参见 ISO9000:2015 标准 7.4 沟通。

（1）组织应确定与食品安全管理体系相关的内部和外部沟通，包括：①沟通内容；②沟通时间；③沟通对象；④沟通方式；⑤沟通负责人。

（2）人员组织应确保所有对食品安全产生影响的活动的人员理解有效沟通的要求。

沟通的正式化程度及书面沟通的需要程度取决于组织的规模、活动的性质，以及人员的素质等因素。

7.4.2 外部沟通

[标准理解]

（1）外部沟通的四个相关方。与供方和分包商沟通，共同关注食品安全危害，满足组织要求；与顾客的互动沟通，确定可接受水平，有助于识别、控制食品安全危害，如标签明示；与立法、监管部门的沟通，确定食品安全水平及组织有能力达到该水平提供信息（如获取法律法规信息）；与对食品安全管理体系的有效性或更新产生影响或将受其影响的其他组织的沟通，以获取相关支持（如获得运行技术支持）。

（2）外部沟通的作用。确保整个食品链中的相关组织获得充分的食品安全方面的信息。

（3）外部沟通的内容。只有在从最初生产者到最终消费者的整个食品链中进行沟通，才能确保食品安全。组织在供方—组织—顾客的供应链结构中，应和上游供方、下游顾客建立起沟通渠道，进行有关食品安全信息的交流。组织实施外部沟通的范围是对其食品安全产生影响的其他组织，不是食品链内的所有组织。

（4）外部沟通的要求。主要包括 ISO22000:2018 标准 5.6.1a）~d）的条款，组织应制定、实施和保持与外部进行沟通的措施，并形成适当的文件化信息。

（5）文件化信息。应就外部沟通中信息的接收、成文、处理、答复及记录做出规定。

7.4.3 内部沟通

[标准理解]

（1）内部沟通的作用。旨在确保组织内进行的各种运作和程序都能获得充分的相关信息和数据。

（2）内部沟通的内容。影响食品安全的事项，具体见 ISO22000:2018 标准 7.4.3a）~m）。

（3）内部沟通的要求。内部沟通贯穿于通篇要求，而不仅限于条款 7.4.3。组织应制定、实施和保持内部沟通的措施，并形成适当的文件化信息。文件化信息应就内部沟通中信息的接收、成文、处理、答复及记录做出规定。

（4）沟通的手段。不同部门和层次的人员应通过适当的方法及时沟通。可采用多种手段，如简报、会议、布告、联络单、意见箱、调查表、内部刊物、备忘录、电子媒体、声像和口头交流等。

（5）文件化信息。食品安全小组应确保在更新食品安全管理体系时包含此信息，最高管理者应确保将相关信息作为管理评审的输入。

7.5 文件化信息

7.5.1 总则

[标准理解] 参见 ISO9000:2015 标准 7.5 形成文件的信息。

（1）组织的食品安全管理体系应包括：①本文件要求的文件化信息；②组织确定的有关食品安全管理体系有效性所必需的文件信息；③法定，监管机构和客户要求的书面信息和食品安全要求。

（2）影响食品安全管理体系的文档信息范围的可能因素包括：①组织的规模及其活动、流程、产品和服务的类型；②流程及其相互作用的复杂性；③人员能力。

7.5.2 创建和更新

[标准理解] 在创建和更新文件时，组织应确保：①文件标识和说明（如标题、日期、作者、编号等）；②适宜的格式和媒介；③文件经过评审和批准，以确保适宜性和充分性。

7.5.3 文件化信息的控制

[标准理解] 详见 ISO9000 标准与认证 7.5.3 文件化信息的控制，如表 6.1 所示。

表 6.1 文件化信息管理的责任分配

项目	编写	审核	批准	发放	回收	评审
食品安全管理手册	指定人员	食品安全小组组长	总经理			食品安全小组组长 总经理
程序文件	相关部门	相关部门会审	食品安全小组组长			食品安全小组/相关部门
前提方案	食品安全小组	相关部门会审	食品安全小组组长			食品安全小组
操作性前提方案	食品安全小组	相关部门会审	食品安全小组组长	文控中心	文控中心	食品安全小组
HACCP 计划	食品安全小组	相关部门会审	食品安全小组组长			食品安全小组
作业指导书	相关部门	相关部门会审	主管/经理			相关部门
表格	相关部门	相关部门	主管/经理			相关部门
技术规范	技术部门	技术部门主管	技术部门经理			技术部等部门
外来文件	相关部门收集	相关部门经理	食品安全小组组长			食品安全小组组长 相关部门

8 运行

8.1 运行策划和控制

[标准理解]

（1）组织策划和开发：安全产品实现所需的过程通过有效开发、实施和监视所策划的活动，保持和验证食品加工和加工环境的控制措施，当出现不符合时采取适宜措施予以控制，最终实现食品安全管理。

（2）组织应对风险和机遇的措施。参见 ISO22000:2018 标准 8.1a）～c）要求。

（3）外包过程控制。组织应确保外包过程得到控制。

8.2 前提方案（PRP）

[标准理解]

（1）前提方案的目的。组织建立、实施和保持前提方案（PRP），以预防和（或）减少产品、产品加工和工作环境中的污染物（包括食品安全危害），有助于控制：①食品安全危害通过工作环境进入产品的可能性；②产品的生物、化学和物理污染，包括产品之间的交叉污染；③产品和产品加工环境的食品安全危害水平。

（2）组织制定前提方案时的要求：参见 ISO22000 标准 8.2.1a）~d）的要求。

（3）组织在制定前提方案时，充分识别有关的法律法规和其他要求（如顾客要求、公认的指南、国际食品法典委员会的法典原则和操作规范等），并对这些法律法规和其他要求予以考虑和利用。

（4）前提方案的内容：参见 ISO22000 标准 8.2.4a）~d）的要求。

（5）建立前提方案的步骤：包括：①确定设计其前提方案的适用法律、指南、相关标准和相关方的要求；②根据这些要求结合组织的产品性质制定相应的前提方案；③按前提方案的要求执行；④识别前提方案需求的变化，包括相关方需求的变化，或是组织提供资源能力的变化，以保持其持续有效性和适宜性。

（6）文件化信息：应规定前提方案的选择、建立，适用的监测和验证。

8.3　可追溯性系统

［标准理解］

（1）建立和实施可追溯性系统是为了在出现问题时锁定已经确定有问题，或者不合格，或者可能不合格的原物料或者产品，然后再对它们进行处理。

追溯演练的真正目的是找出管理体系中存在的问题或者不足，然后有针对性地采取措施并加以改进。

（2）建立和实施可追溯性系统时应考虑的问题参见 ISO22000:2018 标准 8.3a）~c）。主要包括：①组织必须能够通过追溯系统非常清楚地知道采购的物料，包括原料、辅料、加工助剂和包材是从哪里来，它们要到哪里去，能不能完全追溯到所生产或者加工的产品，包括半成品（中间产品或中间体）和成品（终产品）中；②出现不合格的四种处理方法，即返工处理、让步接收、降级使用和报废处理；③终产品的分销作为可追溯性的一部分，产品卖出去，要知道卖给谁，这就是"分销"。

8.4　应急准备和响应

8.4.1　总则

［标准理解］最高管理者应确保组织建立和保持相应程序，以识别潜在事故、紧急情况和事件，并对其做出响应。

（1）应急准备和响应的目的。尽可能减少或消除由于紧急情况或意外事故所造成的对食品安全的破坏。

（2）应急准备和响应的对象。潜在的事故或紧急情况，主要有自然灾害、环境事故、生物恐怖、工作场所事故、公共健康紧急事故和其他事故，如必需服务（水、电或制冷供应）的中断；新出现的危害、操作过程中的失误、"商业"风险或消费者关注问题、基于食品危害不科学的媒体宣传等。

应急准备和响应的措施是针对食品安全控制措施的失效情况所采取的补充措施和抢救行动，以及针对可能随之引发的食品安全危害的紧急情况所采取的措施。

（3）应急准备和响应的要求。①确定可能发生的事故或紧急情况；②做好预防措施和应急准备预案（包括成立小组、人员职责、资源、办法、措施及程序）；③条件可行时应对应急程序进行演练，以判断和证实有效性；④对潜在紧急情况和事故进行管理的情况，作为管理评审的输入。

（4）文件化信息包括：①建立和维护文件化信息，以管理影响的潜在紧急情况或事件；②在发生任何事故、紧急情况或测试后，审查并在必要时更新记录的信息。

8.5 危害控制

8.5.1 实施危害分析的预备步骤

8.5.1.1 总则

[标准理解] 本条款是进行危害分析前应做好的准备工作，是准备工作的总原则。

准备工作的总原则为进行危害分析，食品安全小组应收集、保持和更新文件化的预备信息，包括但不限于：①适用的法律法规和客户要求；②组织的产品、工艺和设备；③与食品安全管理体系相关的食品安全危害。

8.5.1.2 原料、辅料和与产品接触材料的特性

[标准理解] 原料、辅料和与产品接触材料的特性描述目的是为危害分析和评价提供输入，详细程度和取舍取决于对危害分析的影响。

原料、辅料、与产品接触材料的特性描述。应以文件的形式对所有原料、辅料和与产品接触的材料的特性进行描述；描述的详略程度应以能保证实施危害分析时的需要为原则。适宜时，特性描述的内容包括ISO22000:2018标准 7.3.3.1a）~h）的内容。

产品标签作为信息沟通的方式，具有提示食品安全危害的作用。原料特性描述详见表6.2。

表6.2 原料特性描述

名称或类似标识	鲜、冻分割牛肉
产地	甘肃
重要的特性（化学、生物、物理）	1. 感官： 色泽——鲜红色或深红色，有光泽，脂肪呈乳白色或微黄色； 组织状态——瘦肉切面纹理清晰，皮下脂肪适度、均匀；形态丰满，肉质紧密，有弹性； 黏度——表面湿润，不粘手； 气味——具有牛肉正常气味，无异味； 煮沸后肉汤——基本澄清透明，脂肪团聚于表面，具有牛肉汤应有的鲜味 2. 理化指标：挥发性盐基氮≤15mg/100g；铅（Pb）≤0.20mg/kg；无机砷≤0.05mg/kg；镉（Cd）≤0.01mg/kg；总汞（以汞计）≤0.05mg/kg 农药残留按 GB2763 执行；兽药残留按有关国家标准及有关规定执行
组成	主要有蛋白质、脂肪、水等
生产方式	肉类加工厂生产
交付方式	直接从生产企业或特许经销商处购买
包装类型	鲜肉无包装、冻肉塑料薄膜包装
贮存方式	冷藏
使用前的处理	解冻、清洗
接受准则或用途说明	具有检疫合格证明、运输车辆消毒证明

8.5.1.3 终产品特性

[标准理解]

（1）食品安全强调食品在按预期用途加工、食用时，不应对消费者的健康造成危害；需指出的是如果不按预期用途加工、食用而引起营养不良、身体伤害，不能称该食品不安全。例如，婴儿奶粉标签强调用温开水冲调，而有的年轻父母用凉开水冲调，婴儿吃后引起不适，则不是奶粉有问题。

（2）终产品特性的描述。应以文件的形式对终产品的特性进行描述。描述的详略程度，应以能保证实施危害分析时的需要为原则。适宜时，其内容包括ISO22000:2018标准8.5.1.3 a）～g）的内容。

8.5.1.4 预期用途

[标准理解]预期用途可以指拟定的加工、消费和预期处理及拟定的消费者。一般在食品标签或合同中会说明预期用途。预期用途描述的详略程度，应以能保证实施危害分析时的需要为原则；必要时，应按照标准条款要求对预期用途的描述进行更新。

（1）终产品的说明中包括产品预期处理；通过外部沟通控制组织之外的食品安全危害；对可能发生的产品错误处理或误用，可将产品的感官评价方法标注在标签上，以示消费者识别产品的不安全状态。

（2）通过标识，如保存期标签、保存说明和"可能含有××××坚果成分"的声明、"过量摄食可能导致腹泻"（低聚糖）、"麸质"、"含苯丙氨酸成分"等，以确保在组织控制之外或控制措施本身，通过控制消费者对危害的摄入来实施特定的控制措施。

除了考虑食物的准备和用途，还要考虑预期使用人群和可能的消费者，对其中的易感人群（不宜使用本产品的人群）应特别的说明。例如，婴儿、儿童、老年人、免疫系统受损的人群（如HIV阳性患者）及因学习能力有缺陷而不能理解说明的人。

8.5.1.5 流程图和过程描述

8.5.1.5.1 流程图准备

8.5.1.5.2 流程图的现场确认

[标准理解]参见第5章"HACCP认证"的5.4.4.4。

8.5.1.5.3 流程和过程环境的描述

[标准理解]

（1）过程和过程环境描述。包括加工使用的设备和加工的方法及加工所处的环境。描述的详略程度，应以保证实施危害分析时的需要为原则。

（2）过程和过程环境的描述的内容。参见ISO22000:2018标准8.5.1.5.3a）～d）条款。适宜时，应包括预期的季节变化或班次模式引起的变化。

（3）文件化信息。①过程和过程环境的描述；②适当更新描述并保持文件化信息。

8.5.2 危害分析

8.5.2.1 总则

[标准理解]

（1）危害分析目的。食品安全小组应根据初步信息进行危害分析，以确定需要控制的危害。

（2）危害分析人员。食品安全小组。

（3）危害分析控制程度。应确保食品安全，并在适当情况下采用控制措施的组合。

对于经危害分析确定需要控制的危害，其控制措施应该是能够确保食品安全就足够了；在适当情况下可以采用控制措施组合，即几种控制措施的结合体。

（4）准备工作的总原则。收集、保持和更新实施危害分析的所有相关信息，并将这些信息形成文件化信息，应保存、收集、保持和更新信息的记录。

（5）准备工作的内容（实施危害分析的预备步骤）。包括：①成立食品安全小组，收集相关信息；②进行"原料、辅料和产品接触材料"特性描述；③进行"终产品的特性"描述，描述终产品的预期用途；④预期用途和合理的预期处理；⑤绘制所有的流程图并对流程图进行现场核对，同时还要对加工过程进行描述。

8.5.2.2 危害识别和可接受水平的确定

[标准理解]危害分析参见第 5 章 5.4.2.1 的相关内容。

（1）食品安全危害的识别。包括与产品类别、过程类别和过程环境相关的三个方面。

a. 在食品链中前后环节。在识别食品安全危害的时候，组织应该要考虑其生产加工的产品或者提供的服务上游和下游之间存在的关系。组织的上游，即对应着供应商，要查看供应商提供的终产品，即原物料存在哪方面的食品安全危害，供应商对这些存在的或者潜在的食品安全危害已经采取了哪些控制措施；组织的下游，即顾客，要明确生产加工的产品或者提供的服务在顾客消费时是否需要做进一步处理，这样的进一步处理是否会防止或者降低食品安全危害到可接受水平。

b. 流程图中的所有步骤。合格的、专业的流程图不仅仅代表着从物料到终产品的走向，而且其生产加工的每一个步骤都非常清楚，如果在识别危害时考虑到流程图中的所有步骤，那么终产品生产加工的每一个细节肯定都不会被遗漏。

c. 生产设备、公用设施/服务、过程环境和人员。流程图不仅仅是指产品的工艺流程图，而且是食品安全管理体系覆盖的所有产品或产品的类别和过程，包括用于生产的辅助设施，如制水、制气、制氮等公用设施的流程图，即制水、制气、制氮等公用设施可能产生的食品安全危害也不得忽略。

关于"人员"，侧重的是人的卫生和行为举止，甚至人的道德是否会给食品带来危害。

（2）食品安全危害识别的基础信息。参见 ISO22000:2018 标准 8.5.2.2.1 a）～e）条款。

（3）食品安全危害识别时应依据考虑事项。组织应对每一个可存在、引入、增加或持续的步骤（如原料接收、加工、分销和交付）进行食品安全危害识别。主要考虑：①在食品链中的前后关联；②流程图的所有步骤；③生产设备、公用设施/服务、过程环境和人员。

（4）食品安全危害可接受水平的确定。充分考虑：①确保适用的法律、法规和客户要求得到识别；②终产品的预期用途；③任何其他相关信息。

（5）文件化信息。组织应保持关于可接受水平确定和可接受水平依据的文件化信息。

8.5.2.3 危害评估

[标准理解]危害评估，即对于已经找到的食品安全危害，要查看是不是真的要防止其发生或者将其降低到可以接受的水平。需要强调的是每一个食品安全危害都要进行评估。

（1）食品安全危害显著性判断依据包括：①采取控制措施之前在终产品中发生的可能性；②与预期用途有关的不良健康后果的严重性。

（2）危害评估的目的。其目的是找到哪些危害属于"显著食品安全危害"。

（3）文件化信息。保持危害评估的结果作为文件化信息。

8.5.2.4 控制措施的选择和分类

[标准理解]控制措施是指"对防止重大的食品安全危害或将其降低至可接受水平所必需的行动或活动"。需要指出的是标准里面所说的"控制措施"不单单用于控制"显著食品安全危害"，还控制不是"显著食品安全危害"的其他"重大的食品安全危害"。

（1）控制措施的选择和分类的目的。其目的是以预防或降低所识别的显著食品安全危害至规定的可接受水平。

（2）控制措施分类操作性前提方案（OPRP）和关键控制点（CCP），即通过操作性前提方案或关键控制点来控制已经确定的显著食品安全危害。

（3）操作性前提方案（OPRP）或关键控制点（CCP）的评估。

a. 作用失效的可能性，即不能按照预期要求控制显著食品安全危害的可能性到底有多大，是可能，很有可能，还是没有可能，或者绝对不可能呢？对"可能"回复得越有自信，说明控制措施越到位。

b. 一旦控制措施的作用失效，结果的严重性。从以下 4 点去评估控制措施失效后造成的"结果"（或者说"后果"）到底有多严重，包括：①对确定的显著食品安全危害的控制效果；②相对其他控制措施，该控制措施所处的位置；③控制措施是否有针对性地建立并用于降低危害至可接受水平；④是单一措施还是控制措施组合的一部分。

（4）控制措施系统方法。包括可行性的评估：①建立可测量的关键限值和（或）可测量或可观察的行动准则；②监视以探测在关键限值和（或）可测量或可观察的行动准则内的任何作用失效；③在失效情况下及时纠正。

（5）文件化信息。①控制措施的选择和分类的决策过程和结果；②影响控制措施的选择和严格性的外部要求（如法规、法规和客户要求）。

8.5.3 控制措施及其组合的确认

[标准理解]

（1）食品安全小组的职责。包括：①确认所选择的控制措施能够实现对显著食品安全危害的预期控制；②当确认结果表明控制措施不能达到预期的控制时，食品安全小组应修改和重新评估控制措施和（或）控制措施组合。

（2）确认的目的。通过危害分析从众多的食品安全危害中找到组织产品在生产加工过程中存在的显著食品安全危害，并要求以 OPRP 或者 CCP 的方式确定控制措施或者控制措施组合。

（3）确认时机，即确认切入的时间点是事前确认，也就是在活动还没有正式开始前进行。

（4）确认发现了问题的处理。确认理解为"事前确认"——"在活动进行前或变更后实施，查看文件上规定的（写的）和预期的（想的）是否一致，侧重于文件的充分性，即文件是否涵盖了所有的控制要素。"如果确认发现了问题，食品安全小组应修改和重新评估控制措施和（或）控制措施组合。

（5）文件化信息。包括：①食品安全小组应保持验证方法和控制措施能力的证据，以实现作为记录信息的预期控制；②保留关于修改的书面信息。

8.5.4 危害控制计划（HACCP/OPRP 计划）

8.5.4.1 总则

[标准理解] 参见第 5 章 HACCP 认证中 HACCP 七大原理。

（1）危害控制计划就是 HACCP 计划和 OPRP 计划的统称。

（2）危害控制计划的内容。OPRP 和 CCP 就是控制措施，而且是用来控制显著食品安全危害的措施。具体包括 ISO22000:2018 标准 8.5.4.1 中 a）~f）条款。OPRP 计划的制订可仿照 HACCP 计划的设计。可采用包含限值与监视的同样方案，但常采用较低控制程度的监视频率，如对相关参数的每周检查。见表 6.3。

表 6.3 操作性前提方案的设计

确定的食品安全危害	控制措施	管理该控制措施的方案或计划	控制措施实施部门/人员职责和权限	措施的监视参数	监视频率	监视部门/人员的职责和权限	监视方法	监视记录	纠正和纠正措施

（3）文件化信息。危害控制计划应作为书面信息保存。

8.5.4.2 关键限值和行动准则的确定

[标准理解]

（1）关键限值和行动准则确定，即CCP就要设定关键限值，只要是OPRP就必须设立行动准则。

（2）确定关键限值和行动准则时需要满足的要求：①CCP的关键限值应是可测量的；OPRP的行动准则应是可衡量的或可观察的。②符合关键限值应确保不超过可接受水平；符合行动准则应有助于确保不超过可接受水平。

（3）文件化信息。确定关键限值和行动准则的理由和依据。

8.5.4.3 关键控制点和操作性前提方案的监视系统

[标准理解]

（1）CCP和OPRP的监视系统的目的是发现超出关键限值或者不能满足行动准则的失效"行为"。如果超出范围了，则需要纠正行动，在监视过程中需要明确相关人员的责任和权限，还要保持监视的记录。

（2）CCP和每个OPRP的监视系统的文件化信息组成。参见ISO22000:2018标准8.5.4.3 a）～g）。

（3）CCP和OPRP的管理。ISO22000:2018标准规定了作为CCP的关键限值必须是可测量的，只有OPRP的行动准则是可测量或者可观察的。如果某一项指标只能通过观察来判定，它只能作为OPRP，不能作为CCP来管理。对于这类基于观察的主观信息（如视觉检验），应有指导书或规范的支持。

8.5.4.4 关键限值和行动准则未满足时采取的措施

8.5.4.5 危害控制计划的实施

[标准理解]

（1）不符合关键限值或行动标准时的行动。包括更正和纠正措施，并应确保潜在不安全的产品不会被释放；确定不合格的原因；在CCP或OPRP控制的参数在关键限值或行动标准内返回；防止复发。

（2）组织保持危害控制计划。食品安全显著危害是应用科学的方法经层层分析才确定的。因此，必须要加以控制。如果不能控制，则存在的潜在食品安全显著危害肯定会对消费者造成不良健康后果的影响。

（3）文件化信息。组织应实施和维护危害控制计划，并保留实施的证据作为记录的信息。

8.6 前提方案和危害控制计划的信息更新

[标准理解]更新涉及变化，变化意味着更新。变化与更新融合在一起就是变更；更新指前提方案和危害控制计划的信息的6个方面，包括：①原料、辅料和产品接触材料的特性；②终产品的特性；③预期用途；④流程图及过程和过程环境的描述；⑤危害控制计划；⑥前提方案（PRP）。

8.7 监控和测量的控制

[标准理解]

（1）监控和测量控制的目的。用于与PRP和危害控制计划有关的监测和测量活动。

（2）监测和测量设备的要求。见ISO22000：2018标准中的8.7a）～e）。

（3）监测和测量设备的校准和检定。依据可溯源到国际或国家标准，即公认的标准，如果不存在公认的标准，校准或检定的依据则应作为成文信息保留。如目前在食品行业常用的金属探测器没有公认的校准标准，但是可以要求金属探测器的制造商对组织正在使用的金属探测器做维护保养，同时用供应商的标准测试片进行验证，确定是否能够满足监视的要求。

（4）文件化信息。包括：①校准和验证的结果应保留为记录信息；②评估和由此产生的行动应作为书面信息保存。

8.8 与前提方案和危害控制计划相关的验证

8.8.1 验证

8.8.2 验证活动结果分析

［标准理解］验证是指"通过提供客观证据对规定要求已得到满足的认定"。"验证"是事后验证。"在活动结束后进行，查看实际得到的结果（做的）与最初预期的（想的）结果是否一致，侧重于文件的符合性，即现实与理想是否有差距。"

（1）验证的人员。确保验证结果的客观公正，执行（做）的人不能和监督（查）的人相同。负责"事后验证"的人和负责"事中监视"的人不可以相同，最好是来自不同的部门，以确保验证结果的客观公正。

（2）验证的内容。验证与前提方案和危害控制计划息息相关。

验证的内容或项目必须包括前提方案、危害控制计划、危害水平和危害分析的输入四个方面。

（3）验证活动应确认项目。包括：①PRP已实施且有效；②危害控制计划已实施且有效；③危险水平在确定的可接受水平内；④更新危害分析的输入；⑤组织确定的其他行动得到实施且有效。

（4）验证活动结果分析。食品安全小组应对验证结果进行分析，该分析应作为食品安全管理体系性能评估的输入。

（5）验证活动的结果评价。必须对验证活动的结果进行评价，以确定目前实际得到的结果（做的）是否和当初食品安全管理体系策划的或者预期的（想的）保持一致。

（6）文件化信息。验证结果应作为书面信息保留，并予以沟通。

8.9 产品和过程不符合控制

8.9.1 总则

8.9.2 纠正

［标准理解］

（1）不合格控制的总体思路。组织应确保从监督OPRP和CCP获得的数据由有能力并有权启动纠正和纠正措施的指定人员进行评估。

（2）纠正。当CCP的关键限值和（或）OPRP的行动准则不满足时，组织应识别和控制受影响的产品，并对受影响的产品进行处置。

（3）文件化信息。①组织应建立、维护和更新记录的信息，包括：对受影响产品进行识别，评估和纠正的方法，以确保其正确处理，审查所进行的更正的安排；②保留评估结果作为记录的信息；③保留文件化信息，以描述对不合格产品和过程的更正，包括不合格的性质、失败的原因、不合格造成的后果。

8.9.3 纠正措施

［标准理解］"纠正措施"指的是为消除不合格的原因和防止再发生所采取的措施。要采取纠正措施，必须先找到不合格产生的根本原因，然后再针对根本原因对症下药。

（1）原因分析纠正措施。包括了原因分析，一个不合格可能只有一个根本原因，也可能有多个根本原因。

（2）纠正措施应采取的行动。参见 ISO22000:2018 标准中 8.9.3 a）~f）的要求。

（3）文件化信息。组织应建立并保持记录的信息，指明采取适当的措施来识别和消除检测到的不合格的原因，防止再次发生，并在发现不合格后将过程恢复到控制之下。

8.9.4 潜在不安全品的处置

8.9.4.1 总则

[标准理解] 潜在不安全品处置的一般要求见 ISO22000:2018 标准中 8.9.4.1a）~c）。

（1）若在组织的控制之内，先评估再处置。要求相关的食品安全危害已降至规定的可接受水平，相关的食品安全危害在进入食品链前将降至确定的可接受水平，尽管不符合，但产品仍能满足相关规定的食品安全危害的可接受水平。

（2）若在组织的控制之外，则启动撤回或召回。如果是组织自己主动回收产品，不论产品中的食品安全危害是自己发现的还是第三方告知的，称为"撤回"；如果不是组织主动，而是相关方，特别是立法和监管部门要求的，则称为"召回"。

8.9.4.2 放行的评价

[标准理解]

（1）评价范围。受到不合格影响的每批产品都应进行评价，不合格包括：①不满足 CCP 关键限值的产品；②不满足 OPRP 行动准则的产品；③其他指标或者过程不满足控制要求的产品。评价在这种不满足要求条件下生产出来的产品是否存在质量瑕疵，是否存在潜在的食品安全隐患。

（2）未能保持在 CCP 关键限值范围内的产品的处理。不应放行受 CCP 的关键限值失控影响的产品，需按照不合格品进行处置。如果由 CCP 控制的参数，不在危害控制计划中 CCP 要求的关键限值内，则其对应的产品是潜在不安全产品，且直接判定为"不合格品"。

（3）不满足 OPRP 行动准则的产品应视条件放行。

受操作性前提方案的行动准则失控影响的产品符合下列任一条件时，才可作为安全产品放行。包括：①除监视系统外的其他证据表明证实控制措施有效；②证据表明，针对特定产品的控制措施的组合作用达到预期效果（即确定的可接受水平）；③抽样、分析和（或）其他验证活动的结果证实受影响的产品符合确定的相关食品安全危害的可接受水平。

当 OPRP 没有按照既定的监视程序进行监视，就要对在该条件下生产的产品进行抽样检测，查看其控制的显著食品安全危害是否在可接受水平之内。若是，产品可以放行。

（4）文件化信息。保留产品放行的评价结果作为文件化信息。

8.9.4.3 不合格产品的处置

[标准理解]

（1）不合格分类。不合格包括原物料不合格、过程不合格和产品不合格。

（2）不合格品的处理方法。

a. 在组织内或组织外重新加工或进一步加工，以确保食品安全危害降至可接受水平。例如，某种维生素产品需要通过控制真空干燥的真空度、温度和时间来去除有机溶剂残留。如果产品已经包装，而检测发现产品中有机溶剂残留超标了，那么把产品再次进行真空干燥就是"重新加工"；如果产品还在真空干燥箱，那么通过增加真空度，或者提高干燥温度，或者延长干燥时间等措施，将产品中食品安全危害降低至可接受水平，这就是"进一步加工"。

b. 新定位为其他用途，只要食品链中的食品安全不受影响。

c. 销毁和（或）按废物处理"销毁"后的东西就不复存在，或者以另外一种全新的形式存在，如焚烧、深度填埋等；而"作废"还有可能被"变废为宝"，被人们再次使用。

（3）文件化信息。保留不合格品处理的文件化信息，包括有批准授权人员的识别信息。

8.9.5 撤回/召回

[标准理解]

（1）撤回与召回。让产品回来，如果是组织自己主动的，则用"撤回"；如果是被动的，则用"召回"。

（2）撤回或者召回的注意事项。

a. 人员组织必须任命有权启动和实施撤回/召回的，而且是能够胜任的人员。

b. 能力。对于已确认为潜在不安全批次的终产品，组织应有能力及时撤回/召回。"有能力"是要能够通过组织的食品安全管理体系要求，特别是已经建立的可追溯性系统，将终产品分销途径的第一阶段的产品，不论这个产品是在分销商的仓库中，抑或是已经使用，还是在运输过程中，都应该能追溯。

c. 撤回/召回产品的处理。从分销商那里撤回/召回来的产品和库存中的同批次产品，都必须隔离或者封存。

d. 实施模拟。为验证撤回/召回程序的有效性，必须定期实施模拟召回或实际撤回。

（3）文件化信息。组织应保留撤回/召回的实施和有效性的记录信息。

9 绩效评价

9.1 监视、测量、分析和评价

9.1.1 总则

[标准理解]

（1）监视、测量、分析和评价的总原则。见标准9.1.1a）～e）。

具体可以理解为：①需要监视和测量什么；②需要用什么方法进行监视、测量、分析和评价，适用时，以确保有效；③何时实施监视和测量；④何时对监视和测量的结果进行分析和评价；⑤谁对监视和测量的结果进行分析和评价。

（2）应评价质量管理体系的绩效和有效性。

（3）文件化信息。保留适当的形成文件的信息，作为结果的证据。

9.1.2 分析和评价

[标准理解]

（1）组织分析、评价数据和信息来源：包括与PRP和危害控制计划相关的验证活动的结果，以及内部审核和外部审核。

（2）分析和评价的所依据的准则。①是否能证实体系的整体运行满足策划的安排和本组织建立食品安全管理体系的要求。②是否识别食品安全管理体系改进或更新的需求。③是否识别表明潜在不安全产品和过程失控高事故风险的趋势。④是否确定用于策划与受审核区域状况和重要性有关的内部审核方案的信息。⑤是否能提供证据证明纠正和纠正措施有效。

（3）文件化信息。分析结果和由此产生的活动应作为书面信息保留。结果应报告给最高管理层，并用作管理评审的输入和食品安全管理体系的更新。

9.2 内部审核

[标准理解] 审核是获得审核证据并对其进行客观的评价，以确定满足审核准则的程度所进行的系统的、独立的并形成文件的过程。详见本书第三章ISO90000标准及认证9.2内部审核及本标准9.2.2 a）～g）的内容。

9.3 管理评审
9.3.1 总则
9.3.2 管理评审输入
9.3.3 管理评审输出

[标准理解] 管理评审是最高管理者的重要职责,是其对食品安全管理体系的适应性、充分性、有效性按策划的时间间隔进行的系统的、正式的评价,通常由最高管理者、部门负责人及相关人员组成。详见本书第三章 ISO90000 标准及认证 9.3 管理评审及本标准 9.3.2 a)~g)的内容。

10 改进
10.1 不符合和纠正措施

[标准理解]

(1)组织授权有能力的人员评价操作性前提方案和关键控制点监视的结果,以便启动纠正措施。

(2)在关键限值、操作性前提方案失控时,公司将采取纠正和纠正措施。

(3)组织建立和实施《纠正和预防措施控制程序》对纠正措施进行管理。这些管理措施包括:①评审不合格或潜在不合格(包括顾客抱怨及可能表明向失效发展的监视结果的趋势);②确定不合格的原因;③评价采取纠正措施的需求;④确定纠正措施并实施;⑤对纠正措施的有效性进行跟踪评审。

(4)文件化信息。组织应保留书面信息作为以下证据:①不合格的性质及随后采取的任何行动;②任何纠正措施的结果。

10.2 持续改进

[标准理解]

(1)持续改进的目的。提高食品安全管理体系的适用性、充分性和有效性。其中有效性是提高食品安全管理体系实现所策划的结果的能力,强调最高管理者应从 7 个方面持续改进食品安全管理体系的有效性:一是沟通;二是管理评审;三是内部审核;四是验证活动结果的分析;五是控制措施和控制措施组合的确认;六是纠正措施;七是食品安全管理体系更新。

(2)持续改进的活动与方法。在实施食品安全管理体系的持续改进时,可充分利用下列活动与方法:①通过内外部沟通、内部审核、单项验证结果的评价、验证活动结果的分析、控制措施组合的确认,不断寻求改进的机会,并做出适当的改进活动安排;②在管理评审中评价改进效果,确定新的改进目标和改进措施;③实施纠正措施和食品安全管理体系更新以实现改进。

(3)提高食品安全管理体系的有效性途径。由最高管理者确保,组织通过使用通信、管理评审、内部审核、验证活动结果分析等途径进行。

10.3 食品安全管理体系的更新

[标准理解] 最高管理者对于及时更新食品安全管理体系负有领导责任,更新的具体执行由食品安全小组落实。本标准对更新的输入做了具体规定,并明确规定应有输出记录,并向最高管理者报告。

(1)食品安全小组应在定期分析下列输入内容的基础上,对食品安全管理体系做出评价,以决定是否对其进行更新,以便将最新信息应用到现有食品安全管理体系。必要时,还需要对危害分析、OPRP、HACCP 计划进行评价,以决定是否对其进行更新。

(2)体系更新的输入内容。包括:①来自内部和外部沟通的输入;②来自有关食品安全管理体系适宜性、充分性和有效性的其他信息的输入;③核查活动结果分析的结果;④管理评审的输出。

（3）文件化信息。系统更新活动应作为书面信息保留，并作为管理评审的输入报告。

6.3 ISO22000 认证

6.3.1 ISO22000 认证概述

ISO22000 食品安全管理体系是国际标准化组织 ISO 于 2005 年 9 月 1 日发布的关于 ISO9001 与 HACCP 整合的食品安全管理体系，2018 年再次修订。

该标准是对各国现行的食品安全管理标准和法规的整合，是一个通用的统一的国际性标准，我国已将其等同转化成国家标准 GB/T22000。

6.3.2 ISO22000 认证依据

认证依据由基本认证依据和专项技术要求组成。

6.3.2.1 基本认证依据

基本认证依据见《ISO22000 食品安全管理体系 食品链中各类组织的要求》。

6.3.2.2 专项技术要求

认证机构实施食品安全管理体系认证时，在以上基本认证依据要求的基础上，还应将本规则规定的专项技术规范作为认证依据同时使用。为提高食品安全管理体系认证的科学性和有效性，本规则未提供专项技术规范的，认证机构在对相应组织实施食品安全管理体系认证前，应当依据以上基本认证依据的要求，按照《GB/T22003 食品安全管理体系 审核与认证机构要求》附录 A 中行业类别或种类的划分，制定对该类别产品和（或）服务种类组织的专项技术规范，并按照《认证技术规范管理办法实施细则》要求予以备案。

食品安全管理体系认证专项技术规范，如《GB/T27301 食品安全管理体系 肉及肉制品生产企业要求》《CNCA/CTS 0008 食品安全管理体系 食用植物油生产企业要求》《CNCA/CTS 0027 食品安全管理体系 茶叶加工企业要求》等。

6.3.2.3 ISO22000 认证应用范围

包括直接介入食品链中一个或多个环节的组织，如饲料加工，种植生产，辅料生产，食品加工、零售、配餐服务，提供清洁、运输、贮存和分销服务的组织；间接介入食品链的组织，如设备供应商、清洁剂和包装材料及其他食品接触材料的供应商。

6.3.2.4 ISO22000 认证的意义

在不断出现食品安全问题的现状下，基于本标准建立食品安全管理体系的组织，可以通过对其有效性的自我声明和来自组织的评定结果，向社会证实其控制食品安全危害的能力，持续、稳定地提供符合食品安全要求的终产品，满足顾客对食品安全的要求；使组织将其食品安全要求与其经营目的有机地统一。食品安全要求是第一位的，它不仅直接影响到消费者，而且还直接或间接影响到食品生产、运输和销售组织或其他相关组织的商誉，甚至还影响到食品主管机构或政府的公信度。因此，ISO22000 认证是具有重要作用和深远意义的。

6.3.2.5 ISO22000 认证对于食品企业的作用

ISO22000 标准使食品安全管理范围延伸至整个食品链，是管理领域先进理念与 HACCP 原理的有效融合，强调交互式沟通的重要性，能满足法律法规要求，是风险控制理论在食品安全管理体系中的体现。其作用在于：①可以有效地识别和控制危害，降低企业的风险；②可以有效地降低企业的运营成本；③可以提高消费者的信任度，提升企业的市场知名度；④通过 ISO22000 认证后食品企业可以增加投标成功率，也可以促进国际贸易的发展。

6.3.3 ISO22000 认证程序

6.3.3.1 认证申请

1. 申请人应具备以下条件 包括：①取得国家工商行政管理部门或有关机构注册登记的法人资格（或其组成部分）；②已取得相关法规规定的行政许可（适用时）；③生产、加工的产品或提供的服务符合中华人民共和国相关法律、法规、安全卫生标准和有关规范的要求；④已按认证依据要求，建立和实施了文件化的食品安全管理体系，一般情况下体系需有效运行 3 个月以上；⑤在一年内，未因食品安全卫生事故、违反国家食品安全管理相关法规或虚报、瞒报获证所需信息，而被认证机构撤销认证证书。

2. 申请人应提交的文件和资料 包括：①食品安全管理体系认证申请。②有关法规规定的行政许可文件证明文件（适用时），如营业执照复印件、SC 证书、生产许可证、企业组织机构代码证书复印件、有效期内的生产许可证复印件、污水排放证明复印件。③食品安全管理体系文件、操作性前提方案和 HACCP 计划。④生产用水水质检验报告复印件。⑤申请认证产品明细表，加工生产线、HACCP 项目和班次的详细信息。⑥认证产品工艺流程图、厂区平面图、生产车间布局图、物流图、人流图、气流图、防虫捕鼠图等。⑦生产、加工或服务过程中遵守（适用）的相关法律、法规、标准和规范清单；产品执行企业标准时，提供加盖当地政府标准化行政主管部门备案印章的产品标准文本复印件。⑧承诺遵守法律法规、认证机构要求、提供材料真实性的自我声明。⑨产品符合卫生安全要求的相关证据和（或）自我声明。⑩生产、加工设备名称及型号，生产能力清单，检验设备清单及检测项目。⑪属于本次认证范围的分公司情况，包括名称（中英文）、地址、邮编、负责人、联系人、电话、人数、认证产品等。

6.3.3.2 认证受理

包括认证机构应公开的信息、申请评审及评审结果处理。

6.3.3.3 现场审核

主要工作包括审核的启动，认证审核，初次认证审核组，认证审核时间确定，多场所审核，不符合项确定，产品安全性验证及纠正措施的验证。

6.3.3.4 认证决定

包括综合评价，认证决定，颁发认证证书，对认证决定的申诉。

6.3.3.5 跟踪监督

包括监督频次和覆盖产品，跟踪监督结果评价，信息通报，信息分析。

6.3.3.6 再认证

认证证书有效期满前三个月，获证组织可申请再认证。再认证程序与初次认证程序一致，但可不进行第一阶段审核。当体系或运作环境（如法律法规、食品安全标准等）有重大变更，并经评价需要时，再认证需实施第一阶段审核。

认证机构应根据再认证审核的结果，以及认证周期内的体系评价结果和获证组织相关方的投诉，做出再认证决定。

6.3.3.7 认证范围的变更

获证组织拟变更业务范围时，应向认证机构提出申请，并按认证机构的要求提交相关材料；认证机构根据获证组织的申请，策划并实施适宜的审核活动，并按要求做出认证决定。这些审核活动可单独进行，也可与获证组织的监督或再认证审核一起进行；对于申请扩大获证业务范围的，适用时，应在审核中验证其产品的安全性。

6.3.3.8 认证证书

包括认证证书有效期及认证证书的管理。

6.3.3.9 信息报告

认证机构应当按照要求及时将信息通报相关政府监管部门。

6.3.3.10 认证收费

按照国家价格主管部门规定的质量体系认证收费管理办法和收费标准收取。

6.3.3.11 监督审核与复评

一个认证周期是3年，为了验证企业食品安全管理体系持续的有效性，认证机构在一个认证周期内每年对食品企业进行一次监督审核，第三次监督审核也称复评，即对企业进行重新审核。

6.3.4 食品企业ISO22000食品安全管理体系的建立

6.3.4.1 管理体系的准备阶段

为了保证食品安全管理体系对组织的适宜性，需要认真策划和准备，发动全体员工，积极调动各方面力量，最终完成食品安全管理体系的建设。准备阶段的任务主要是领导决策，统一思想，形成共识；组织落实，成立食品安全小组和精干的工作班子；编制工作计划及学习培训。

6.3.4.2 食品安全管理体系的策划和总体设计

食品安全管理体系的策划和总体设计包括六方面的主要工作，即企业组织食品安全现状诊断，制订实施工作计划，确定食品安全方针和食品安全目标，确定实现食品安全目标必需的过程和职责，确定和提供实现食品安全目标必需的资源及确定食品安全管理体系结构。除此之外，ISO22000食品安全管理体系的策划和总体设计还要进行以下工作：编制前提方案、危害分析及制订操作性前提方案、HACCP 计划,并对它们进行确认。

6.3.4.3 食品安全管理体系文件的编制

食品安全管理体系文件是描述食品安全管理体系的一整套文件,是食品安全管理体系的具体表现和食品安全管理体系运行的法规,也是食品安全管理审核的依据。编制适合企业自身特点并具有可操作性的食品安全管理体系文件是食品安全管理体系建立过程中的中心任务。这项工作包括:食品安全管理体系文件结构的策划、体系文件的编制、文件审核、批准和发放。

6.3.4.4 培训内部审核员

内部审核员执行内部食品安全管理体系审核,承担企业管理层与各职能部门、企业与供方、企业与顾客、企业与审核机构之间的联系工作。内部审核员最好在从事企业食品安全管理工作、有一定生产经验的人员中挑选,经过严格培训,需达到以下要求:①掌握实施食品安全管理体系审核所必需的知识和技能;②遵守审核人员的行为准则,忠于职守、准确公正、尊重事实、勤奋并具有判断力。

按照 ISO22000 标准的要求,凡是推行 ISO22000 的组织,每年都要进行一定频次的内部食品安全管理体系审核。内部食品安全管理体系审核由经过培训的有资格的内审员来执行审核任务。企业可根据具体情况,培训若干名内审员,内审员可由各部门人员兼职担任。

6.3.4.5 食品安全管理体系的实施运行

完成上述各阶段工作后,进入食品安全管理体系试运行。主要工作包括试运行前培训,试运行前准备,食品安全管理体系文件的发布和试运行,整改完善,正式运行,食品安全管理体系内部审核,管理评审。

6.3.4.6 食品安全管理体系认证前的准备

主要包括选择认证机构、对食品安全管理体系文件的全面清理及参加有关接受审核的教育培训。

6.3.4.7 审核认证

1. 认证申请与受理申请 企业向认证机构提出认证申请,并提交食品安全管理手册及有关文件和资料。认证机构对企业(受审核方)的申请资料进行初步检查,确定是否有受理申请。如果发现不符合的地方,认证机构通知企业进行修正或补充。

2. 第一阶段审核 认证机构对企业提供的质量管理手册等文件进行审查,如果发现不符合的地方,认证机构通知企业进行修正或补充。文件审核后进行第一阶段现场审核准备工作,包括确定现场审核日期、编制第一阶段现场审核计划和编制检查表。第一阶段审核完成后,审核组应编制审核报告,报告内容包括审核实施情况与审核结论、发现的问题及下一步工作的重点。

3. 第二阶段审核 审核组综合考虑第一阶段审核结论及受审核方对不符合项的纠正情况,确定第二阶段审核的时机和条件是否成熟。在此基础上,审核组进行第二阶段的准备工作:确定现场审核日期、编制第二阶段现场审核计划、编制检查表。现场审核后,审核组应编制审核报告,做出审核结论。审核组将审核报告提交认证机构。

本 章 小 结

《ISO22000:2018 食品安全管理体系 食品链中各类组织的要求》标准是国际标准化组织 ISO 下设的 ISO/TC 34 食品技术委员会的工作小组 WG8（负责食品安全管理体系）开发的。目的是让食物链中的各类组织执行食品安全管理体系，确保组织将其终产品交付到食品链下一段时，已通过控制将其中确定的危害消除和降低到可接受水平。

ISO22000 标准详细描述基于 HACCP 七个原理的食品安全管理体系，可用于审核，亦可用于认证，具有广泛适用性（整个食品链），能将 HACCP 同先决条件及标准卫生操作程序兼容，其结构同 ISO9000 和 ISO14000，为国际上 HACCP 概念的交流提供机制。

ISO22000 认证依据由基本认证依据和专项技术要求组成。基本认证依据为《GB/T22000 食品安全管理体系 食品链中各类组织的要求》，专项技术要求为食品安全管理体系认证专项技术规范，如《GB/T27301 食品安全管理体系 肉及肉制品生产企业要求》等。

ISO22000 认证应用范围包括直接介入食品链中一个或多个环节的组织，如饲料加工，种植生产，辅料生产，食品加工、零售，配餐服务，提供清洁、运输、贮存和分销服务的组织；间接介入食品链的组织，如设备供应商、清洁剂和包装材料及其他食品接触材料的供应商。

ISO22000 认证程序包括认证申请、认证受理、现场审核、认证决定、跟踪监督、再认证、认证范围的变更、颁发认证证书、信息报告、监督审核与复评等过程。

管理评审与内部审核都是组织自我评价、自我完善机制的一种重要手段，组织应每年按策划的时间间隔坚持实施管理评审。通过内部审核和管理评审，在确认食品安全管理体系运行符合要求且有效的基础上，组织可向食品安全管理体系认证机构提出认证的申请。

知 识 拓 展

ISO22000:2018 食品安全管理体系——食品链中各类组织的要求

ISO22000:2018 认证标准换版的认可转换申请与评价表

GB/T 22004—2007 食品安全管理体系 GB/T 22000—2006 的应用指南

GB/Z 23738—2009 GB/T 22000—2006 在饲料加工企业的应用指南

GB/T 22003—2017 合格评定 食品安全管理体系审核与认证机构要求

复习思考题

1. 名词解释

纠正 纠正措施 验证确认 控制措施 关键控制点 关键限值 食品安全 食品安全危害 终产品流程图 食品链 食品安全方针 监视操作性 前提方案 前提方案更新

2. 简答题

（1）ISO22000认证对于食品企业的作用是什么？

（2）何谓食品安全方针？如何制订？

（3）如何进行安全产品的策划并实现？

（4）试简述ISO22000认证的程序。

（5）企业如何建立ISO22000食品安全管理体系？

第 7 章　绿色食品认证

【教学目的和要求】 通过对绿色食品的学习能够熟知绿色食品的概述，并根据绿色食品标准的要求指导绿色食品生产及加工，同时充分理解标准的要求，指导绿色食品认证及管理。

7.1　绿色食品认证概述

7.1.1　绿色食品及其相关概念

绿色食品（green food）　是指遵循可持续发展原则，按照特定生产方式生产，经专门机构认定，许可使用绿色食品标志，无污染的安全、优质、营养类食品。

由于与环境保护有关的事物国际上通常都冠之以"绿色"，为了更加突出这类食品出自良好生态环境，因此定名为绿色食品。分为 AA 级绿色食品和 A 级绿色食品。

AA 级绿色食品生产资料（green food production data class AA）　是指由专门机构认定，符合绿色食品生产要求，并正式推荐用于 A 级和 AA 级绿色食品生产的生产资料。

A 级绿色食品生产资料（green food production data class A）　是指由专门机构认定，符合绿色食品生产要求，并正式推荐用于 A 级绿色食品生产的生产资料。

绿色食品产地环境质量（environmental quality of green food production area）　是指绿色食品植物生长地和动物养殖地的空气环境、水环境和土壤环境质量。

天然食品添加剂（natural food additive）　是指以物理方法从天然物中分离出来，经毒理学评价确认其食用安全的食品添加剂。或者由人工合成的，其化学结构、性质与天然物质完全相同，经毒理学评价确认其食用安全的食品添加剂。

化学合成添加剂（additives chemical synthesis）　是指由人工合成的，其化学结构、性质与天然物质不相同，经毒理学评价确认其食用安全的食品添加剂。

生物源农药（biological pesticide）　是指直接利用生物活体或生物代谢过程中产生的具有生物活性的物质或从生物体提取的物质作为防治病虫草害的农药。

绿色食品工程（green food engineering）　是指将农学、生态学、环境科学、营养学、卫生学等多种学科的基本原理运用到食品的生产、加工、贮藏、运输、销售及相关的教学、科研等各环节中，从而按工程学的要求形成一个完整的、无污染的安全优质食品产供销协调发展的系统。

绿色食品工程包含了生产加工、质量保障、食品营销、服务与管理的整个系统实施过程，要求以市场为先导，以无污染的原料基地为基础，以环境监测和食品检验为保证，以教育培训和宣传为推广手段，以科技为动力，以食品安全为工作的目标和准则，以经济、社会、生态、科技的协调与可持续发展为宗旨。

7.1.2　绿色食品必须具备的条件

绿色食品特定的生产方式是指按照标准生产、加工，对产品实施全程质量控制，依法对产品实行标志管理。其应具备的条件包括：产品或产品原料产地必须符合绿色食品生态环境质量标准；农作物种植、畜禽饲养、水产养殖及食品加工过程和投入品的使用必须符合绿色食品的相关标准要求；产品必须符合绿色食品相关产品质量标准；产品外包装必须符合国家食品标签通用标准，符合绿色食品特定的包装、贮藏、运输和标签的相关规定。

7.1.3 绿色食品的标志图形及含义

7.1.3.1 绿色食品标志

绿色食品标志是指"绿色食品"、"Green Food"、绿色食品标志图形及这三者相互组合的形式，注册在以食品为主的五大类食品上。

绿色食品标志作为一种产品质量证明商标，其商标专用权受《中华人民共和国商标法》保护。标志使用是食品通过专门机构认证，许可企业依法使用。

7.1.3.2 绿色食品的标志图形

绿色食品的标志图形有多种形式，包括中文"绿色食品"四个字、英文"Green Food"、中英文与标志图形的组合形式及绿色标志图形（图 7.1）。

图 7.1 绿色食品标志

7.1.3.3 绿色食品标志的组成含义

绿色食品标志是由中国绿色食品发展中心在原国家工商行政管理局商标局正式注册的质量证明商标，用以证明食品商品具有无污染的安全、优质、营养的品质特性，它包括绿色食品标志图形、中文"绿色食品"、英文"Green Food"及中英文与图形组合四种形式。

绿色食品标志图形由三部分构成：上方的太阳、下方的叶片和中心的蓓蕾，象征自然生态；颜色为绿色，象征着生命、农业、环保；图形为正圆形，意为保护。AA 级绿色食品标志与字体为绿色，底色为白色；A 级绿色食品标志与字体为白色，底色为绿色。整个图形描绘了一幅明媚阳光照耀下的和谐生机，告诉人们绿色食品是出自纯净、良好生态环境的安全、无污染食品，能给人们带来蓬勃的生命力。绿色食品标志还提醒人们要保护环境和防止污染，通过改善人与环境的关系，创造自然界新的和谐。

7.1.4 绿色食品的特征、优势及标志的管理

7.1.4.1 绿色食品的特征

无污染、安全、优质、营养是绿色食品的基本特征。无污染是指在绿色食品生产、加工过程中，通过严密监测、控制，防范农药残留、放射性物质、重金属、有害细菌等对食品生产各个环节的污染，以确保绿色食品产品的洁净。绿色食品的优质特性不仅包括产品

的外表包装水平高，而且包括内在质量水准高。产品的内在质量又包括两方面：一是内在品质优良；二是营养价值和卫生安全指标高。绿色食品与普通食品相比较，具有以下三个显著特点，即产品出自最佳生态环境、对产品实行全程质量控制和对产品依法实行标志管理。

7.1.4.2 绿色食品的优势

绿色食品的优势在于：①提出了环保、安全的鲜明概念；②确立了"从农田到餐桌"全程质量控制的技术路线；③建立了一套具有国际先进水平的技术标准体系；④创建了农产品质量安全认证制度；⑤开创了我国质量证明商标的先河；⑥创新了符合国情和事业特点的工作运行机制。

7.1.4.3 绿色食品标志管理的手段

包括技术手段和法律手段。技术手段是指按照绿色食品标准体系对绿色食品产地环境、生产过程及产品质量进行认证，只有符合绿色食品标准的企业和产品才能使用绿色食品标志商标；法律手段是指对使用绿色食品标志的企业和产品实行商标管理。

7.1.5 绿色食品商标的性质

绿色食品商标是中国绿色食品发展中心在原国家工商行政管理总局商标局注册的证明商标。用以证明遵循可持续发展原则，按照特定方式生产，经专门机构认定的无污染、安全、优质、营养类的食品。

7.1.6 绿色食品商标的注册

注册证号：第 892107 至 892139 号，共 33 件。
商标注册人：中国绿色食品发展中心。
绿色食品产品新编号形式：LB—XX—XXXXXXXXXXA（AA）（表 7.1）。

表 7.1 绿色食品产品新编号形式

LB	—	XX	—	XX	XX	XX	XXXX	A（AA）
标志代码		产品类别		认证年度	认证月份	省份（国别）	产品序号	产品分级

例：LB-40-9801010123A，LB 代表"绿标"，40 代表"产品类别"，98 代表"年份"，01 代表"月份"，01 代表"北京"，0123 代表"当年批准的第 123 个产品"，A 代表"A 级绿色食品"（AA 级绿色产品）。

7.1.7 生产绿色食品应遵循的原则

生产和发展绿色食品都应遵守可持续发展原则。"可持续发展"是指既满足当代人的各种需要，又保护生态环境，不对后代的生存和发展构成危害的发展方式，它特别关注的是各种经济活动的生态合理性。遵守可持续发展原则是绿色食品事业的出发点，也是绿色食品生产、加工要遵循的基本原则。具体要求就是绿色食品生产产地应选择在符合要求的洁净的环境中；生产过程（包括农业种植、畜牧养殖、水产养殖、食品加工等过程）不能加入有毒有害物质，且生产时期副产品和衍生物又要保证其副产物（如废料、废水等）不对环境造成污染；产品（即绿色食品）要达到绿色食品标准；包装物也必须是无毒无害可回收或易降解的，包装和贮藏运输过程也要符合要求。

7.1.8 绿色食品的分级

绿色食品分为 AA 级和 A 级两类。

AA 级绿色食品（AA grade green food）：是指生产产地的环境符合《NY/T 391—2013 绿色食品 产地环境技术条件》的要求，生产过程中不使用任何有害化学合成物质，按特定的生产操作规程生产、加工，产品质量及包装经检验、检查符合特定标准，经中国绿色食品发展中心认定并允许使用绿色食品标志的产品。

A 级绿色食品（A grade green food）：是指生产产地的环境符合 NY/T 391—2013 的要求，生产过程中严格按照绿色食品生产资料使用准则和生产操作规程要求，限量使用限定的化学合成生产资料，产品质量符合绿色食品产品标准，经专门机构认定，许可使用 A 级绿色食品标志的产品。

从 1996 年开始，在绿色食品的申报审批过程中将区分 AA 级和 A 级绿色食品，其中 AA 级绿色食品完全与国际接轨，各项标准均达到或严于国际同类食品。

7.1.9 我国绿色食品事业的发展模式

7.1.9.1 发展历程

从 1990 年 5 月 15 日，中国正式宣布开始发展绿色食品以来，中国绿色食品事业已经经历了十年多的发展历程。这个历程又可分为三个阶段：第一阶段，从农垦系统启动的基础建设阶段（1990~1993 年）；第二阶段，向全社会推进的加速发展阶段（1994~1996 年）；第三阶段，向社会化、市场化、国际化全面推进阶段（1997 年以来）。

7.1.9.2 运行模式

绿色食品创立了"以技术标准为基础、质量认证为形式、商标管理为手段"的运行模式，实行质量认证制度与证明商标管理制度相结合。绿色食品标准参照联合国粮食及农业组织（FAO）与世界卫生组织（WHO）的国际食品法典委员会（CAC）标准，以及欧盟、美国、日本等发达国家标准制定，整体上达到国际先进水平。绿色食品认证按照国际标准化组织（ISO）和我国相关部门制定的基本规则和规范来开展，具备科学性、公正性和权威性。绿色食品标志为质量证明商标，依据我国《商标法》《集体商标、证明商标注册和管理办法》《农业部绿色食品标志管理办法》等法律法规来监督和管理，以维护绿色食品的品牌信誉，保护广大消费者的合法权益。

7.1.9.3 质量安全保障制度

绿色食品按照"从农田到餐桌"全程质量控制的技术路线，创建了"两端监测、过程控制、质量认证、标识管理"的质量安全保障制度。重点监控四个环节，包括：①产地环境的监控，由环境监测机构依据环境质量标准对产品及原料产地环境实施监测和评价；②生产过程的管理，要求农户和企业严格按照生产操作规程和技术标准组织生产；③产品质量的检测，由产品检测机构依据产品质量标准对产品实施检测；④包装标识的规范，要求产品包装标识符合相关设计规范。

7.1.9.4 发展机制

绿色食品满足食品质量安全更高层次的需求，既是一项增进消费者身体健康、保护生态环境、具有鲜明社会公益性特点的事业，又能够有效地提高生产者的经济效益，因而采取政府推动与市场运作相结合的发展机制。政府推动主要体现在制定技术标准、政策、法规及规划、组织实施质量管理和市场监督等方面；市场运作是指利用优质优价市场机制的作用，引导企业和农户发展绿色食品。

7.1.9.5 组织形式

绿色食品推行"以品牌为纽带、龙头企业为主体、基地建设为依托、农户参与为基础"的产业一体化组织形式。这样既有利于落实标准化生产，保障原料和产品质量，实行产品质量安全可追溯制度，又有利于打造绿色食品整体品牌形象，提高产品的市场竞争力，实现品牌价值，推动农业产业化和"订单农业"的发展，促进企业增效、农民增收。

7.1.9.6 我国绿色食品的发展情况

绿色食品质量安全标准达到了国际先进水平，被誉为"全球可持续农业发展20个最成功的模式之一"，成为享誉国际的知名健康优质食品品牌。

随着我国绿色食品竞争力的提高，大批绿色食品企业开始走向国际市场，累计出口创汇约300亿美元。绿色食品标志商标已在美国、俄罗斯、法国、澳大利亚、日本、韩国等11个国家和地区成功注册。国际上有澳大利亚、丹麦、缅甸3个国家、6个企业的34个产品使用绿色食品标志。

目前，绿色食品企业已有15 900多家，获证产品36 000多个，绿色食品年销售额达4600多亿元，绿色食品品牌影响不断扩大，受到产业界、消费市场和政府部门的广泛关注与重视。

7.2 绿色食品的标准体系

7.2.1 绿色食品政策法规

绿色食品生产加工过程中需贯彻执行的政策和法规，主要涉及法律法规、相关规定、绿色食品的许可审查制度规范、标志管理规定、质量监管规范、检测机构制度规范等几个方面，多达几十部。

7.2.2 绿色食品标准的概念、构成及特点

7.2.2.1 绿色食品标准的概念

绿色食品标准是应用科学技术原理，结合绿色食品生产实践，借鉴国内外相关标准所制定的，在绿色食品生产中必须遵守、绿色食品质量认证时必须依据的技术性文件。

绿色食品标准是绿色食品认证和管理的依据和基础，是整个绿色食品事业的重要技术支撑，它是全体从事绿色食品工作的人员长期的经验总结和智慧结晶；是由农业农村部发布的推荐性农业行业标准（NY/T），是绿色食品生产企业必须遵照执行的标准。

从绿色食品标准的属性来看，是推荐性农业行业标准。

7.2.2.2 制定绿色食品标准的作用和意义

制定绿色食品标准的作用和意义主要在于：①它是绿色食品质量认证和质量体系认证的

基础，也是标志许可的依据；②是开展绿色食品生产活动的技术、行为规范；③是推广先进生产技术，提高绿色食品生产水平的指导性技术文件；④是维护绿色食品生产者和消费者利益的技术和法律依据；⑤是提高我国食品质量，增强我国食品在国际市场的竞争力，促进产品出口创汇的技术手段；⑥是开展可持续农产品及有机农产品平等贸易的技术保障，为我国农业，特别是生态农业、可持续发展农业在对外开放过程中提高自我保护、自我发展能力创造了条件。

7.2.2.3 绿色食品质量标准体系的构成框架

绿色食品的标准为农业农村部发布的推荐性行业标准，但是对于绿色食品生产企业来说，为强制性执行标准。它对绿色食品产前、产中和产后全过程质量控制技术和指标做了全面的规定，构成了一个科学、完整的标准体系（图7.2）。

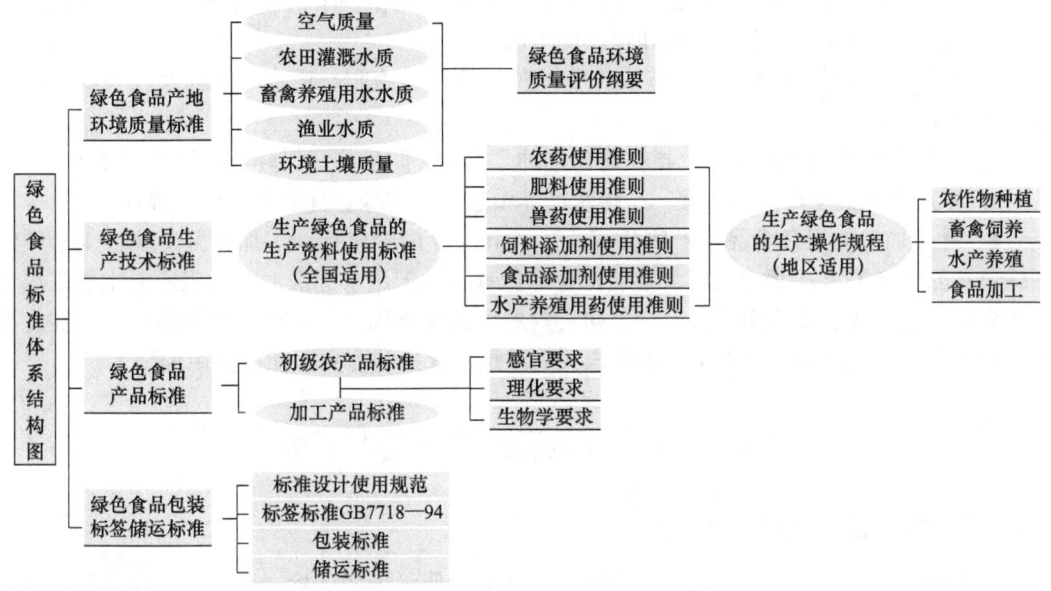

图7.2 绿色食品标准体系结构

以上标准对绿色食品产前、产中和产后，即"从农田到餐桌"全过程质量控制技术和指标做了全面的规定，构成了一个科学、完整的绿色食品标准体系。

7.2.2.4 绿色食品标准的特点

从绿色食品标准本身而言，具有实行全过程质量控制、融入可持续发展的技术内容、有利于农产品国际贸易发展三个突出特点。

7.2.3 现行有效使用的绿色食品标准

绿色食品标准体系中现行有效标准141项（其中基础通用技术标准15项，产品标准126项），包括绿色食品产地环境质量标准、生产技术标准、产品标准和包装贮藏运输标准四部分，贯穿绿色食品生产全过程。主要包括：①绿色食品产地环境质量标准；②绿色食品相关生产投入品（肥料、农药、饲料、兽药、渔药及饲料添加剂）使用准则；③绿色食品抽样准则；④绿色食品产品标准；⑤绿色食品包装标签标准；⑥绿色食品贮藏、运输标准等。

7.2.4 绿色食品生产过程标准

绿色食品生产过程控制是绿色食品质量控制的关键环节，绿色食品生产过程标准是绿色食品标准体系的核心。绿色食品生产过程标准包括两部分：生产资料使用准则和生产操作规程。

7.2.4.1 生产资料使用准则

生产资料使用准则是对生产绿色食品过程中物质投入的一个原则性的规定，它包括农药、肥料、兽药、水产养殖用药、食品添加剂和饲料添加剂的使用准则，即包括生产绿色食品农药使用准则，生产绿色食品的肥料使用准则，生产绿色食品的其他生产资料及使用准则。

7.2.4.2 生产操作规程

绿色食品生产操作规程是绿色食品生产资料使用准则在一个物种上的细化和落实。包括农产品种植、畜禽养殖、水产养殖和食品加工四个方面。

1. 种植业生产操作规程 指农作物的整地播种、施肥、浇水、喷药及收获五个环节中必须遵守的规程。

2. 畜牧业生产操作规程 指在畜禽选种、饲养、防治疫病等环节的具体操作规程。

3. 水产养殖业生产操作规程 指水产养殖过程中的绿色食品生产操作规程。

4. 食品加工业绿色食品生产操作规程 其主要内容包括：①加工区环境卫生必须达到绿色食品生产要求；②加工用水必须符合绿色食品加工用水标准；③加工原料主要来源于绿色食品产地；④加工所用设备及产品包装材料的选用必须具备安全无污染条件；⑤在食品加工过程中，食品添加剂的使用必须符合《生产绿色食品的食品添加剂使用准则》。

7.3 绿色食品标志的申报与认证

7.3.1 绿色食品标志的认证程序

绿色食品标志是经中国绿色食品发展中心注册的质量证明商标，企业如需在其生产的产品上使用绿色食品标志，须按图7.3的程序提出申报。

绿色食品认证程序包括：①申请人向所在省绿色食品工作机构（以下简称省绿办）提出认证申请；②省绿办组织检查员对申请材料进行文审；③省绿办委派检查员对申请认证企业进行现场检查和产品抽样；④绿色食品定点环境监测部门对产地进行环境监测；⑤绿色食品定点产品监测部门对产品进行质量检测；⑥中国绿色食品发展中心（以下简称中心）组织专家对省绿办上报的申请认证材料进行审核；⑦绿色食品认证评审委员会对申请认证产品进行认证评审；⑧中心颁发证书，并进行公告。

7.3.2 申报管理

只有完善的科学的申报管理，才能保证绿色食品生产基地的申报和审核确实符合绿色食品生产的各项条件。申报管理包括以下内容。

7.3.2.1 申请人的资格

根据《绿色食品标志管理办法》第五条规定："凡具有绿色食品生产条件的单位和个人均可作为绿色食品标志使用权的申请人"，即凡具有法人资格，并获得相关行政许可的生产

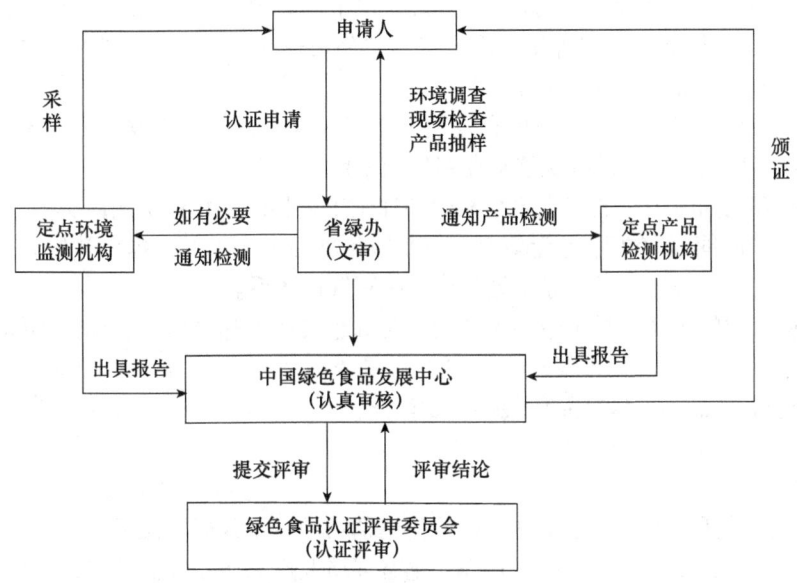

图 7.3 绿色食品认证程序

资料企业均可申请。社会团体、民间组织、政府和行政机构等不可作为绿色食品的申请人。同时，还要求申请人具备以下条件。①具备绿色食品生产资料生产的环境条件和技术条件。②生产具备一定规模，具有较完善的质量管理体系和较强的抗风险能力。③加工企业须生产经营一年以上方可受理申请。④有下列情况之一者，不能作为申请人：a. 与中心和省绿办有经济或其他利益关系的；b. 可能引致消费者对产品来源产生误解或不信任的，如批发市场、粮库等；c. 纯属商业经营的企业（如百货大楼、超市等）。

7.3.2.2 申报材料

（1）申请人向所在向省绿办提出认证申请时，应提交以下文件，每份文件一式两份，一份省绿办留存，另一份报中心。

申报材料包括：《绿色食品标志使用申请书》，《企业及生产情况调查表》，保证执行绿色食品标准和规范的声明，生产操作规程（种植规程、养殖规程、加工规程），公司对"基地＋农产"的质量控制体系（包括合同、基地图、基地和农产清单、管理制度），产品执行标准，产品注册商标文本（复印件），企业营业执照（复印件），企业质量管理手册。

对于不同类型的申请企业，依据产品质量控制关键点和生产中投入品的使用情况，还应分别提交以下材料：矿泉水申请企业，提供生产许可证、采矿许可证及专家评审意见复印件。

（2）对于野生采集的申请企业，提供当地政府为防止过度采摘、水土流失而制定的许可采集管理制度。

（3）对于屠宰企业，提供屠宰许可证复印件。

（4）从国外引进农作物及蔬菜种子的，提供由国外生产商出具的非转基因种子证明文件原件及所用种衣剂种类和有效成分的证明材料。

（5）提供生产中所用农药、商品肥、兽药、消毒剂、渔用药、食品添加剂等投入品的产品标签原件。

（6）生产中使用商品预混料的，提供预混料产品标签原件及生产商生产许可证复印件；

使用自产预混料（不对外销售），且养殖方式为集中饲养的，提供生产许可证复印件；使用自产预混料（不对外销售），但养殖管理方式为"公司＋农户"的，提供生产许可证复印件、预混料批准文号及审批意见表复印件。

（7）外购绿色食品原料的，提供有效期为一年的购销合同和有效期为三年的供货协议，并提供绿色食品证书复印件及批次购买原料发票复印件。

（8）企业存在同时生产加工主原料相同和加工工艺相同（相近）的同类多系列产品或平行生产（同一产品同时存在绿色食品生产与非绿色食品生产）的，提供从原料基地、收购、加工、包装、贮运、仓储、产品标识等环节的区别管理体系。

（9）原料（饲料）及辅料（包括添加剂）是绿色食品或达到绿色食品产品标准的相关证明材料。

（10）预包装产品，提供产品包装标签设计样。

7.3.2.3 实地考察

省绿色食品委托管理机构在接到申请单位申请书的一个月内，派绿色食品基地监督员赴申报单位实地考察，核实生产规模、管理、生态环境及产品质量控制情况，写出现场检查报告并署名盖章。

现场检查报告的主要内容应包括：申报单位的基本概况、产品的基本情况、生产规模、管理技术水平、生产操作规程、病虫害及肥料的使用情况（添加剂的使用情况）、获得标志后产品的市场情况、农业生态环境质量状况、产品质量控制情况及发展前景等。

7.3.2.4 审核

1. 审核的主要项目 包括：①申报材料是否齐全；②填报材料是否真实、规范；③环境监测材料是否有效（时间上是否有效、监控面积是否能控制整个基地面积）；④生产操作是否符合绿色食品生产操作规程；⑤基地示意图是否明晰、规范；⑥省委托管理机构考察报告是否符合要求等。

2. 抽样 如材料合格，将书面通知省绿色食品委托管理机构对申报产品进行抽样。省绿色食品委托管理机构接到中心的抽样单后，将委派2名或2名以上绿色食品标志专职管理人员赴申报企业进行抽样；抽样由抽样人员与被抽样单位当事人共同执行。抽取样品，并于样品包装物上贴好封条，并由双方在抽样单上签字、加盖公章；抽样后，申报企业带上检测费、产品执行标准复印件、绿色食品抽样单、抽检样品送至绿色食品定点食品监测中心。

3. 申报产品检测 绿色食品定点监测中心依据绿色食品产品标准检测申报产品。监测中心应于收到样品三周内出具检验报告，并将结果直接寄至中心标志管理处，不得直接交与企业。对于违反程序，无抽样单的产品，监测中心应不予检测。否则，检测结果一律视为无效。

7.3.2.5 颁证程序、确定编号

终审合格后，中国绿色食品发展中心将书面通知企业前往中心办理领证手续。三个月内未办理手续者，视为自动放弃。

领取绿色食品标志使用证书时，需同时办理如下手续。①缴纳标志服务费：每个产品8000元，同类的（57小类）系列初级产品，超过两个的部分，每个产品1000元；主要原料相同和工艺相近的系列加工产品，超过两个的部分，每个产品2000元；其他系列产品，超过两个的部分，每个产品3000元。②送审产品使用绿色食品标志的包装设计样图。③如不

是法人代表本人来办理，需出示法人代表的委托书。④订制绿色食品标志防伪标签；⑤与中心签订《绿色食品标志许可使用合同》。

中国绿色食品发展中心将对履行了上述手续的产品实行统一编号，并颁发绿色食品使用证书，证书的有效期为三年。

绿色食品生产基地申报得到确认并取得有关证书以后，绿色食品生产基地即可进入建设和生产阶段。在建设和生产过程中，同样要加强管理，以保证"从农田到餐桌"的各个环节都符合"绿色"标准。我国一些"绿色食品"不"绿色"，这种情形一般不发生在申报过程中，而发生在投入生产以后的各个环节中。因此，加强生产基地的管理非常重要。

2002年10月18日农业部绿色食品管理办公室和中国绿色食品发展中心对绿色产品的编号又做了重新修订，新的编号形式如下。

LB —— XX —— XX —— XX —— XX —— XXXX —— A（AA）

绿标　产品类别　认证年份　认证月份　省份（国别）产品序号　产品级别

重新修订的编号形式规定：产品类别代码仍为两位数，而产品分类则由原来的7大类55小类调整为目前的5大类57小类，并按小类编号；认证时间代码由两位数增加到四位数，时间由年份延伸至月份；将原产品国别代码和绿办代码合并为省份（国别）代码，各省（区、市）按行政区划的序号编码如表7.2所示；国外产品，则从第51号开始，按各国第一个绿色食品产品认证的先后顺序编排该国家代码如表7.3所示；中国不编代码；产品序号代码由三位数增加到现在的四位数；将表示A级产品、AA级产品的1、2代码分别改为英文字母A、AA。

表7.2　我国绿色产品类别代码

绿色产品大类名称	产品小类及编号			
	小类编号	产品名称	小类编号	产品名称
农业产品及其加工产品	01	小麦	13	杂粮
	02	小麦粉	14	杂粮加工品
	03	大米	15	蔬菜
	04	大米加工品	16	冷冻、保鲜蔬菜
	05	玉米	17	蔬菜加工品
	06	玉米加工品	18	鲜果类
	07	大豆	19	干果类
	08	大豆加工品	20	果类加工品
	09	油料作物产品	21	食用菌及山野菜
	10	食用植物油及其制品	22	食用菌及山野菜加工
	11	糖料作物产品	23	其他食用农林产品
	12	机制糖	24	其他农林加工食品
畜禽类产品	25	猪肉	31	禽蛋
	26	牛肉	32	蛋制品
	27	羊肉	33	液体乳
	28	禽肉	34	乳制品
	29	其他肉类	35	蜂产品
	30	肉食加工品		
水产类产品	36	水产品	37	水产加工品

续表

绿色产品大类名称	产品小类及编号			
	小类编号	产品名称	小类编号	产品名称
饮品类产品	38	瓶（罐）装饮用水	44	精制品
	39	碳酸饮料	45	其他茶
	40	果蔬汁及其饮料	46	白酒
	41	固体饮料	47	啤酒
	42	其他饮料	48	葡萄酒
	43	冷冻饮品	49	其他酒类
其他产品	50	方便主食品	54	食盐
	51	糕点	55	淀粉
	52	糖果	56	调味品类
	53	果脯蜜饯	57	食品添加剂

表 7.3 行政区（国别）代码

代码	行政区	代码	行政区	代码	行政区	代码	行政区	代码	行政区
01	北京	09	上海	17	湖北	25	西藏	33	台湾
02	天津	10	江苏	18	湖南	26	陕西	34	重庆
03	河北	11	浙江	19	广东	27	甘肃	51	法国
04	山西	12	安徽	20	广西	28	宁夏	52	澳大利亚
05	内蒙古	13	福建	21	海南	29	青海	53	芬兰
06	辽宁	14	江西	22	四川	30	新疆	54	加拿大
07	吉林	15	山东	23	贵州	31	香港		
08	黑龙江	16	河南	24	云南	32	澳门		

7.3.3 可申报绿色食品标志的产品

7.3.3.1 按商标类别划分

按国家商标类别划分的第 5、29、30、31、32、33 类中的大多数产品均可申请认证，如第 29 类的肉、家禽、水产品、奶及奶制品、食用油脂等；第 30 类的食盐、酱油、醋、米、面粉及其他谷物类制品、豆制品、调味用香料等；第 31 类的新鲜蔬菜、水果、干果、种子、活生物等；第 32 类的啤酒、矿泉水、水果饮料及果汁、固体饮料等；第 33 类的含酒精饮料。

7.3.3.2 "食"或"健"字

经国家卫生健康委员会以"食"字或"健"字登记的新开发产品均可申报绿色食品标志。

7.3.3.3 药食同源

经国家卫生健康委员会公告既是药品也是食品的产品，如紫苏、菊花、白果、陈皮、红花等，可以申请认证。

7.3.3.4 不受理的产品

按照绿色食品标准，暂不受理蕨菜、方便面、火腿肠、叶菜类酱菜的申报。但酱菜类成品符合下述条件的可以受理申报 A 级绿色食品：①原料为非叶菜类蔬菜产品；②原料蔬菜收获后必须及时加工，在常温条件下储藏运输时间不超过 48h，在冷藏条件下储藏运输时间不超过 96h；③不得在酱腌菜中使用化学合成添加剂；④生产企业必须执行 GMP 规定；⑤酱腌菜成品的亚硝酸盐含量必须小于 4mg/kg。

7.3.3.5　转基因产品

绿色食品拒绝转基因技术，由转基因原料生产（饲养）加工的任何产品均不受理。

7.3.3.6　药品、香烟

药品、香烟不可申报绿色食品标志。

7.3.4　绿色食品标志的使用与管理

7.3.4.1　绿色食品标志的使用

获得绿色食品标志使用权的企业，应尽快使用绿色食品标志。

绿色食品产品标签、包装必须符合《中国绿色食品商标标志设计使用规范手册》要求。

绿色食品生产企业在产品内、外包装及产品标签上使用绿色食品标志时，绿色食品标志的标准图形、标准字体、图形与字体的规范组合、标准色、编号规范必须按照《中国绿色食品商标标志设计使用规范手册》要求执行，并报中国绿色食品发展中心审核、备案。

包装、标签上必须做到"四位一体"，即绿色食品标志图形、"绿色食品"文字、编号及防伪标签须全部体现在产品包装上。凡标志图形出现时，必须附注册商标符号"R"。在产品编号正后或正下方须注明"经中国绿色食品发展中心许可使用绿色食品标志"的文字，其规范英文为"Certified China Green Food Product"。

产品标签还必须符合《食品标签通用标准》GB7718。标签上必须标注食品名称；配料表；净含量及固形物含量；制造者、销售者的名称和地址；日期标志（生产日期、保质期/保存期）和贮藏指南；质量（品质等级）和产品标准号。另外，还须注明防腐剂、色素等所用种类及用量。

在宣传广告中使用绿色食品标志必须符合《中国绿色食品商标标志设计使用规范手册》要求，绿色食品生产企业不能扩大绿色食品标志使用范围。

7.3.4.2　许可使用绿色食品标志企业的管理

包括中国绿色食品发展中心对企业的监督管理，市场监督，出口产品使用绿色食品标志的管理及技术支持。

7.3.4.3　获得绿色食品标志使用权企业的要求

主要有缴纳标志使用费，标志使用期，培训，防伪标签使用和变更备案。

本 章 小 结

绿色食品是指遵循可持续发展原则，按照特定生产方式生产，经专门机构认定，许可使用绿色食品标志，无污染的安全、优质、营养类食品。分为 AA 级绿色食品和 A 级绿色食品。

绿色食品标志是指"绿色食品""Green Food"、绿色食品标志图形及这三者相互组合的四种形式,注册在以食品为主的五大类食品上。

绿色食品产品有出自最佳生态环境、对产品实行全程质量控制及对产品依法实行标志管理三大特征。

绿色食品创立了"以技术标准为基础、质量认证为形式、商标管理为手段"的运行模式,实行质量认证制度与证明商标管理制度相结合;绿色食品推行"以品牌为纽带、龙头企业为主体、基地建设为依托、农户参与为基础"的产业一体化组织形式。

绿色食品认证程序包括:①提出认证申请;②对申请材料进行文审;③对申请认证企业进行现场检查和产品抽样;④对产地进行环境监测;⑤对产品进行质量检测;⑥申请认证材料审核;⑦认证评审;⑧中心颁发证书,并进行公告。

知识拓展

绿色食品标志管理办法

绿色食品产品适用标准目录

绿色食品标志许可审查程序

绿色食品基础标准

绿色食品标志使用管理规范

中国绿色食品商标标志设计使用规范手册

绿色食品标志许可审查工作规范和绿色食品现场检查工作规范

复习思考题

1. 名词解释

绿色食品 AA级绿色食品生产资料 A级绿色食品生产资料 绿色食品产地环境质量 天然食品添加剂 绿色食品工程 绿色食品标准

2. 简答题

(1) 绿色食品标志的含义是什么?

(2) 简述绿色食品标志认证的程序。

(3) 生产AA级绿色食品的肥料使用原则是什么?

(4) 简述AA级绿色食品与A级绿色食品的区别。

(5) 绿色食品标准体系内涵和具体内容是什么?

(6) 简述我国绿色食品发展历程、特征及优势。

(7) 绿色食品的包装材料要求是什么?

(8) 为什么说绿色食品标志管理是一种质量管理?

第 8 章　有机食品认证

【教学目的和要求】通过对有机食品的学习能够熟知有机食品的概述，并根据有机产品标准的要求指导有机食品生产及加工，同时充分理解标准要求，可指导工厂进行有机食品认证及管理。

8.1　有机食品概述

8.1.1　有机食品的相关概念

有机食品在不同的语言中有不同的名称。国外最普遍的叫法是 Organic Food，在其他语种中也有称生态食品、生物食品、自然食品等。联合国粮食及农业组织和世界卫生组织（FAO/WHO）的食品法典委员会（CODEX）将这类称谓各异但内涵实质基本相同的食品统称为"Organic Food"。

有机（organic）　指有机认证标准描述的生产体系，以及由该体系所生产的具有特定品质的产品，而不是化学上的定义。

有机产品（organic product）　有机生产、有机加工的供人类消费、动物食用的产品。

有机生产（organic production）　遵照特定的生产原则，在生产中不采用基因工程获得的生物及其产物，不使用化学合成的农药、化肥、生长调节剂、饲料添加剂等物质，遵循自然规律和生态学原理，协调种植业和养殖业的平衡，保持生产体系持续稳定的一种农业生产方式。

有机加工（organic processing）　主要使用有机配料，加工过程中不采用基因工程获得的生物及其产物，尽可能减少使用化学合成的添加剂、加工助剂、染料等投入品，最大限度地保持产品的营养成分和（或）原有属性的一种加工方式。

转换期（conversion period）　从开始实施有机生产至生产单元和产品获得有机产品认证之间的时段。

平行生产（parallel production）　在同一生产单元中，同时生产相同或难以区分的有机的、转换期的或常规产品的情况。

缓冲带（buffer zone）　在有机和常规地块之间有目的设置的、可明确界定的用来限制或阻挡邻近田块的禁用物质漂移的过渡区域。

投入品（input）　在有机生产过程中采用的所有物质或材料。

养殖期（animal life cycle）　从动物出生到作为有机产品销售的时间段。

顺势治疗（homeopathic treatment）　一种疾病治疗体系。

植物繁殖材料（propagating material）　在植物生产或繁殖中使用的除一年生植物的种苗以外的植物或植物组织。

基因工程生物（genetically engineered organism）/转基因生物（genetically modified organism）　指通过自然发生的交配与自然重组以外的方式对遗传材料进行改变的技术（基因工程技术/转基因技术）改变了其基因的植物、动物、微生物。

辐照（irradiation）/离子辐射（ionizing radiation）　放射性核素高能量的放射。

配料（ingredient）　在制造或加工产品时使用的，并存在（包括改性的形式存在）于产品中的任何物质。

食品添加剂（food additive）　为改善食品品质和色、香、味及为防腐、保鲜和加工工艺的需要而加入食品中的人工合成物质或者天然物质。

加工助剂（processing aid）　保证食品加工能顺利进行而使用的各种物质，与食品本身无关。

标识（labeling）　在销售的产品及包装、标签或者随同产品提供的说明性材料上，以书写、印刷的文字或图形的形式对产品所做的标示。

认证标志（certification mark）　证明产品生产或者加工过程符合有机标准并通过认证的专有符号、图案或者符号、图案及文字的组合。

销售（marketing）　批发、直销、展销、代销、分销、零售或以其他任何方式将产品投放市场的活动。

有机产品生产者（organic producer）　从事植物、动物和微生物产品的生产，其产品获得有机产品认证并获准使用有机产品认证标志的单位或个人。

有机产品加工者（organic processor）　从事食品、饲料和纺织品的加工，其产品获得有机产品认证并获准使用有机产品认证标志的单位或个人。

有机产品经营者（organic handler）　从事有机产品的运输、贮存、包装和贸易，其经营单位和产品获得有机产品认证并产品获准使用有机产品认证标志的单位和个人。

内部检查员（internal inspector）　指有机产品生产、加工、经营组织内部负责有机管理体系审核，并配合有机认证机构进行检查、认证的管理人员。

生产单元（production unit）　由有机产品生产者实施管理的生产区域。

8.1.2　有机食品的必备条件

有机食品必备的四个条件，包括：①有机原料，即原料必须来自建立的或正在建立的有机农业生产体系，或采用有机方式采集的野生天然产品；②有机过程，即产品在整个生产过程中严格遵循有机食品的生产、加工、包装、贮藏、运输标准；③有机跟踪，即生产者在有机食品生产和流通过程中，有完善的质量跟踪审查体系和完整的生产及销售记录（档案）；④有机认证，即必须通过独立的有机食品认证机构的认证。

8.1.3　有机农业

8.1.3.1　有机农业的定义

有机农业（organic agriculture）是指遵照特定的农业生产原则，在生产中不采用基因工程获得的生物及其产物，不使用化学合成的农药、化肥、生长调节剂、饲料添加剂等物质，遵循自然规律和生态学原理，协调种植业和养殖业的平衡，采用一系列可持续的农业技术以维持持续稳定的农业生产体系的一种农业生产方式。

欧洲把有机农业描述为一种通过使用有机肥料和适当的耕作措施，以达到提高土壤的长效肥力的系统。美国农业部对有机农业的描述是：有机农业是一种完全不用或基本不用人工合成的肥料、农药、生产调节剂和畜禽饲料添加剂的生产体系。

8.1.3.2 有机农业的发展过程

从有机农业的提出到如今的快速发展，经历了近一个世纪，美国称之为再生农业，英国和西欧称为生物农业，日本称为自然农法，还有的称为生态农业、生物动力农业、低投入农业或持续农业等。世界有机农业的发展从20世纪初开始至今，大致经历了4个阶段，即19世纪初期的萌芽阶段、20世纪50~60年代的沉寂阶段、70~90年代初的探索阶段和90年代中后期的飞跃阶段。

随着世界有机农业的迅速发展，全世界194个国家中，超过179个国家超过5090万公顷土地，已在结合其独特的自然和社会条件基础上进行了有机农业生产实践，继续辐射影响到邻近许多其他国家的土地和农场。

8.1.3.3 有机农业的特点

有机农业与目前农业相比较，其特点是向社会提供无污染、高品质、富营养且食用安全的环保食品，有利于保障人民身体健康，减少疾病发生，发展大健康产业；可以减轻环境污染，有利恢复生态平衡；有利提高我国农产品在国际上的竞争力，增加外汇收入；有利于增加农村就业、农民收入，实现精准扶贫，提高农业生产水平。

8.1.4 我国发展有机农产品的生产优势

有机农产品生产的首要条件是无公害、无污染的生态环境，而我国是农业大国，农业生产历史悠久，因此具备发展有机农产品独特的优势条件。包括国家重视且政策支持，具有良好的技术优势和生产经验、丰富的资源优势（生物资源丰富、产品优势明显及劳动力资源比较丰富等）、生态环境多样化等；环境条件逐步改善，有更多的地区适宜发展有机农业；目前我国有机食品的市场份额低，未来有巨大的消费空间。

8.1.5 国际有机食品组织

国际有机食品组织主要有国际有机农业运动联合会（IFOAM）、有机农业协调与统一国际组织（ITF）及国际食品与法典委员会（Codex Alimentarius Commission，CAC）。

8.2 有机产品认证的相关法律法规及要求

我国的有机产品认证认可体系由法规和标准体系、认证认可制度体系、从业机构体系、监督管体系、国际合作体系、外部环境体系六大单元组成。法规和标准体系是由一系列规范认证以可活动的法规、管理制度、办法与技术标准组成的，具有约束力的法律规范和制度的总称。

8.2.1 有机产品认证的法律法规

针对有机产品认证，我国发布了《有机产品认证管理办法》和《有机产品认证实施规则》。《有机产品认证管理办法》是我国现行对有机产品认证、流通、标识、监督管理的强制性要求，以原国家质检总局2004年第67号令发布，自2005年4月1日起实施，共分七章四十四条；2013年4月23日国家质量监督检验检疫总局局务会议审议通过，国家质量监督检验检疫总局（第155号）对修订的《有机产品认证管理办法》给予公布，自2014年4月1

日起施行,并于2015年8月进行修正,共分七章六十三条,主要内容包括第一章总则,第二章认证实施,第三章有机产品进口,第四章认证证书和认证标志,第五章监督管理,第六章罚则,第七章附则。

国家认证认可监督管理委员会于2005年6月发布的《有机产品认证实施规则》,是对认证机构开展有机产品认证程序的统一要求,分别对认证申请、受理、现场检查的要求、提交材料和步骤、样品和产品地环境检测的条件和程序、检查报告的记录与编写、做出认证决定的条件和程序、认证证书和标志的发放与管理方式、收费标准等做出了具体的规定;《有机产品认证实施规则》已于2019年11月进行了再次修订,自2020年1月1日起实施,同时国家认监委2014年第11号公告自2020年1月1日起废止。

8.2.1.1 有机产品认证的相关法规、文件

包括:①国家质量监督检验检疫总局令第155号《有机产品认证管理办法》;②《中华人民共和国食品安全法》;③关于做好有机产品认证标志使用工作的通知;④关于启用国家有机产品认证标志备案系统的公告(认监委2012年第9号公告);⑤关于国家有机产品认证标志印制和发放有关问题的通知(国认注〔2005〕34号);⑥关于有机食品认证认可管理工作移交事项的通知;⑦关于有机产品认证咨询机构的公告(认监委2010年第37号);⑧认监委关于发布新版《有机产品认证目录》的公告(公告〔2019〕22号);⑨关于发布《有机产品认证实施规则》的公告(2019年11月);⑩关于进一步加强国家有机产品认证标志管理的通知(国认注〔2011〕68号)等。

《有机产品认证目录》(认监委2012年第2号公告)规定了可以进行有机产品认证的产品范围,只有在目录中的产品才可以进行有机产品认证;2019年11月6日市场监管总局、认监委公告发布新版《有机产品认证目录》(公告〔2019〕22号),修订后产品类别共46个,共涉及1136种产品。

8.2.1.2 相关农业、农产品的法律法规

相关农业、农产品的法律法规包括:①《中华人民共和国农业法》;②《中华人民共和国食品安全法》;③《中华人民共和国食品安全法实施条例》;④《中华人民共和国农产品质量安全法》;⑤《中华人民共和国种子法》;⑥《中华人民共和国进出境动植物检疫法》;⑦《中华人民共和国农药管理条例》;⑧《兽药管理条例》;⑨《饲料和饲料添加剂管理条例》;⑩《中华人民共和国进出口动植物检疫条例》;⑪《农业转基因生物安全管理条例》;⑫《中华人民共和国认证认可条例》;⑬《认证机构管理办法》(国家质检总局令2017第193号);⑭《认证证书和认证标志管理办法》(原国家质检总局令2015第162号)等。

8.2.2 技术标准

我国现行的认证认可标准体系由规范认证认可活动的标准、导则、指南等标准类文件和认证依据的标准、技术规范类文件组成。有机产品认证活动的依据为《GB/T 19630—2019 有机产品生产、加工、标识与管理体系要求》。它是我国有机产品认证的依据,发布于2005年,2019年进行了修订。它虽是国家推荐性标准,但在《有机产品认证管理办法》中规定有机产品认证必须依据这个国家标准。因此,它也是中国有机产品法规、标准体系的重要组成部分。

8.2.2.1 有机产品标准的组成及主要内容

《GB/T19630—2019 有机产品生产、加工、标识与管理体系要求》规定了有机产品的生产、加工、标识与管理体系的要求，适用于有机植物、动物和微生物产品的生产，有机食品、饲料和纺织品等的加工，有机产品的包装、贮藏、运输、标识和销售。与 GB/T19630.1～19630.4—2011 相比，主要技术变化在于：本标准将 GB/T19630.1～19630.4—2011 对应条款的内容合并，合并后各条款分别为范围、规范性引用文件、术语和定义、生产、加工、标识和销售、管理体系，相应子条款的序号按现有框架依次调整。

8.2.2.2 与有机食品认证相关的其他标准

包括：①农田灌溉水标准（GB5084）；②土壤环境质量标准（GB15618）；③农田灌溉水质标准（GB5084）；④环境空气质量标准（GB3095）；⑤纺织染整工业水污染物排放标准（GB4287）；⑥渔业水质标准（GB11607）；⑦畜禽养殖业污染物排放标准（GB18596）；⑧食品企业通用卫生规范（GB14881）；⑨生活饮用水卫生标准（GB5749）；⑩食品添加剂使用标准（GB2760）；⑪食品中真菌毒素限量（GB2761）；⑫食品中污染物限量（GB2762）；⑬食品中农药最大残留限量（GB2763）；⑭生态纺织品技术要求（GB/T18885）等。

8.2.3 国际有机食品标准与认证管理体系

8.2.3.1 有机农业的国际标准

1. 前提条件 包括：①凡标有"有机"标签的产品，生产者和农场必须属于 IFOAM 成员；②不属于 IFOAM 的个体生产者不可以声明他们是按 IFOAM 标准进行生产的；③ IFOAM 标准包括农场审查和颁证方案的建议。

2. 目标（即基本标准框架） 包括：①生产足够数量且具有高营养的食品；②维持和增加土壤的长期肥力；③在当地农业系统中尽可能利用可再生资源；④在封闭系统中尽可能进行有机物质和营养元素方面的循环利用；⑤给所有的牲畜提供生活条件，使它们按自然的生活习性生活；⑥避免由于农业技术带来的所有形式的污染；⑦维持农业系统遗传基质的多样性，包括植物和野生动物环境的保护；⑧允许农业生产者获得足够的利润；⑨考虑农业系统较广泛的社会影响和生态影响。

根据上述框架各国组织制定发展自己的标准。

8.2.3.2 国际有机农业和有机农产品的法规与管理体系

国际有机农业和有机农产品的法规与管理体系主要分为国际性（联合国）、国际性非政府组织、国家 3 个层次。国家层次的有机食品标准以欧盟、美国和日本为代表。主要有国际有机食品标准与管理体系、国际性非政府组织有机食品标准与管理体系、欧盟的有机食品标准与管理体系、美国的有机食品标准与管理体系、日本的有机食品标准与管理体系等。

8.2.4 中国合格评定国家认可委员会（CNAS）有机产品认证认可评审使用文件

8.2.4.1 认可规则

包括：① CNAS-R01：2019《认可标识和认可状态声明管理规则》；② CNAS-R02：2018《公正性和保密规则》；③ CNAS-R03：2019《申诉、投诉和争议处理规则》；

④ CNAS-RC01：2020《认证机构认可规则》；⑤ CNAS-RC02：2018《认证机构认可资格处理规则》；⑥ CNAS-RC03：2013《认证机构信息通报规则》；⑦ CNAS-RC04：2019《认证机构认可收费管理规则》；⑧ CNAS-RC05：2017《多场所认证机构认可规则》；⑨ CNAS-RC07：2017《具有境外关键场所的认证机构认可规则》。

8.2.4.2 认可说明

包括：① CNAS-EC-001 关于认证决定人员的定位；② CNAS-EC-005 关于确保认证机构运作公正性的组织结构；③ CNAS-EC-010 关于产品认证中产品标准变更的相关要求的说明；④ CNAS-EC-011 关于有机产品认证业务范围的认可分类；⑤ CNAS-EC-014 有关获证组织档案数字化存储的说明；⑥ CNAS-EC-016 不予受理认证机构认可申请和暂停、撤销认证机构认可资格有关规定的说明；⑦ CNAS-EC-022 关于 CNAS-RC01：2006《认证机构认可规则》相关要求的。

8.3 有机产品生产、加工、标识与管理体系要求

2018 年 12 月认监委启动了第二次修订实施规则的工作。2019 年 8 月 30 日，国家市场监督管理总局、国家标准化管理委员会批准发布《有机产品生产、加工、标识与管理体系要求》（GB/T19630—2019）国家标准，从 2020 年 1 月 1 日开始实施，2019 版有机标准代替《GB/T19630.1—2011 有机产品第 1 部分：生产》《GB/T19630.2—2011 有机产品第 2 部分：加工》《GB/T19630.3—2011 有机产品第 3 部分：标识与销售》《GB/T19630.4—2011 有机产品第 4 部分：管理体系》。

为便于理解《GB19630 有机产品 生产、加工、标识与管理体系要求》，并保持一致性，下文以理解要点的方式对原标准进行理解，并且按标准的原编号进行诠释；同时原文可扫描章后二维码呈现。

1 范围

2 规范性引用文件

3 术语和定义

［标准理解］详见本章 8.1.1 有机食品的相关概念。

4 生产

4.1 基本要求

4.1.1 生产单元

［标准理解］有机生产单元应有明确的生产地址，有合法的土地使用证明、营业执照、组织结构代码等。

4.1.2 转换期

［标准理解］转换期应按照本标准严格执行，植物生产转换期根据本标准 4.2 严格执行，除了芽苗菜、野生采集、食用菌栽培（土培和覆土栽培除外）生产可以免除转换期外，其他产品均有转换期；畜禽养殖的转换期执行本标准 4.5 条款要求。

4.1.3 基因工程生物

［标准理解］在生产单元开始进行有机标准管理时，作物种植基地就不允许使用转基因的种子和植株，牧场不得喂转基因的饲料等，所有使用的物质和材料都不得是转基因的。如同时存在平行生产，则常规生产部分也不得引入和使用基因工程生物/转基因生物及其衍生物。

4.1.4 辐照

［标准理解］经过辐照的食品除了细菌被杀掉，食品本身的营养，如维生素会有所流失，蛋白质、非饱和脂肪、益生菌等也会发生结构改变或被破坏；如使用辐照技术，则存在改变食品的分子结构，违背了"遵循自然规律和生态学原理"的有机农业要求。

4.1.5 投入品

［标准理解］投入品是有机产品认证中非常重要的要求之一。

种植基地的投入品，如种子、有机肥、除草除虫剂等，牧场的投入品有饲草、饲料等均需按照本标准附录A和B使用投入品，如果必须使用附录A或B以外的投入品时，必须参照附录C的评估准则，由认证评估允许后方可使用，常规生产中使用的化学合成农药和化肥等均不可以使用，可使用的植物保护剂参见本标准附录表A.2。

4.2 植物生产

4.2.1 转换期

［标准理解］认证公司认证通过后下发有机转换证书时，有机转换的起始时间是从审查认证委托人材料符合要求同意受理的日期开始计算。在种植时必须注意不同类型植物的不同转换期及其计算时间，转换期需从播种前计算，因此作物种植基地必须做好认证计划，提高效益。

新开垦的、撂荒的地块需要三个条件，一是至少在36个月以上未使用有机产品标准禁用物质；二是要提供充分的证据，如提供当地相关政府部门的证明等；三是即使满足以上两个条件，也应经过至少12个月的转换期。

4.2.2 平行生产

［标准理解］在同一生产单元中，同时生产相同或难以区分的有机、有机转换或常规产品的情况。当存在平行生产时要注意防止交叉污染，尤其防止禁用物质污染，因此生产地块、设施和工具应能够完全分开。产品应严格区分，如采用不同的运输工具和存储库房。

4.2.3 产地环境要求

［标准理解］产地环境是有机食品认证的重要环节。产地选址不符合相应标准会导致认证失败。

根据要求，在提交认证申请的材料中需要相应的土壤检测报告、灌溉水的水质报告和环境空气的质检报告或者证明，结果需要符合本标准4.2.3中国家标准要求。

4.2.4 缓冲带

［标准理解］缓冲带是在有机和常规地块之间有目的设置的、可明确界定的用来限制或阻挡邻近常规田块的禁用物质漂移的过渡区域。通常用排水沟、林带、道路等作为缓冲带，防止邻近常规生产区域使用的禁用物质通过风、地下水等流动进入有机生产地块。

4.2.5 种子和植物繁殖材料

［标准理解］在植物种类及品种的选择上应结合当地情况选择适应当地土壤和气候条件的、抗病虫害的且遗传具有多样性的品种。主要考虑有机生产不能使用农药，因此需选择能抗病虫害的品种，可以有效降低后期保护成本，并保证植物的遗传多样性。

有机种子或植物繁殖材料首选有机的，如无法购买可按照本标准4.2.5.2进行。一年生植物的种苗需要采取有机生产方式培育，那么从种子的选择到育苗的过程中，都需要按照有机生产方式进行。

4.2.6 栽培

［标准理解］需注意对一年生作物轮作的要求，进行三种以上作物轮作，比如第一轮种

小麦、第二轮种玉米、第三轮种豆类。连作会使土壤养分偏耗、有毒物质积累、土壤物理性质恶化、病虫草害加重、减产等;而合理轮作有利于改善植物养分的供给,防止土壤流失并能抑制杂草及病虫害滋生,冬季休耕的地区,如东北地区可不进行轮作。

4.2.7 土肥管理

[标准理解]土肥使用参见本标准附表 A.1 土壤培肥和改良物质。可以采用有机肥料进行改善,它有改良土壤、培肥地力、提高土壤养分活力、净化土壤生态环境、保障产品优质高产高效益等特点。也可以采用土壤修复技术,如腐殖酸肥料及微生物肥料等新型有机肥料改善土壤肥力结构,实现传统农业向优质高效现代农业转型。有机肥的生产应该经过认证公司的评估和许可,供应商能提供相应的证明,并需提供营业执照等相关资质证明,并对供应商进行审核,确保有机肥的生产符合有机标准的要求。

4.2.8 病虫草害防治

[标准理解]病虫害防治的原则优先采用物理措施、农业措施和生物措施等利于保护生态环境的方式。

4.2.9 设施栽培

[标准理解]设施栽培也应该采用土壤等,不得使用液体营养液栽培生产。土壤改良剂应该经过认证公司的评估和许可,确保符合有机标准的要求。

4.2.10 芽苗菜生产

[标准理解]芽菜苗的生产注意种子需符合有机生产的要求,水质和病虫害防治符合相关标准要求。

4.2.11 分选、清洗及其他收获后处理

[标准理解]采后处理推荐物理和生物方法进行,如需使用化学物质则符合本标准附录 E 的要求。

机械设备进行清洁、消毒时,先使用物理方式,如无法清洗干净,则应按照本标准表 A.3 的要求使用清洁剂和消毒剂,不得使用禁用物质。使用清洁剂和消毒剂后需要用清水清洗干净,避免污染有机产品。

4.2.12 污染控制

[标准理解]采用缓冲带等隔离措施和构建排水系统,防止常规生产地块的水进入。使用的肥料需要弄清来源,并对供应商进行审核,获得评估证书,确保肥料符合有机生产要求。

生产中使用的保护性的建筑覆盖物、塑料薄膜、防虫网应严格按照本标准 4.2.12.4 中的要求。

4.2.13 水土保持和生物多样性保护

[标准理解]水土保持是指对自然因素和人为活动造成水土流失所采取的预防和治理措施。水土保持措施为防治水土流失,保护、改良与合理利用水土资源,改善生态环境所采取的工程、植物和耕作等技术措施与管理措施的总称。工程措施、植物措施和农业措施是水土保持的主要措施。

4.3 野生采集

[标准理解]野生植物是指原生地天然生长的植物,而非人工种植。国家野生保护植物的采集需要办理野生植物采集许可证。采集野生植物应当遵循合理采集、可持续利用的原则,采集过程中需控制采集数量,并且保护野生资源的生存环境,用途不得违反国家和地区的相关规定。

4.4 食用菌栽培

[标准理解]①在同一生产单元内,不应存在平行生产。②设置缓冲带或物理屏障,以避免禁用物质的影响;水源水质应符合 GB 5749 的要求。③采用有机菌种。④使用天然材料或有机生产的基质。⑤食用菌栽培(土培和覆土栽培除外)可以免除转换期。⑥木料和接种位使用的涂料应是食品级的产品,不应使用石油炼制的涂料、乳胶漆和油漆等。⑦采用预防性的管理措施,保持清洁卫生,进行适当的空气交换,去除受感染的菌簇。

4.5 畜禽养殖

4.5.1 转换期

[标准理解]转换期可参考本标准 4.2.1 中的要求,并且做好转换期的前期准备,确定有机转换认证的排期,节约时间成本。

根据本标准 4.5.4 饲料中的规定,饲料中至少应有 50% 来自本养殖场饲料种植基地或本地区有合作关系的有机生产单元,如使用来自本养殖场饲料种植基地的饲料,需考虑禽畜类的食用量和因繁殖引起数量增加所需要的饲料数量,并根据养殖数量计算出种植基地需要进行有机认证的面积。

种植基地的认证转换期可参考本标准 4.2.1,新开垦、撂荒 36 个月以上的或有充分证据证明 36 个月以上未使用本标准禁用物质的地块,也需符合经历至少 12 个月的转换期的要求,可以缩短有机转换期 12 个月,养殖场在进行有机转换和有机认证的日期提前 1 年。

4.5.2 平行生产

[标准理解]在平行生产的过程中需注意以下几点:物理隔离、饲料隔离、禁用物质、机械设备。

4.5.3 畜禽的引入

[标准理解]在实际生产中直接引入有机品种有一定的难度,因此只能引入常规畜禽,则需要经过转换期,且养殖场地需要隔离的面积也较大,投入成本很高。因此,在准备认证时即准备好足够的存栏量,日后靠繁殖增加数量。存在平行生产时则根据本标准 4.5.2 中的要求进行。

4.5.4 饲料

[标准理解]饲料是生产畜禽类产品的重要环节,饲料的要求参见本标准 4.5.4 的理解。当出现不可预见的严重自然灾害或人为事故时,可在一定时间期限内饲喂常规饲料,但应事先获得认证机构的许可。有机饲喂的配方需按照本标准 4.5.4.3 和 4.5.4.4 的要求进行,草食动物(以干物质计)中的有机饲料需要超过 90%,饲喂配方中除了考虑有机饲料的占比(以干物质计)外,还需要考虑粗饲料的占比(以干物质计)。饲料中可使用的物质需严格执行本标准的要求。

哺乳期应遵照本规定中的时限,如奶牛至少为 3 个月,不得提前断乳。

4.5.5 饲养条件

[标准理解]本条目为畜禽饲料的通用要求。畜禽的活动空间参见本标准表 D.1,在建厂时严格按照畜禽的活动面积进行计算,并考虑繁殖的计划和速度,预留空间,同时考虑畜禽的自然行为,活动时必须接触到土地。垫料的要求须符合本标准 4.5.4 中的要求,防止动物啃食。

4.5.6 疾病防治

[标准理解]疾病防疫是养殖过程中的关键控制点,也是有机认证的重要指标之一。疾病预防工作是疾病控制的前提,也是主要的控制手段。主要包括:①动物疾病控制应从品种

选择、提高动物机体免疫力、保持合理的饲养数量和密度三方面着手。②保证饲养环境的清洁卫生也是疾病预防的重要控制手段。③在消杀工作中使用的消毒剂应符合本标准表 B.2 的要求，并且消杀前应将畜禽移出圈舍，避免消毒剂接触动物。④可使用疫苗接种来进行疾病预防，且效果良好，但是接种需要按照国家相关规定进行。⑤预防性治疗过程中禁止使用抗生素或化学合成的兽药；使用兽药时同时遵守《兽药管理条例》《GB31650 国家食品安全标准 食品中兽药最大残留限量》，禁止使用我国禁用兽药。⑥养殖过程中需要关注允许使用的兽药疗程规定，如违反此项规定超过允许疗程，应重新进行转换期。

4.5.7 非治疗性手术

［标准理解］

（1）尽量选择不需要采取非治疗性手术的品种，必要的非治疗性手术是为了动物福利和健康，免受不良的干扰和伤害。例如，断角的目的是防止动物在争斗中互相伤害，奶牛即可进行断角处理；仔猪乳牙钝化处理是为了防止伤害母猪乳房；扣环是为了对动物个体进行标识。

（2）要注意不应进行以下非治疗性手术的相关要求，如羔羊可以断尾，但其他畜禽是不可以的，如给奶牛断尾在有机牧场中是不允许的。

4.5.8 繁殖

［标准理解］

1. 自然繁殖 在自然环境条件下生物亲体自行交配生产后代的过程，符合自然规律和伦理，保护遗传多样性。

2. 人工授精 人工采集动物精液，通过检查、稀释、保存等适当处理后，再用器械把精液输入到发情母畜的生殖道内，以替代公母畜自然交配而繁殖后代的一种繁殖技术。但该过程不涉及基因工程技术，不改变畜禽的遗传特性。

4.5.9 运输和屠宰

［标准理解］动物福利是指动物如何适应其所处的环境，满足其基本的自然需求。给动物提供适宜的居所、管理、营养、人道对待和人道屠宰。屠宰时避免刺激禽畜产生应激反应。

动物应激是指动物遭遇到应激源后，首先由中枢神经系统识别刺激，然后组织发起一系列的生物学反应进行防御，就称为动物应激反应。在应激状态下，机体对能量的需求增加，能量的供应由生产（如生长、泌乳等）转向生存，同时机体组织积极分解以提供应激所需的能量物质和氨基酸，从而改变机体的技能和代谢，也会影响动物产品的质量。因此，应减少应激反应。

4.5.10 有害生物防治

［标准理解］有害生物是指在一定条件下，对人类的生活、生产，甚至生存产生危害的生物；是由数量多而导致圈养动物和栽培作物、花卉、苗木受到重大损害的生物。狭义上仅指动物，广义上包括动物、植物、微生物。

有害生物防治（pest control operation，PCO）。PCO 的核心是有害生物的综合防治，即从有害生物与环境及社会条件的整体观念出发，根据标本兼治而着重治本，确保有效、经济、简便和安全，以及对环境无害的原则，因地制宜地对有害虫种采用适当的环境治理、化学治理、生物防治或其他科学有效手段组成一套系统的防治措施，将其种群密度控制在不足为害的水平，并争取予以清除，以达到除害灭病或减少骚扰的目的。有机生产中优先选择机械、物理和生物控制方法来控制。机械和物理方法，如捕鼠器、灭蝇灯等；生物方法，如引进和移植天敌控制害虫。

4.5.11 环境影响

［标准理解］养殖过程中考虑保护环境，不使生态受到影响，本标准中对最大载畜量、

过度放牧、及时处理和合理利用畜禽粪便、养殖场污染物的排放这四个方面进行要求。

4.6 水产养殖

4.6.1 转换期

[标准理解]

1. 非开放性水域养殖场　　指的是在池塘、蓄水池、工厂化养殖单元等非开放性水域进行生产的养殖场。对于在湖泊、河流、大型水库、近海等开放性水域进行有机生产的水产养殖场，标准没有对转换期做出相关规定，认证机构视具体情况可以不经过转换期直接认证为有机产品。

2. 生产单元　　在这里并不是指一个单一的水体，而是指一个水产养殖企业（单位）管辖着多个封闭水体，如一个水产养殖场往往会有数十、上百个鱼塘、蟹池。如果只申请对其中一部分养殖水体的有机认证，则表明该企业存在平行生产。

3. 开放水域　　主要指的是湖泊、河流、近海、大型水库等水域。固着生物指的是紫菜、海带、贝类等活动区域相对固定的生物。野生既包括了纯野生的固着生物，也包括了除种苗外没有投放任何其他物质的半野生性质的人工养殖生物。

4.6.2 养殖场的选址

[标准理解]由于捕捞区大多位于开放性水域之中，因此必须界限清楚，以便于现场进行检查，如果边界不清，致使检查员无法对其遭受污染的可能性及与有机标准的符合性做出判断，则其不能通过有机认证。

水质符合规定，GB11607中对于海水与淡水均做出了规定。

4.6.3 养殖基本要求

[标准理解]有机养殖的原则要求符合动物健康、生理习性和生活需求，不应采取远离自然的做法，如永久性增氧方法养殖是池塘养殖、工厂化养殖常用的做法，在有机养殖中不适用。

4.6.4 饵料

[标准理解]有机水产养殖强调的是自然养殖，标准在此允许使用饵料并不代表鼓励生产者在养殖过程中大量向水体投入饵料。可以使用矿物质、微量元素及维生素，本标准的表B.1中给出了可以使用的矿物质的具体物质清单，同时在一定条件下可以使用人工合成的维生素，这是基于生产实践的要求，完全使用天然的维生素和微量元素不能满足有机水产品生产的实际需要，可操作性较差。

4.6.5 疾病防治

[标准理解]有机水产养殖对疾病的控制强调的是"防重于治"的原则，生产者应从种苗选育、定时消杀、提高管理水平这三方面着手做好疾病的预防工作。

4.6.6 繁殖

[标准理解]有机水产养殖提倡自然繁殖，尽量减少干扰，但也不禁止采取一些人工辅助的手段帮助繁殖。

4.6.7 捕捞

[标准理解]捕捞应当尽量接近自然状态，对有机养殖体系不可以采取竭泽而渔的掠夺式（如炸鱼、毒鱼等）捕捞方法，一定要考虑到该体系的可持续生产能力，同时捕捞方式采用较为温和的方法，降低应激反应带来的不利影响。

4.6.8 鲜活水产品的运输

[标准理解]由于多数水产品在任何情况下都离不开水，而且很容易受到各种因素的影响，因此其运输要求比植物产品和畜禽的运输要求还要高。应当尽量一次运输到位，而不要

反复倒换，多次转运，以减少对运输对象的影响和刺激。运输途中如发生个体死亡，应立即处理，使之与活的群体分开；运输中不应对水生动物使用化学合成的镇静剂或兴奋剂。

4.6.9 水生动物的宰杀

［标准理解］有机水产品在宰杀前要先使其失去知觉，以减少应激。如必须活宰，则可参照有机畜禽宰杀标准给予特许，但要求采取措施尽量减少对宰杀对象的刺激，同时做好相关记录和标记。

4.6.10 环境影响

［标准理解］在某些水产养殖发达地区，养殖废水已经成为当地的主要污染源之一。而有机养殖除了应生产出安全优质的水产品外，还应为保护当地的生态环境做出贡献。由于有机水产养殖禁止使用对环境有害的物质，其底泥中又富含有机质，因此封闭的有机养殖水体中的底泥应该作为有机肥源供农业生产使用。

4.7 蜜蜂养殖

［标准理解］通常情况下，正常采蜜的蜜蜂的生命周期平均为5～6周，但本条款要求养殖场需经过12个月的转换期，因为在申请认证后需要花费一定时间按本标准建立完整的质量管理体系和操作规程。

巢础是人工制造的蜜蜂巢房的房基，供蜜蜂筑造巢脾的基础。有机养殖蜂场必须使用由纯蜡制成的巢础，因为商品化巢础都不是用纯蜂蜡制造的，一般由蜜蜂养殖场自制或提供有机蜂蜡委托代加工，防止含有其他的物质影响产品认证。

4.7.2 采蜜范围

［标准理解］有机养蜂场的蜜源植物应该来自有机农业生产体系或者至少36个月没有使用过禁用物质的自然（野生）林区。首先应调查蜂场设置区域是否是有机农业生产区域，如果不是有机农业生产区域，则需有证据可以证明是已经有36个月没有使用禁用物质的自然（野生）蜜源区，否则将会影响认证。也不能使用常规生产的蜜源区。

4.7.3 蜂蜡和蜂箱

［标准理解］蜂箱是蜂群饲养和管理中最基本的设备，也是蜂群生活和生产蜂蜜、蜂王浆、蜂蜡、蜂花粉等蜂产品的固定场所。蜂箱的选择应严格遵守本条目要求。

蜂蜡是由约两周龄工蜂蜡腺细胞分泌的，主要用于筑造巢脾的蜡状物质，这也是养蜂业的传统产品之一，在有机养蜂生产中，更应注意蜂蜡的收集和生产。

4.7.4 蜜蜂引入

［标准理解］对于有机生产单元引入的蜂王和蜂群，都应从当地自然环境和现实饲养管理条件出发，着重考虑蜜蜂群体抗病和抗寒等能力；在选择有机养殖的蜂种时还应认真考虑到养殖数量和养殖方法，以尽量避免或减轻对当地生态环境和昆虫种群的不利影响。

4.7.5 蜂王和蜂群的饲养

［标准理解］采用优质蜂王，主要应考虑选用具有优良种性和生产性能的蜂种、采用新蜂王和防止所用蜂种退化3个方面。采用优良特性的蜂王品种是强群饲养的保证。在蜜蜂饲养中应选用具有产卵力强、群势强大、分蜂性弱、高产、抗病力强等特性的蜂种。引进的蜂王应在当地养蜂生产中能表现出其优良特性。

4.7.6 疾病和有害生物防治

［标准理解］保持蜂箱内清洁卫生是保证蜂群健康和生存的必要条件，因此蜂箱、蜂具要注意经常清洁消毒。往往会采用综合消毒法，即3种方法交替使用，以提高消毒效果，包括机械消毒法、物理消毒法及药物消毒法。

4.7.7 蜂产品收获与处理

[标准理解] 有机养蜂业的目的不仅是为了获得优质、安全、健康的蜂产品，也是为了保护自然和与自然相协调，因此不允许采取人为破坏自然的行为。同时防止在处理过程中被外源性的污染物污染。

4.7.8 蜂产品贮存

[标准理解] 为确保有机蜂蜜贮存过程中的品质，贮存蜂蜜应在10～20℃，能保持干燥、通风、阴凉、无直射阳光的地方。由于蜂蜜具有吸水性强和吸异味的特性，贮存时不要与带挥发性气味的物品放在一起，以免串味。

蜂蜜为动物源性食品，但动物源性食品容易因动物发生疫病而出现兽药、农药残留的卫生质量问题，因此应避免蜂蜜被其他化学合成物质污染。

4.8 包装、贮藏和运输

[标准理解] 有机产品的包装提倡使用生态包装材料。生态包装材料是指在生命周期中，能与生态和谐共存、保护环境、节约资源、有利于人体健康的包装材料，同时杜绝过度包装。

具体包括：①不破坏生态的包装材料。可采用瓦楞箱、蜂窝纸板箱等以纸代木，用周转箱、塑料托盘等以塑代木等方法减少对森林的破坏。②发展可降解材料。可降解材料是能在大自然中自行消融，而不污染环境的材料，如植物纤维材料（秸秆）、天然高分子材料（淀粉），以减少白色污染。③发展能减量化、易再利用、可再生的包装材料。

4.8.2 贮藏

[标准理解] 在有机产品贮藏中，为防止有害生物的产生，应优先采取以下措施：①消除有害生物的滋生条件。要定期清理贮存设施和仓库，保持贮存区内外环境的清洁，消除有害生物生存的条件。②通过对温度、湿度、光照、空气等环境因素的控制，防止有害生物的繁殖。③允许使用机械类、信息素类、气味类、黏着性的捕害工具、物理障碍、硅藻土、声光电器具等，作为防治有害生物的设施或材料。

4.8.3 运输

[标准理解] 为了保证有机产品的有机完整性，需要严格防止产品受到外界的污染，为此，有机产品的运输工具应尽量做到有机专用来降低受污染的风险。如果没有条件使用有机专用的运输工具，允许与非有机共用运输工具，但必须在装载有机产品前对运输工具采取充分的清洁措施，并进行相应的标示。

5 加工

5.1 基本要求

[标准理解] 有机产品加工过程的有机完整性。体现在有机产品加工的所有环节（原料、加工、贮存、运输、销售等全过程），在此过程中要能持续保证有机原料的提供。

有机食品加工厂应符合GB14881食品安全国家标准食品生产通用卫生规范。

5.2 食品和饲料

5.2.1 配料、添加剂和加工助剂

[标准理解]

（1）有机产品可分为加工产品和不加工产品，而加工产品又可分为简单加工产品和复杂加工产品。对于加工产品而言，在所使用的全部配料中，有机配料的比例必须大于或者等于95%，由于不对水和食盐进行有机认证，因此在计算有机配料比例时不得将水和盐计算在内。

（2）有机产品中使用常规配料，其比例应不大于配料总量的5%，且一旦有条件获得有机配料应立即更换。

（3）配料中的水和食盐应符合相关的国家标准。

（4）饲料添加剂一般使用在精饲料中，外购的有机精饲料需要供应商提供相应的认证证明或者饲料成分，确认其产品符合国家标准。使用本标准附录F以外的饲料添加剂，应首先符合GB2760的规定，同时按照要求进行评估合格后方可使用。

5.2.2 加工过程

［标准理解］有机产品加工方法应以保存食品营养成分最大化为原则，加工工艺应符合本条款的要求，尤其要注意对提取溶剂的要求，食品生产厂在做有机认证时，也需要让原料供应商提供生产工艺、成分、转基因证明。不应使用石棉过滤材料，因为石棉已经被全世界公认为高致癌的危害人类健康的致命纤维。

5.2.3 有害生物防治

［标准理解］有害生物防治应首先以预防为主，具体可见本标准4.2.8、4.5.10、4.7.7的标准理解。紧急情况的处理也可将有害生物防治外包给治虫公司。

5.2.4 包装

［标准理解］提倡生态环保的包装材料，且应是食品级的，供应商应提供食品级证明；包装材料不能被禁用物质污染。

5.2.5 贮藏

［标准理解］有机产品在贮藏过程中的污染控制，以及常温储藏以外的储藏方法。

5.2.6 运输

［标准理解］运输应专车专用，如需与常规产品共用，则必须确保有机产品不被污染，且标识清晰，与常规产品分类、分区摆放，避免混杂。

5.3 纺织品

［标准理解］略。

6 标识和销售

6.1 标识

［标准理解］只有获得了有机认证的有机产品才能按本标准要求进行有机标识，且应按照国家有关法律法规、标准的要求进行标识，如《中华人民共和国商标法》《中华人民共和国农产品质量安全法》《有机产品认证管理办法》等。现在有机产品不得标注"有机配料生产"字样，不得在产品成分表中标明某种配料为"有机"字样。未获得认证的产品不得在包装上标注含有"有机"、"organic"等字样误导消费者。

6.2 有机配料百分比的计算

［标准理解］计算时，在一些由浓缩物加入水或其他物质重新组合制成的液体食品中，只计算除水以外的配料和浓缩物的有机百分比。如果计算的结果显示有机配料的百分比是94.9%，则根据标准规定，该产品的有机配料比例只能向下取整，则该产品的有机配料百分比只能确定为94%，不能称为有机食品。

6.3 中国有机产品认证标志

［标准理解］中国有机产品认证就是通过有机农业生产体系生产出来的产品。有机产品认证的涵盖面非常广，主要包括：有机食品，主要指可食用的初级农产品和加工食品，如粮食、蔬菜、水果、奶制品、畜禽产品、水产品、饮料和调料等；有机农业生产资料，如有机肥料、生物农药等；此外，有机产品认证还有有机化妆品、纺织品、林产品等，统称为有机

产品。中国有机产品认证标志见图8.1。

有机产品认证占绝大多数的是有机食品，有机产品认证中有机食品是生产加工过程中不使用农药、化肥、激素等人工合成物质的环保型安全食品。它与绿色食品和无公害食品共同组成我国的安全食品。

6.4 销售

[标准理解]销售是有机产品整个生产、加工、贸易过程中的最后一个环节，如何确保在销售过程中产品的有机完整性，其重要性并不亚于其他环节，因为任何环节的失误都会造成产品有机完整性的缺损。

销售过程中必须采取严格的措施将有机与非有机产品分隔开来，还应避免有机产品与禁用物质接触。

图8.1 中国有机产品认证标志

7 管理体系

7.1 基本要求

[标准理解]明确有机产品认证的最基本要求，以及必须按照有机标准要求建立和保持管理体系。首先强调了生产、加工、经营者的合法性，所有申请者都必须要有有效的营业执照、合法的土地使用证明文件等。其次提示了本标准中的7.2～7.7条目是有机生产、加工和经营管理体系的基本要求，它既是申请人建立质量管理体系的依据，也是认证机构对管理体系实施认证和检查的依据。

7.2 文件要求

[标准理解]本条目强调系统记录，即从源头输入至末端输出包含生产、加工、经营、储藏、运输全过程的完整、全面、清晰、准确的记录。

文件是有机生产的指导规范性文件，各岗位所使用的文件应该是统一的，并且是最新的、有效的。对生产单元或加工、经营等场所位置图提出了绘制要求，位置图应按一定的比例绘制，并包含下列六方面问题：区域分布、水源、周边环境状况、车间、仓库布局、隔离区域状况和表明生产单元特征的标识物，包括管理手册、操作规程及记录等。

7.3 资源管理

[标准理解]为了确保有机生产等活动能够按照相关法律法规和标准顺利进行，从事有机产品生产、加工和经营的申请人，应具备必要的物质和人力资源，并且具备对生产、加工及经营活动进行控制的管理体系等。要求从事有机产品生产、加工和经营的申请人必须配置对有机生产、加工活动负责的管理者和内部检查员。

7.4 内部检查

[标准理解]为了确保有机生产的有序进行，企业建立内部检查制度，以定期验证企业所进行的有机活动管理和有机生产、加工及经营等活动本身是否达到国家相关法律法规和标准对有机生产的要求。

要求内部检查员担任实施内部检查的工作，按照内部检查制度的规定和本标准对企业的生产、加工及经营的实施过程进行检查，并形成内部检查记录，以备企业自查或认证机构检查。内部检查员同时通过内部检查对本企业管理体系进行监控，对其中不能持续满足国家相关标准对有机活动的要求的部分提出修改意见。

7.5 可追溯体系与产品召回

[标准理解]从事有机生产、加工及经营的申请人必须建立可追溯体系，这一体系的建

立是为了对生产过程和产品流向进行实时控制，即当产品出现问题时，可依据相关记录追踪到生产、运输、加工、贮藏、包装等所有环节并找到产生问题的原因。设立的记录文件必须覆盖有机生产、加工及经营活动的每个环节，有效的可追溯体系应可以实现双向追溯。

7.6 投诉

［标准理解］投诉管理程序是企业质量管理体系的重要内容之一，通过处理客户投诉，企业能够直接了解自身的不足之处，并加以改进，进一步提升产品和服务的质量。

7.7 持续改进

［标准理解］企业应当通过预防措施和纠正措施等方式对管理体系的有效性进行持续改进，对预防或纠正措施的实施和结果全部记录，以及评审实施措施的效果。

8.4 有机食品认证概述

8.4.1 有机食品认证的定义

有机产品认证是指认证机构依照相关规定，按照有机产品认证规则，对相关产品的生产、加工和销售活动符合中国有机产品国家标准进行的合格评定活动。

有机食品认证是指认证机构按照《有机产品》国家标准和《有机产品认证管理办法》，以及《有机产品认证实施规则》的规定对有机食品生产、加工和销售过程进行评价的活动，包括实地检查、质量保证体系检查和必要时对产品或环境、土壤进行抽样检测。在我国境内销售的有机食品品均需经认证机构认证。

8.4.2 有机产品及有机食品的认证范围

根据《有机产品认证管理办法》《有机产品认证实施规则》（国家认监委公告［2011］第34号 CNCA-N-0092011）规定，国家认证认可监督管理委员会在各认证机构已认证产品的基础上，按照风险评估的原则，组织相关专家制定了《有机产品认证目录》（认监委公告［2019］22号）。现已获得认证，但不在《有机产品认证目录》范围内的认证证书，证书有效期满自动失效。

8.4.3 《有机产品认证目录》（2019年11月）

《有机产品认证目录》规定的认证范围包括37大类127种产品，其中生产类产品有植物类和食用菌类，包括谷物、蔬菜、水果与坚果、豆类与其他油料作物、食用菌和园艺作物、香辛料作物、棉、麻和糖、其他类植物、草及割草、野生采集、中药材；畜禽类，包括活体动物、动物产品或副产品；水产类（含捕捞），包括海水鱼、淡水鱼、虾类、蟹类、无脊椎动物、两栖和爬行类动物和藻类；加工类产品有粮食加工品、肉及肉制品、调味品、饮料、方便食品、饼干、罐头、速冻食品、薯类和膨化食品、食用油、油脂及其制品、乳制品、糖果制品、茶叶及相关制品、酒类、蔬菜制品、水果制品、炒货食品及坚果制品、蛋制品、可可及焙烤咖啡产品、食糖、水产制品、淀粉及淀粉制品、糕点、豆制品、婴幼儿配方食品、特殊膳食食品、其他食品；饲料；中药材加工制品；天然纤维及其制成品等。

8.4.4 有机食品认证的意义、依据及基本要求

8.4.4.1 有机食品认证的意义

有机食品认证可向社会提供富营养、口味好的环保安全食品，保障人体健康，满足人类

对优质生活的需求,是保护消费者利益的重大举措;有利于农村和自然生态环境的保护,是西部生态大开发的主要内容,促进我国农业可持续发展;有利于打破国际贸易技术壁垒、促进农产品出口,增加农产品市场竞争力,促进经济的协调发展;有利于推进农业结构调整,获得良好的经济效益;有机农业也是一种劳动密集型产业,发展有机产业成为精准扶贫的重要手段,可以增加农民、加工企业和贸易单位的收入;加大科技投入、加快科技成果转化、实施高技术农业方面将产生极其重要的作用;是农产品质量安全工作的主要组成部分,是推动优质品牌农产品开发的有效措施,可提高食品质量安全水平;有利于整顿、规范市场经济秩序,促进标准化生产、标识化流通、规范化管理、健康化消费。

8.4.4.2 有机食品认证的依据及基本要求

有机食品认证的依据包括《GB/T 19630—2019 有机产品》及有机产品认证实施规则(CNCA-EC-059-2019)。

1. 有机产品生产的基本要求 包括:①生产基地在最近三年内未使用过农药、化肥等违禁物质;②种子或种苗来自自然界,未经基因工程技术改造过;③生产基地应建立长期的土地培肥、植物保护、作物轮作和畜禽养殖计划;④生产基地无水土流失、风蚀及其他环境问题;⑤作物在收获、清洁、干燥、贮存和运输过程中应避免污染;⑥从常规生产系统向有机生产转换通常需要两年以上的时间,新开荒地、撂荒地需至少经 12 个月的转换期才有可能获得颁证;⑦在生产和流通过程中,必须有完善的质量控制和跟踪审查体系,并有完整的生产和销售记录档案。

2. 有机产品加工／贸易的基本要求 包括:①原料必须是来自已获得有机认证的产品和野生(天然)产品;②已获得有机认证的原料在终产品中所占的比例不得少于 95%;③只允许使用天然的调料、色素和香料等辅助原料和《OFDC 有机认证标准》中允许使用的物质,不允许使用人工合成的添加剂;④有机产品在生产、加工、贮存和运输的过程中应避免污染;⑤有机产品在生产、加工、出售和运输等过程中必须杜绝化学物质污染;⑥禁止使用基因工程生物及产物;⑦不得在同一工厂同时加工相同品种的有机产品和常规产品;⑧加工／贸易全过程必须有完整的档案记录,包括相应的票据并建立相应跟踪审查体系。

8.4.5 有机食品的认证机构和咨询机构

按照相关规定,需经国家认监委批准后才能开展有机产品认证,认证机构包括国内和国外机构,截至目前经过国家认证认可监督管理委员会批准的机构有 88 家,具体的认证机构信息可以在国家认证认可监督管理委员会的网站(http://www.cnca.gov.cn)上进行查询。

1. 北京中绿华夏有机食品认证中心(China Organic Food Certification Center,COFCC)

是农业农村部推动有机农业运动发展的专门机构,是中国国家认证认可监督管理委员会批准设立的全国第一家有机产品认证机构,也是中国认证认可协会确认的全国有机产品注册检查员培训机构。COFCC 下设综合部、境内认证部、境外事务部、评审颁证部、质量管理部和市场信息部 6 个部门。主要职责包括:有机产品的认证和管理;有机产品检查员和内检员培训;有机农业技术理论研究;有机产品国内外市场培育;国际交流与合作;提供有机产品信息服务。

中绿华夏标志采用人手和叶片为创意元素(图 8.2)。人们可以感觉到两种景象:其一是一只手向上持着一片绿叶,寓意人类对自然和生命的渴望;其二是两只手一上一下握在一起,将绿叶拟人化为自然的手,寓意人类的生存离不开大自然的呵护,人与自然需要和谐美好的生存关系。有机食品概念的提出正是这种理念的实际应用。人类的食物从自然中获取，人类的活动应尊重自然的规律，这样才能创造一个良好的可持续的发展空间。

2. 中国质量认证中心（China Quality Certification Centre，CQC） 中国质量认证中心（CQC）是经中央机构编制委员会批准，由国家市场监督管理总局设立，委托国家认监委管理的国家级认证机构，是中国开展质量认证工作最早、最大和最权威的认证机构，代表中国加入国际有机农业运动联盟（IFOAM）的国家认证机构，其标志如图8.3所示。

图8.2　COFCC中绿华夏标志　　　图8.3　中国质量认证中心标志

3. 法国国际生态认证中心（ECOCERT SA） 该机构成立于1991年，总部位于法国南部，严格按照ISO 65导则（等同于欧盟EN 45011导则）的要求进行业务运作，获得了欧盟权威机构和美国农业部（USDA）的认可（为首批获得美国农业部认可的4个国外认证机构之一），并得到了日本农林水产省的批准进行依据JAS标准的有机认证，其标志如图8.4所示。

4. 德国BCS有机认证 德国Kiwa BCS有机保证有限公司是1992年5月11日经德国农林食品部批准成立的独立有机认证机构（DE-001-Öko-Kontrollstelle），其标志如图8.5所示。德国Kiwa BCS有机保证有限公司不仅有在中国的有机产品认证业务，同时根据各种不同的国际有机标准（如EU、NOP及JAS等）进行认证工作。

图8.4　法国国际生态认证中心标志　　　图8.5　德国BCS有机认证标志

8.4.6　有机食品认证的程序

根据《有机产品认证实施规则》，有机食品的认证程序如下（图8.6）。

8.4.6.1　认证申请

1. 认证委托人应具备的条件 包括：①取得国家工商行政管理部门或有关机构注册登记的法人资格；②已取得相关法规规定的行政许可（适用时）；③生产、加工的产品符合中华人民共和国相关法律、法规、安全卫生标准和有关规范的要求；④建立和实施了文件化的有机产品管理体系，并有效运行3个月以上；⑤申请认证的产品种类应在国家认监委公布的《有机产品认证目录》内；⑥在五年内未因《有机产品认证管理办法》（总局令第155号）

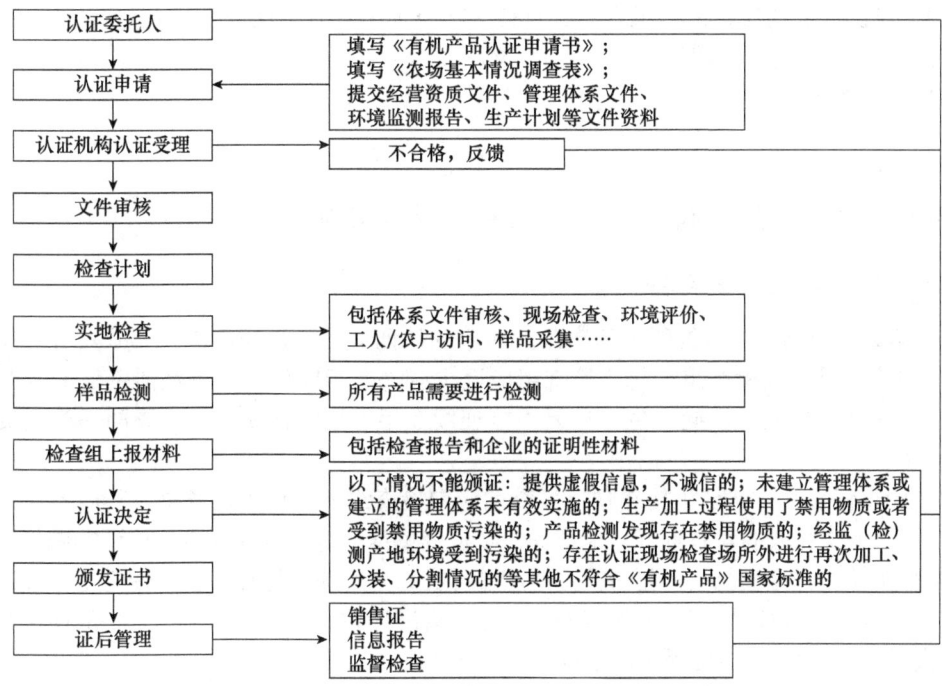

图 8.6 有机食品认证流程图

第三十一条中（1）～（4）的原因，被认证机构撤销认证证书；⑦在一年内未因《有机产品认证实施规则》8.5 中（5）～（11）的原因，被认证机构撤销认证证书。

2. 认证委托人应提交的文件和资料

（1）认证委托人的合法经营资质文件复印件，如营业执照副本、组织机构代码证、土地使用权证明及合同等。

（2）认证委托人及其有机生产、加工、经营的基本情况：①认证委托人的名称、地址、联系方式；当认证委托人不是产品的直接生产、加工者时，生产、加工者的名称、地址、联系方式。②生产单元或加工场所概况。③申请认证产品名称、品种及其生产规模，包括面积、产量、数量、加工量等；同一生产单元内非申请认证产品和非有机方式生产的产品的基本信息。④过去三年间的生产历史，如植物生产的病虫草害防治、投入物使用及收获等农事活动描述；野生植物采集情况的描述；动物、水产养殖的饲养方法、疾病防治、投入物使用、动物运输和屠宰等情况的描述。⑤申请和获得其他认证的情况。

（3）产地（基地）区域范围描述，包括地理位置、地块分布、缓冲带及产地周围邻近地块的使用情况等；加工场所周边环境描述、厂区平面图、工艺流程图等。

（4）有机产品生产、加工规划，包括对生产、加工环境适宜性的评价，对生产方式、加工工艺和流程的说明及证明材料，农药、肥料、食品添加剂等投入物质的管理制度，以及质量保证、标识与追溯体系建立、有机生产加工风险控制措施等。

（5）本年度有机产品生产、加工计划，上一年度销售量、销售额和主要销售市场等。

（6）承诺守法诚信，接受行政监管部门及认证机构监督和检查，保证提供材料真实、执行有机产品标准、技术规范的声明。

（7）有机生产、加工的管理体系文件。

（8）有机转换计划（适用时）。

（9）当认证委托人不是有机产品的直接生产、加工者时，认证委托人与有机产品生产、加工者签订的书面合同复印件。

（10）其他相关材料。

8.4.6.2 认证受理

包括认证机构应公开的信息，申请评审和评审结果处理。

8.4.6.3 现场检查准备与实施

1. 组成检查组　根据所申请产品的对应的认证范围，认证机构应委派具有相应资质和能力的检查员组成检查组；每个检查组应至少有一名相应认证范围注册资质的专业检查员；对同一认证委托人的同一生产单元不能连续3年以上（含3年）委派同一检查员实施检查。

2. 检查任务　认证机构在现场检查前应向检查组下达检查任务书，其内容包括但不限于：①认证委托人的联系方式、地址等；②检查依据，包括认证标准、认证实施规则和其他规范性文件；③检查范围，包括检查的产品种类、生产加工过程和生产加工基地等；④检查组成员，检查的时间要求；⑤检查要点，包括管理体系、追踪体系、投入物的使用和包装标识等；⑥上年度认证机构提出的不符合项（适用时）。

3. 文件评审（文件审核）　在现场检查前，应对认证委托人的管理体系文件进行评审，确定其适宜性、充分性及与认证要求的符合性，并保存评审记录。

4. 检查计划

（1）检查组应制订检查计划，并在现场检查前得到认证委托人的确认。

认证监管部门对认证机构检查方案、计划有异议的，应至少在现场检查前2天提出。认证机构应当及时与该部门进行沟通，协调一致后方可实施现场检查。

（2）现场检查时间应当安排在申请认证产品的生产、加工的高风险阶段。因生产季等原因，初次现场检查不能覆盖所有申请认证产品的，应当在认证证书有效期内实施现场补充检查。

（3）应对生产单元的全部生产活动范围逐一进行现场检查；多个农户负责生产（如农业合作社或公司＋农户）的组织应检查全部农户；应对所有加工场所实施检查；需在非生产、加工场所进行二次分装/分割的，也应对二次分装/分割的场所进行现场检查，以保证认证产品的完整性。

5. 检查实施（实地检查）　根据认证依据的要求对认证委托人的管理体系进行评审，核实生产、加工过程与认证委托人按照《有机产品认证实施规则》5.2.7条款所提交的文件的一致性，确认生产、加工过程与认证依据的符合性。检查过程至少应包括：①对生产、加工过程和场所的检查，如生产单元存在非有机生产或加工时，也应对其非有机部分进行检查；②对生产、加工管理人员、内部检查员、操作者的访谈；③对GB/T 19630所规定的管理体系文件与记录进行审核；④对认证产品的产量与销售量的汇总核算；⑤对产品和认证标志追溯体系、包装标识情况的评价和验证；⑥对内部检查和持续改进的评估；⑦对产地和生产加工环境质量状况的确认，并评估对有机生产、加工的潜在污染风险；⑧样品采集；⑨对上一年度提出的不符合项采取的纠正和（或）纠正措施进行验证（适用时）。

检查组在结束检查前，应对检查情况进行总结，向受检查方及认证委托人明确并确认存在的不符合项，对存在的问题进行说明。

6. 样品检测

（1）应对申请认证的所有产品进行检测，并在风险评估基础上确定检测项目；认证证书发放前无法采集样品的，应在证书有效期内进行检测。

（2）认证机构应委托具备法定资质的检测机构对样品进行检测。

（3）有机生产或加工中允许使用物质的残留量应符合相关法规、标准的规定。有机生产和加工中禁止使用的物质不得检出。

7. 产地环境质量状况 认证委托人应出具有资质的监（检）测机构对产地环境质量进行的监（检）测报告以证明其产地的环境质量状况符合 GB/T 19630《有机产品》规定的要求。土壤和水的检测报告委托方应为认证委托人。

（1）未能保持有机认证的生产单元，需重新经过有机转换才能再次获得有机认证。

（2）有机转换计划须获得认证机构批准，并且在开始实施转换计划后每年须经认证机构核实、确认。未按转换计划完成转换的生产单元不能获得认证。

8. 投入品

（1）有机生产或加工过程中允许使用 GB/T 19630 附录 A、附录 B 列出的物质。

（2）对未列入 GB/T 19630 附录 A、附录 B 的投入品，认证委托人应在使用前向认证机构提交申请，详细说明使用的必要性和申请使用投入品的组分、组分来源、使用方法、使用条件、使用量，以及该物质的分析测试报告（必要时），认证机构应根据 GB/T 19630 附录 C 的要求对其进行评估。经评估符合要求的，由认证机构报国家认监委批准后方可使用。

（3）国家认监委可在专家评估的基础上，公布有机生产、加工投入品临时补充列表。

9. 检查报告（检查组上报材料）

（1）认证机构按规定检查报告的格式编写检查报告。

（2）通过检查记录、检查报告等书面文件，提供充分的信息使认证机构能做出客观的认证决定。

（3）检查报告的内容包括：检查组通过风险评估对认证委托人的生产、加工活动与认证要求符合性的判断，对其管理体系运行有效性的评价，对检查过程中收集的信息及对符合与不符合认证要求的说明，对其产品质量安全状况的判定等内容。

（4）检查组应对认证委托人执行标准的总体情况做出评价，但不应对认证委托人是否通过认证做出书面结论。

8.4.6.4 认证决定

包括认证决定，批准认证的条件，不予批准认证的情况及申诉。

8.5 有机食品认证管理

8.5.1 有机认证标识与认证标志

国家标准《有机产品 生产、加工、标识与管理体系要求》（GB/T19630—2019）对有机认证标识（organic certification mark）的定义是："在销售的产品上、产品的包装上、产品的标签上或者随同产品提供的说明性材料上，以书写的、印刷的文字或者图形的形式对产品所做的标示。"

有机认证标志是指证明产品生产或者加工过程符合有机标准并通过认证的专有符号、图案或者符号、图案及文字的组合。可见标识的内涵大于标志，除图形或符号外，还涵盖了"非固定性"文字说明。

8.5.2 有机产品认证标志

8.5.2.1 国际和区域性有机认证标志

1. 国际有机农业运动联盟（IFOAM）标志 IFOAM 组织是世界各国有机农业发展机构进行合作的国际性非政府组织，IFOAM 的标志属于国际标志，如图 8.7 所示。被国际有机农业运动联盟认可的欧盟（EU）有机认证标志，如图 8.8 所示。

图 8.7 IFOAM 的标志　　图 8.8 欧盟（EU）有机认证标志

2. 欧盟（EU）有机认证标志 目前世界上只有欧盟地区采取统一的认证标准（EEC2092/91），根据欧盟条例 EC834/2007 第 23～26 条、EC889/2008 第 37～38 条及附件Ⅺ的规定，有机产品至少要由 95% 的有机农业源配料构成，并自 2010 年 7 月 1 日起在欧盟包装和销售的有机产品必须使用统一的欧盟有机产品标志（图 8.7），此外可以同时使用认证机构的有机认证标志。

8.5.2.2 不同国家（或地区）有机认证标志

为加强国家层面的有机产品认证管理，一些国家，如美国、日本、瑞士、加拿大和中国，制订了本国的有机认证标准（图 8.9），规定在该国销售的有机产品必须符合其制订的有机产品认证标准，并使用统一的该国有机认证标志。国家有机认证标志的统一和标识的规定，一方面有利于国家管理，另一方面，对于有机产品出口商来说，又无疑形成了一个潜在的技术壁垒。

美国　　　　　　日本

图 8.9 不同国家有机产品标志

1. 中国有机产品认证标志的含义 中国有机产品认证标志的图形与颜色要求如图 8.1 所示，其有机产品标志含义如下：中国有机产品认证标志形似地球，象征和谐、安全，圆形中的"中国有机产品"样为中英文结合方式，既表示中国有机产品与世界同行，也有利于国内外消费者识别；标志中间类似种子图形代表生命萌发之际的勃勃生机，象征了有机产品是从种子开始的全过程认证，同时昭示有机产品就如同刚刚萌生的种子，正在中国大地上茁壮成长；种子图形周围圆润自如的线条象征环形的道路，与种子图形合并构成汉字"中"，体现出有机产品植根中国，有机之路越走越宽广；同时，处于平面的环形又是英文字母"C"的变体，种子形状也是"O"的变形，意为"China Organic"；有机产品认证标志的绿色：代表环保、健康，表示有机产品给人类的生态环境带来完美与协调；橘红色代表旺盛的生命力，表示有机产品对可持续发展的作用。

2. 中国有机食品认证标志的含义 我国有机食品标志为国家有机食品发展中心所拥有，已在原国家工商行政管理局商标局注册，是一种质量认证的标志。有机食品标志采用人手和叶片为创意元素，其景象特征为一只手向上持着一片绿叶，寓意人类对自然和生命的渴望；两只手一上一下握在一起，将绿叶拟人化为自然的手，寓意人类的生存离不开大自然的呵护，人与自然需要和谐美好的生存关系，如图8.10所示。

图 8.10　有机食品标志

8.5.3　有机产品认证证书编号规则

有机产品认证采用统一的认证证书编号规则。认证机构在食品农产品系统中录入认证证书、检查组、检查报告、现场检查照片等方面相关信息后，经格式校验合格后，由系统自动赋予认证证书编号，认证机构不得自行编号（图8.11）。

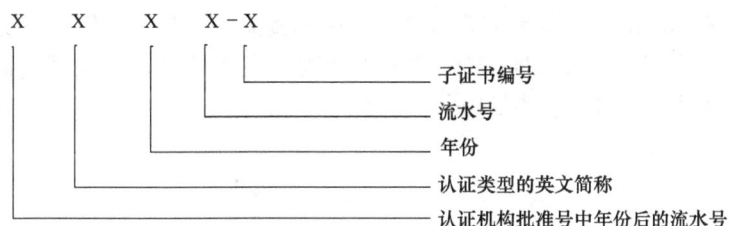

图 8.11　有机产品认证证书编号

8.5.3.1　认证机构批准号的编号格式

认证机构批准号的编号格式为"CNCA—R/RF—年份—流水号"，其中 R 表示内资认证机构，RF 表示外资认证机构，年份为 4 位阿拉伯数字，流水号是内资、外资分别流水编号。内资认证机构认证证书编号为该机构批准号的 3 位阿拉伯数字批准流水号；外资认证机构认证证书编号为 F＋该机构批准号的 2 位阿拉伯数字批准流水号。

8.5.3.2　认证类型的英文简称

有机产品认证英文简称为OP。

8.5.3.3　年份

采用年份的最后 2 位数字，如 2019 年为 19。

8.5.3.4　流水号

为某认证机构在某个年份该认证类型的流水号，5 位阿拉伯数字。

8.5.3.5 子证书编号

如果某张证书有子证书,那么在母证书号后加"—"和子证书顺序的阿拉伯数字。

8.5.3.6 其他

再认证时,证书号不变。

8.5.4 国家有机产品认证标志编码规则及编码备案

8.5.4.1 国家有机产品认证标志编码规则

1. 国家有机产品认证标志编码的组成　　国家有机产品认证标志编码又称为"有机码",为保证国家有机产品认证标志的基本防伪与追溯,防止假冒认证标志和获证产品的发生,各认证机构在向获证组织发放认证标志或允许获证组织在产品标签上印制认证标志时,应当赋予每枚认证标志一个唯一的编码,其编码由认证机构代码、认证标志发放年份代码和认证标志发放随机码组成。

2. 国家有机产品认证标志编码的要求　　"有机码"是为保证有机产品的可追溯性,国家认监委要求认证机构在向获得有机产品认证的企业发放认证标志或允许有机生产企业在产品标签上印制有机产品认证标志前,必须按照统一编码要求赋予每枚认证标志的一个唯一编码,该编码由17位数字组成,其中认证机构代码3位、认证标志发放年份代码2位、认证标志发放随机码12位,并且要求在17位数字前加"有机码"三个字。

每一枚有机标志的有机码都需要报送到"中国食品农产品认证信息系统",任何个人都可以在该网站上查到该枚有机标志对应的有机产品名称、认证证书编号、获证企业等信息。也可以在全国认证认可信息公共服务平台上查询。

示例(图8.12):

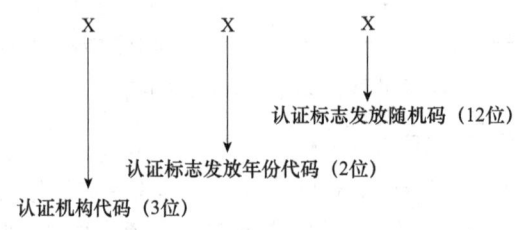

图8.12　国家有机产品认证标志编码

(1)认证机构代码(3位)。认证机构代码由认证机构批准号后三位代码形成。内资认证机构为:该认证机构批准号的3位阿拉伯数字批准流水号;外资认证机构为:9+该认证机构批准号的2位阿拉伯数字批准流水号。

(2)认证标志发放年份代码(2位)。采用年份的最后2位数字,如2020年为20。

(3)认证标志发放随机码(12位)。该代码是认证机构发放认证标志数量的12位阿拉伯数字随机号码。数字产生的随机规则由各认证机构自行制定。

8.5.4.2 国家有机产品认证标志编码备案

国家有机产品认证标志编码备案应包括以下信息:①获证组织机构代码;②获证组织名称;③认证证书编号;④认证证书有效期;⑤获证产品名称;⑥获证产品核算总量;⑦本次

认证标志发放数量；⑧本次发放认证标志编码信息；⑨使用产品包装规格；⑩认证标志已发放数量；⑪认证标志使用方式（加贴、印制）；⑫本次认证标志发放日期；⑬认证标志加贴（印制）产品包装样本照片；⑭其他信息。

8.5.5 有机认证标志的使用要求

根据《认证证书和认证标志管理办法》，申请人在产品获得认证后，在证书有效期内，可在获证产品及其外包装上使用标志。

8.5.6 有机食品认证证书管理

8.5.6.1 申请人应遵守的规定

包括：①建立标志使用和管理制度，对标志的使用情况如实记录存档；②保证使用标志的产品符合认证要求；③只在证书所限定的产品上加贴标志；④在广告、产品介绍等宣传材料中正确地使用认证标志，不得利用认证标志误导、欺诈消费者；⑤接受认证中心对标志使用情况的监督检查。

8.5.6.2 标志的监督管理

主要有：①认证中心对标志的制作、发放和使用实施统一的监督、管理；②认证有效期内的产品不符合认证要求，中心将责令申请人限期改正，在纠正期间不得使用认证标志；③如果发现获证方有影响有机产品完整性的违规行为的，获证方应将认证标志或任何其他认证证明从所有与违规行为有关的全部产品中撤销；④对做出撤销、暂停使用有机产品认证证书的有关单位或个人，中心在做出撤销、暂停使用有机产品认证证书的决定的同时，将监督有关单位或个人停止使用、暂时封存或者销毁有机产品认证标志；⑤伪造、变造、盗用、冒用、买卖和转让认证标志及其他违反认证标志管理规定的，认证中心将按照暂停、撤销认证的条件和程序的有关规定对其进行暂停或撤销认证证书的处理，若触犯法律则依法追究其法律责任。

8.5.6.3 认证证书的基本格式

有机产品认证证书有效期为一年，认证证书基本格式应符合本规则附件的规定。认证证书的编号应当从"中国食品农产品认证信息系统"中获取，认证机构不得自行编制认证证书编号发放认证证书。

8.5.6.4 认证证书的变更

获证产品在认证证书有效期内，有下列情形之一的，认证委托人应当向认证机构申请认证证书的变更：①有机产品生产、加工单位名称或者法人性质发生变更的；②产品种类和数量减少的；③其他需要变更的情形。

8.5.6.5 认证证书的注销

有下列情形之一的，认证机构应当注销获证组织认证证书，并对外公布：①认证证书有效期届满前，未申请延续使用的；②获证产品不再生产的；③认证委托人申请注销的；④其他依法应当注销的情形。

8.5.6.6 认证证书的暂停

有下列情形之一的，认证机构应当暂停认证证书1~3个月，并对外公布：①未按规定使用认证证书或认证标志的；②获证产品的生产、加工过程或者管理体系不符合认证要求，且在暂停期限内不能采取有效纠正和（或）纠正措施的；③未按要求对信息进行通报的；④认证监管部门责令暂停认证证书的；⑤其他需要暂停认证证书的情形。

8.5.6.7 认证证书的撤销

有下列情况之一的，认证机构应当撤销认证证书，并对外公布：①获证产品质量不符合国家相关法规、标准强制要求或者被检出禁用物质的；②生产、加工过程中使用了有机产品国家标准禁用物质或者受到禁用物质污染的；③虚报、瞒报获证所需信息的；④超范围使用认证标志的；⑤产地（基地）环境质量不符合认证要求的；⑥认证证书暂停期间，认证委托人未采取有效纠正和（或）纠正措施的；⑦获证产品在认证证书标明的生产、加工场所外进行了再次加工、分装、分割的；⑧对相关方重大投诉未能采取有效处理措施的；⑨获证组织因违反国家农产品、食品安全管理相关法律法规，受到相关行政处罚的；⑩获证组织不接受认证监管部门、认证机构对其实施监督的；⑪认证监管部门责令撤销认证证书的；⑫其他需要撤销认证证书的。

8.5.6.8 认证证书的恢复

认证证书被注销或撤销后，不能以任何理由予以恢复；被暂停证书的获证组织，需认证证书暂停期满且完成不符合项纠正和（或）纠正措施并经认证机构确认后方可恢复认证证书。

8.5.6.9 证书与标志的使用

认证证书和认证标志的管理、使用应当符合《认证证书和认证标志管理办法》《有机产品认证管理办法》《有机产品》国家标准的规定；获证产品或者产品的最小销售包装上应当加施中国有机产品认证标志及其唯一编号（编号前应注明"有机码"以便识别）、认证机构名称或者其标识；初次获得有机转换产品认证证书一年内生产的有机转换产品，只能以常规产品销售，不得使用有机转换产品认证标志及相关文字说明。

8.5.6.10 信息报告

认证机构应当按照要求及时将下列信息通报相关政府监管部门，报告内容至少包括：颁证数量、获证产品质量分析、暂停和撤销认证证书清单及原因分析等。

8.5.6.11 认证收费

认证机构应根据相关规定收取认证费用。

本 章 小 结

有机指有机认证标准描述的生产体系，以及由该体系所生产的具有特定品质的产品，而不是化学上的定义；有机产品指有机生产、有机加工的供人类消费、动物食用的产品。有机食品是根据有机食品种植标准、生产加工技术标准而生产的，经过授权的有机食品颁证组织颁发证书，供人们食用的一切食品和农产品。有机食品是一类真正源于自然、富有营养、高品质的环保型安全食品。

有机食品必备的四个条件包括：①有机原料，即原料必须来自建立的或正在建立的有机农业生产体系，或采用有机方式采集的野生天然产品；②有机过程，即产品在整个生产过程中严格遵循有机食品的生产、加工、包装、贮藏、运输标准；③有机跟踪，即生产者在有机食品生产和流通过程中，有完善的质量跟踪审查体系和完整的生产及销售记录（档案）；④有机认证，即必须通过独立的有机食品认证机构认证。

我国的有机产品认证认可体系由法规和标准体系、认证认可制度体系、从业机构体系、监督管理体系、国际合作体系、外部环境体系六大单元组成。2019年8月30日，国家市场监督管理总局、国家标准化管理委员会批准发布《有机产品 生产、加工、标识与管理体系要求》（GB/T19630—2019）国家标准。

知识拓展

GB/T 19630—2019 有机产品生产、加工、标识与管理体系要求

有机产品认证目录（2019年）

有机产品认证实施规则

有机产品认证管理办法

复习思考题

1. 名词解释

有机农业　有机食品　有机转换期　平行生产　缓冲带　投入品

2. 简答题

（1）有机食品的必备条件是什么？

（2）综述当前国内外有机食品加工现状，分析我国在发展有机食品方面与国际上先进国家相比存在哪些差距。

（3）简述有机食品生产与加工标准的主要内容。

（4）谈谈我国发展有机食品的必要性和意义。

（5）简述有机食品认证的流程。

（6）讨论：某工厂加工大豆油，现购买到96t有机大豆原料，又在市场上购买了4吨常规大豆，混合后用于榨油，请问生产出来的产品是否为有机产品？

第 9 章 地理标志产品认证

【教学目的和要求】 通过对地理标志保护产品、地理标志证明商标及农产品地理标志的基本知识的学习，能够熟知地理标志保护产品的概述，并根据地理标志保护产品标准的要求指导其生产及加工，同时充分理解标准的要求，指导地理标志保护产品认证及管理。

9.1 地理标志产品概述

地理标志产品（product of geographical indication），即 GI 产品。WTO 知识产权协议《与贸易有关的知识产权协议》（简称 TRIPS 协定）将地理标志定义为："地理标志是指证明某一产品来源于某一成员国或某一地区或该地区内的某一地点的标志。该产品的某些特定品质、声誉或其他特点在本质上可归因于该地理来源。"

在我国，自 1985 年以来，有三类地理标志产品登记、注册及保护管理体系，包括原国家工商行政管理总局（简称"国家工商总局"）登记及管理保护的中国地理标志 GI、原国家质量监督检验检疫总局（简称"国家质检总局"）登记及管理保护的中国地理标志 PGI、原农业部登记及管理保护的农产品地理标志 AGI。

9.1.1 地理标志

9.1.1.1 地理标志的定义

地理标志是应用性较强的概念，其定义可以分为国际层面和国内层面。目前，国际层面定义主要由 WTO 提出，国内层面定义则由我国原国家工商商标局、原国家质检总局、原农业部三个国家部门提出，并对地理标志进行注册、登记和管理（表 9.1）。

表 9.1 地理标志的四种定义列表

部门	名称	依据法律或条例	定义	评定类型	施行时间
工商总局商标局	地理标志证明商标和集体商标	《中华人民共和国商标法》《集体商标、证明商标注册和管理办法》	某商品来源于某地区，该商品的特定质量、信誉或者其特征，主要由该地区的自然或人文因素所决定的标志	商标的国际分类中的商品（实际的范围要小得多）	2003.6.1
国家质检总局	地理标志保护产品	《地理标志产品保护规定》	产品特定地域，所具有的质量、信誉或其他特性本质上取决于该产地的自然或人文因素，经审查批准以地理名称命名的产品	本地区的种植、养殖产品，原材料全部来自本地区或部分来自其他地区，并在本地区按照特定工艺生产和加工的产品	2005.7.15
农业部	农产品地理标志	《农产品地理标志管理办法》	标示农产品来源于特定地域，产品品质和相关特征主要取决于自然生态环境和历史人文因素，并以地域名称冠名的特有农产品标志	在农业活动中取得的植物、动物、微生物及其产品	2008.2.1

续表

部门	名称	依据法律或条例	定义	评定类型	施行时间
WTO	地理标志	《与贸易有关的知识产权协议》	证明某一产品来源于某一成员国或某一地区或该地区内的某一地点的标志。该产品的某些特定品质、声誉或其他特定在本质上可归因于该地理来源	WTO 贸易产品	1995.1.1

9.1.1.2 地理标志的产品类别

地理标志产品可以是初级产品，也可以是经过加工的产品；既可以是农业类的，也可以是工业类的。在上述我国国家部门各自的领域内又有具体的划分，其中农业部门的农产品地理标志都是农产品（广义农产品），包括蔬菜瓜果类、畜禽蛋肉类、粮食油料类、中草药材类、菌类、海鲜产品类、淡水产品类等，其中很多已经获得国际地理标志认证，如北京'平谷大桃'荣获"10＋10"中欧地理标志互认项目；原国家质检总局的白酒、葡萄酒较多，还有海鲜产品类、淡水产品、工业产品等；原国家工商商标局的蔬菜瓜果类、畜禽蛋肉类较多。总之，地理标志与农业有不解之缘，当然相应的与农民和农村关系紧密。

1. 原国家工商总局的"商标法"中国地理标志　　1994 年 12 月 30 日，国家工商总局发布《集体商标、证明商标注册和管理办法》(局长第 22 号令)，将证明商品或服务原产地的标志作为证明商标纳入商标法律保护范畴。1995 年 3 月 1 日，开始接受地理标志注册申请。1996 年 11 月，"库尔勒香梨"被国家工商总局商标局核定注册为地理标志证明商标。

2004 年，国家工商总局协同农业部共同发布《关于加强农产品地理标志保护与商标注册工作的通知》；2007 年 1 月 30 日，国家工商总局商标局开始施行专用标志管理，其《地理标志产品专用标志管理办法》规定，专用标志的基本图案由中华人民共和国国家工商行政管理总局商标局中英文字样、中国地理标志字样、GI 的变形字体、小麦图形和天坛图形构成，绿色（C: 70 M: 0 Y: 100 K: 15；C: 100 M: 0 Y: 100 K: 75）

图 9.1　原国家工商商标局发布的地理标志保护专用标志

和黄色（C: 0 M: 20 Y: 100 K: 0）为专用标志的基本组成色，专用标志与地理标志必须同时使用（图 9.1）。

2018 年，批准保护地理标志产品 67 个，注册地理标志商标 961 件，核准使用地理标志产品专用标志企业 223 家。截至 2018 年年底，累计批准地理标志产品 2380 个，累计注册地理标志商标 4867 件，核准专用标志使用企业 8179 家。

2. 原国家质检总局"部门规章"地理标志　　1999 年，国家质检总局借鉴法国模式颁布《原产地域产品保护规定》和《原产地域产品的通用要求》，原国家出入境检验检疫局颁布《原产地标记管理规定》，开始原产地标记登记。

2001 年，国家质检总局颁布《原产地标记管理规定实施办法》；12 月，我国成为世贸组织的成员国之一，TRIPS 协定关于地理标志保护的各项规定自动在我国生效。

2005 年，国家质检总局颁布《地理标志保护规定》，将原产地域产品改称为地理标志产品。

图9.2 原国家质检总局发布的地理标志保护专用标志

根据原国家质检总局《地理标志保护产品专用标志说明》，标志的轮廓为椭圆形，淡黄色外圈，绿色底色。椭圆内圈中均匀分布四条经线、五条纬线，椭圆中央为中华人民共和国地图。在外圈上部标注"中华人民共和国地理标志保护产品"字样；中华人民共和国地图中央标注"PGI"字样；在外圈下部标注"PEOPLE'S REPUBLIC OF CHINA"字样；在椭圆形第四条和第五条纬线之间的中部，标注受保护的地理标志产品的名称（图9.2）。印制标志时，允许按比例放大或缩小。

该地理标志保护产品，由原国家质检总局根据《地理标志产品保护规定》实施监督与管理保护，上述系列文件体现了"统一制度、统一名称、统一标志、统一注册程序、统一标准"的"五统一"原则。

2017年，《关于进一步加强地理标志产品保护工作的通知》发布，通知强调地理标志产品保护的重要意义，并加强了地理标志产品申请、审批、专用标志使用规范管理。

3. 原农业部"部门规章"的农产品地理标志 我国的地理标志产品中，大多为地理标志农产品。1993年，我国的《农业法》将农产品地理标志概念法定化，之后，经过多次修改并发布的《农业法》中，第23条"国家支持依法建立健全农产品认证和标志制度"提出，"符合规定产地及生产规范要求的农产品可以依照有关法律或者行政法规的规定申请使用农产品地理标志"，第49条为"国家保护农产品地理标志等知识产权"。

2004年，农业部曾与国家工商总局共同发布《关于加强农产品地理标志保护与商标注册工作的通知》，通知中提出了两部门协同加强农产品地理标志保护与商标注册的程序及系统运作模式。

2007年为系统规范农产品地理标志的使用，保证地理标志农产品的品质和特色，提升农产品市场竞争力，农业部令《农产品地理标志管理办法》发布。办法所称农产品地理标志，是指标示农产品来源于特定地域，产品品质和相关特征主要取决于自然生态环境和历史人文因素，并以地域名称冠名的特有农产品标志。

2008年7月，首批28个农产品地理标志产品颁布。截至2019年6月26日，农业农村部已经在全国普查备案特色农产品资源6893个，登记地理标志农产品（AGI）2594个，创建国家级农产品地理标志示范样板37个。

9.1.1.3 地理标志的由来

地理标志概念是在产地标记、原产地名称的基础上发展起来的。产地标记一词出现在1883年《保护工业产权巴黎公约》（以下简称《巴黎公约》）第1条、第2条、第10条，以及1891年《制止商品产地虚假或欺骗性标记马德里协定》（以下简称《马德里协定》）中，但它们都没有对产地标记的定义做出明确规定。1958年签订的《保护原产地名称及其国际注册里斯本协定》（以下简称《里斯本协定》）才对原产地名称作了与产地标记不同的定义。1995年《与贸易有关的知识产权协议》（TRIPS协议）第22条第1款中出现"地理标志"。2001年，中国加入世界贸易组织，开始真正意义上的地理标志保护。

9.1.1.4 地理标志的基本特征

根据TRIPS协议对地理标志的定义，"地理标志"应具备三个特征：①标明商品或服务的真实来源（即原产地的地理位置）；②该商品或服务具有独特品质、声誉或其他特点；③该品质或特点本质上可归因于其特殊的地理来源。

地理标志产品具有生产区域性、产品独特性、品质差异性、品种稀缺性、工艺传承性、文脉悠久性、命名地缘性、使用公共性、两权分离性、特色专属性十大共性特征。同时，也存在着诸多不同之处，如管理依据不同、申报注册主体不同、管理范畴不同及两权关系不同。

总之，地理标志是一种指示性标记，标示着特定的地域、地区或者地点；地理标志不属于特定的主体；地理标志是一种表明产品的特定品质受原产地的地理环境控制的区别性标志；地理标志是区域生态良好的标志。

9.1.1.5 我国地理标志保护制度的发展

我国对地理标志产品保护制度的最早探索要追溯到20世纪90年代初。

1994年，国家技术监督局为了更好地履行提高特色产品质量的职能，依据《中华人民共和国产品质量法》和《中华人民共和国标准化法》，借鉴国际先进经验，同法国农业部、财政部、法国干邑行业办公室在地理标志产品保护方面进行了交流与合作。1997年两国元首签署的《中法联合声明》和1998年两国政府间发布的《中法关于成立农业及农业食品合作委员会的声明》中均提出要进一步加强两国在原产地命名和打击假冒行为方面的合作，对中国地理标志产品保护制度的建立起到了重大的推动作用。

1999年8月17日，国家质量技术监督局以局长令的形式发布了《原产地域产品保护规定》，标志着有中国特色的地理标志产品保护制度的初步确立。

2001年3月5日，为积极应对入世需要，国家出入境检验检疫局发布了《原产地标记管理规定》及其实施办法，对我国原产地标记（含原产国标记和地理标志）的申请、注册、使用和监督管理做出了详细规定，为扩大我国地理标志产品出口，提升国际竞争力发挥了积极作用。

2001年4月，国家质量技术监督局与国家出入境检验检疫局合并成立国家质量监督检验检疫总局（简称"国家质检总局"）。2004年10月，国家质检总局成立科技司，设立地理标志管理处，专门负责地理标志产品保护工作。

2005年6月7日，国家质检总局在总结、吸纳原有《原产地域产品保护规定》和《原产地标记管理规定》成功经验的基础上，制定发布了《地理标志产品保护规定》，并于当年7月15日开始正式实施。

2012年，在涉外原产地地理标志保护方面，由质检部门发起的中欧原产地地理标志"10+10"互认互保试点工作于2012年全部完成，开创了原产地地理标志专门保护模式国际双边合作的典范，在国际上引起强烈反响。

2013年9月，国家质检总局与泰国商务部在京签署了中泰《地理标志合作备忘录》。

2014年4月3日，中美地理标志保护研讨会在北京召开。

2014年12月11日至12日，国家质检总局与中欧知识产权项目（IP Key）联合举办"中欧地理标志保护研讨会"。

2019年11月6日，中国商务部与欧盟农业委员共同签署了《关于结束中华人民共和国政府与欧洲联盟地理标志保护与合作协定谈判的联合声明》，宣布中欧地理标志保护与合作协定谈判结束。据悉，该协定是中国对外商签的第一个全面的、高水平的地理标志双边协定，对加强中欧经贸关系具有里程碑式的意义。

截至2018年，我国共保护国家地理标志产品2359个，其中国内2298个，国外61个，建设国家地理标志产品保护示范区 24 个；核准专用标志使用企业 8091 家，相关产值逾 1 万亿元，惠及上千万人。在保护民族品牌、传承传统文化、发展特色产业、守护原味品质、助力扶贫攻坚和服务外交外贸等方面发挥了重要作用。

9.1.1.6 地理标志的功能

地理标志（GI）的功能与商标的功能近似，都是一种商业标记，都能起到识别商品来源的作用。具体来说，地理标志具有的作用主要是表示商品或服务的地理来源，保证产品或服务质量，提升产品竞争力。

9.1.1.7 保护地理标志的意义

1. 对国家的重要意义 在经济上，对于可能依赖地理标志带来附加值的出口国来说，对地理标志商业意义的承认，尤其是涉及农产品和食品的地理标志，会带来经济上的明显增长。在文化方面，食品也是个人的和集体的文化习惯、观念和身份的一种重要表现，不管对文化如何界定，像任何文化一样，食品都是我们的文化的一个最基本因素。在把地理标志所保护的文化价值转化为经济价值时，地理标志产品中所蕴含的文化因素可以在一定程度上有助于恢复中华文化影响力的作用；保护地理标志能够促进农业和农村经济的发展，有益于保护中华文化遗产，符合我国利益。

2. 对生产者的重要意义 地理标志产品最大特征就是其特定质量、声誉或特征，以及该声誉与其原产地之间在自然因素和人文因素方面的紧密联系，这些特殊品质往往是该地理标志区域范围外的产品所难以具有的。因此，像商标一样，地理标志在全球性经济中是一个重要的市场工具；是一种集体性的权利，可提高产品在国内外市场上的竞争力，获得更大的利润，避免恶性竞争；通过保护地理标志而达到促进农民增收的目的。

3. 对消费者的重要意义 欧盟《第 510/2006 条例》中提到，地理标志给予消费者清楚的、简洁的产品原产地方面的信息，使消费者能做出最佳选择。地理标志既是消费者区分不同地理来源的依据，又是产品高品质的保证，集特色、环保、文化、品牌于一身，在消费者和生产者信息不对称的情况下，能够节省消费者的时间，买到满意的商品。

9.1.2 原产地名称

9.1.2.1 定义

原产地名称是根据《保护工业产权巴黎公约》和《保护原产地名称及其国际注册里斯本协定》对原产地名称的规定。原产地名称（appellation of origin）定义如下："原产地名称是指一个国家、地区或特定地方的地理名称，用于标示产于该地的产品，这些产品的特定的质量或特征完全或主要是由该地理环境所致，包括自然的和人为的因素。"

原产地名称是一种特殊的地理标志，它更着重于强调产源的独特性，往往是这种独特性决定了原产地产品的特定品质。

产地证（certificate of origin，CO）是出口商应进口商的要求而提供的、由公证机构、政府或出口商出具的证明货物原产地和制造地的一种证明文件。

9.1.2.2 原产地名称的基本特征

原产地名称具有的基本特征：①它是一个地理名称；②它明示商品或服务的地理来

源；③它表明商品的特定质量和特点，如库尔勒香梨、景德镇瓷器等。实际上，TRIPS协议所定义的地理标志是比照《巴黎公约》的原产地名称来定义的。因此，地理标志和原产地名称是属于同一概念的，如果要把原产地名称和地理标记的定义作比较，则可以看到地理标志的定义比原产地名称的定义要宽泛。换句话说，所有的原产地名称都是地理标志，但一些地理标志不是原产地名称。

9.1.2.3 原产地证明商标

原产地证明商标是将地理标志和原产地名称纳入证明商标制度中，在《商标法》之下加以保护的一种类型，即原产地证明商标和品质证明商标两类中的一类，注册原产地证明商标是保护原产地名称的有效方式，该名称可以是县级以上行政区划名，其并不违背《商标法》的禁用条款，理论上认为，该名称因在该使用中产生了"第二含义"，即人们由地名联想到的不仅是一个地方而是该地方出产的特定的商品，如涪陵（榨菜）、郫县（豆瓣）等。原产地证明商标强调的是该地域特定的（地理人文）环境，以及该环境对商品品质特征的本质影响，所以在申请时提供的《证明商标注册管理规则》要详细说明，在审查时也是着重考察之处。

根据《商标法》及《商标法实施条例》和《集体商标、证明商标注册和管理办法》的规定，从证明商标的定义上看，在我国原产地名称属于证明商标的范畴。

9.1.3 地理标志产品保护

国家市场监督管理总局负责全国地理标志产品的保护管理。

9.1.3.1 地理标志保护的产品范围

根据《地理标志产品保护规定实施细则》，地理标志产品包括：①在特定地域种植、养殖的产品，其特殊品质、特色和声誉主要取决于当地的自然因素；②原材料全部来自该地区，其产品的特殊品质、特色和声誉主要取决于当地的自然环境和人文因素，并在该地采用特定工艺生产；③原材料部分或全部来自其他地区，其产品的特殊品质、特色和声誉主要取决于产品产地的自然因素和人文因素，并在该地采用特定工艺生产和加工。地理标志产品类别一般包括：种植、养殖类产品及初加工产品、加工食品、酒类、茶叶、中药材、工艺品及传统产品等。

9.1.3.2 地理标志产品认证的申请材料

地理标志产品实行"双重申请＋两级审查"体制，即申请地理标志产品保护的，首先应由指定的地理标志产品保护申请机构或人民政府认定的协会和企业提出地理标志保护申请并经审核批准后，由地理标志产品产地范围内的生产者提出申请并登记注册。

申请人应提交的相关资料：①有关地方政府关于划定地理标志产品产地范围的建议；②有关地方政府成立申请机构或认定协会、企业作为申请人的文件；③地理标志产品的证明资料；④拟申请的地理标志产品的技术标准。

9.1.3.3 不予受理地理标志产品的情况

申请保护的地理标志产品出现下列情况之一的，其申请不予受理：①产品知名度不高；②申请保护对象不明确、不具体；③对环境、生态、资源、健康可能产生破坏或危害的；④产品地理名称已经在特定地域之外广泛使用的；⑤拟保护的产地范围与实际产地范围不符的。

9.1.3.4 技术审查遵循的原则

技术审查遵循的原则：①产品名称应当符合《地理标志产品保护规定》第二条的规定；②产品的品质、特色和声誉能够体现该地区的自然环境和人文因素，有一定知名度，并具有稳定的质量，生产历史较长；③加工的产品采用特定工艺；④其产地保护范围是公认的或协商一致的，并经所在地方政府确认的；⑤涉及安全、卫生、环保的产品应当符合国家同类产品的强制性规范的要求。种植、养殖的产品须满足上述①、②、④、⑤项的要求；其他产品须满足上述全部项目的要求。

9.1.3.5 地理标志产品的保护工作程序

地理标志产品的保护工作程序包括：申报准备、初审、受理、审核批准、地理标志产品技术标准体系的建立、专用标志申报、专用标志注册登记阶段及监督管理8个阶段，具体内容见表9.2。

表9.2 地理标志产品保护工作程序

工作阶段	工作部门	工作流程	文件及资料
一、申报准备阶段	相关申请机构及产品所在地质量技术监督局[县(区)以上]	（1）县级以上人民政府并提出拟划定地理标志产品保护范围的建议 （2）县级以上人民政府成立申报机构，组织申报材料 （3）收集、整理现行的针对该产品的标准或技术规范 （4）收集、整理已有的产品检测报告	1.《地理标志产品保护申请书》 2. 成立地理标志产品申报机构的文件 3.《县级以上人民政府划定地理标志产品保护范围的建议函》 4. 现行针对该申报产品的标准或技术规范（企业标准须经当地标准化部门认可） 5. 申报材料
	相关申请机构及产品所在辖区出入境检验检疫局	（1）（3）（4）同上 （2）政府授权协会和企业作为申报主体的申请，组织申报材料	1. 3. 4. 5. 同上 2.《政府授权协会和企业作为申报主体的函》
二、初审阶段	省级质检机构	（5）对申报机构提出的建议和申报材料进行初审，初审时间一般不超过30个工作日 （6）向总局管理机构提交初审意见	1. 以上相关材料 2. 初审意见的函
三、受理阶段	总局管理机构和专家委员会	（7）形式要件不合格的，30个工作日内向省级质检机构下发审查意见通知书 （8）形式要件合格的，进入受理程序 （9）发布受理公告 （10）受理异议	1. 以上相关材料 2. 审查意见通知书 3. 受理公告
四、审核批准阶段	省级质检机构 申报机构	（11）申报机构进行评审准备	1.《地理标志产品陈述报告》 2.《产品质量技术要求》 3. 申报材料 4. 省级质检机构申请召开地理标志保护专家审查会的函

续表

工作阶段	工作部门	工作流程	文件及资料
四、审核批准阶段	总局管理机构 省级质检机构	（12）异议处理。异议期2个月，如有异议，一般由省级质检机构负责协调；无异议的由总局管理机构组织召开专家审查会	《专家审查会会议纪要》
	产地质检机构	（13）申报方根据专家审查会意见修改《产品质量技术要求》等相关文件	《产品质量技术要求》
	国家质检总局	（14）申报方将《产品质量技术要求》报总局管理机构，经专家确认后，由总局管理机构起草公告 （15）发布批准公告	《地理标志产品保护批准公告》
	国家质检总局	（16）向申报机构颁发证书	《地理标志保护产品证书》
五、地理标志产品技术标准体系的建立	省级质检机构 产地质检机构	（17）省级质检机构根据总局批准公告中的质量技术要求，组织制定地理标志产品的综合标准	地理标志保护产品综合标准
	总局管理机构	（18）综合标准制定后，由省级质检机构报总局管理机构委托的技术机构备案	
六、专用标志申报阶段	产地质检机构	（19）生产者向产地质检机构提出使用专用标志的申请，并提交相关材料	1.《地理标志产品专用标志使用申请书》 2.《地理标志保护产品综合标准》 3. 产品生产者简介 4. 产品（包括原材料）产自特定地域的证明 5. 指定产品质量检验机构出具的检验报告 6. 申请专用标志企业汇总表（含电子版）
	省级质检机构	（20）省级质检机构向总局提供审核意见及相关材料	
七、专用标志注册登记阶段	总局管理机构	（21）注册登记，发布批准专用标志使用公告 （22）向企业颁发《地理标志产品专用标志使用证书》	1.《核准企业使用地理标志保护产品专用标志公告》 2.《地理标志保护产品专用标志使用证书》
八、监督管理阶段	产地质检机构	（23）负责专用标志的印制、发放、使用的监督 （24）对地理标志产品保护范围实施监控 （25）对生产数量实施监控 （26）实施从原材料到销售各环节的日常质量监控 （27）对标识标注进行监督	1.《地理标志产品监督管理办法》 2.《印制、发放、使用专用标志管理办法》
	省级质检机构	（28）负责本辖区的地理标志产品保护的监督管理	
	国家质检总局	（29）统一管理地理标志产品保护工作	

注："产地质检机构"是指原国家质检总局发布的批准公告中确定的管理机构。

9.2 农产品地理标志登记制度

9.2.1 农产品地理标志

9.2.1.1 定义

农产品地理标志是指标示农产品来源于特定地域，产品品质和相关特征主要取决于自然生态环境和历史人文因素，并以地域名称冠名的特有农产品标志。此处所称的农产品是指来源于农业的初级产品，即在农业活动中获得的植物、动物、微生物及其产品。

图 9.3　农产品地理标志

农产品地理标志公共标识基本图案由原中华人民共和国农业部中英文字样、农产品地理标志中英文字样、麦穗、地球、日月等元素构成。麦穗代表生命与农产品，橙色寓意成熟和丰收，绿色象征农业和环保。图案整体体现了农产品地理标志与地球、人类共存的内涵（图9.3）。

农产品地理标志是指标示农产品来源于特定地域，产品品质和相关特征主要取决于自然生态环境和历史人文因素，并以地域名称冠名的特有农产品标志。所谓农产品是指来源于农业的初级产品，即在农业活动中获得的植物、动物、微生物及其产品。

9.2.1.2 农产品地理标志实施保护的意义

我国政府对农产品地理标志实施保护从1999年开始。从实施效果来看，农产品地理标志的实时保护，总体显示为保护效应、增值效应、溢价效应，三大效应所带来经济和社会效益已初见成效。实施保护的意义在于推进农业标准化建设，促进产业集群培育，提高农产品竞争力，提升农业经济效益，促进了农业产业化，推动了区域经济发展。

9.2.2 农产品地理标志登记管理工作

根据《农产品地理标志管理办法》规定，农业农村部负责全国农产品地理标志的登记工作，农业农村部农产品质量安全中心负责农产品地理标志登记的审查和专家评审工作；省级人民政府农业行政主管部门负责本行政区域内农产品地理标志登记申请的受理和初审工作；农业农村部设立的农产品地理标志登记专家评审委员会负责专家评审。

9.2.2.1 农产品地理标志登记的性质

农产品地理标志登记管理是一项服务广大农产品生产者的公益行为，主要依托政府推动，登记不收取费用。《农产品地理标志管理办法》规定，县级以上人民政府农业行政主管部门应当将农产品地理标志管理经费编入本部门年度预算。

9.2.2.2 农产品地理标志登记应符合的条件

申请地理标志登记的农产品，应当符合下列条件：①称谓由地理区域名称和农产品通用名称构成；②产品有独特的品质特性或者特定的生产方式；③产品品质和特色主要取决于独特的自然生态环境和人文历史因素；④产品有限定的生产区域范围；⑤产地环境、产品质量符合国家强制性技术规范要求。

9.2.2.3 农产品地理标志登记申请需要提交的材料

符合农产品地理标志登记条件的申请人,可以向省级人民政府农业行政主管部门提出登记申请,并提交申请材料,包括:登记申请书,产品典型特征特性描述和相应产品品质鉴定报告,产地环境条件、生产技术规范和产品质量安全技术规范,地域范围确定性文件和生产地域分布图,产品实物样品或者样品图片,其他必要的说明性或者证明性材料,流程、证书有效期、标志使用人资质要求等。

9.2.3 农产品地理标志管理办法

《农产品地理标志管理办法》(中华人民共和国农业部令第 11 号)于 2007 年 12 月 6 日农业部第 15 次常务会议审议通过,自 2008 年 2 月 1 日起施行。

1. 制定的目的 为规范农产品地理标志的使用,保证地理标志农产品的品质和特色,提升农产品市场竞争力。

2. 制定的依据 《农产品地理标志管理办法》是依据《中华人民共和国农业法》《中华人民共和国农产品质量安全法》相关规定制定的。

国家对农产品地理标志实行登记制度,经登记的农产品地理标志受法律保护;农业农村部负责全国农产品地理标志的登记工作,农业农村部农产品质量安全中心负责农产品地理标志登记的审查和专家评审工作。

3.《农产品地理标志管理办法》的基本框架 《农产品地理标志管理办法》主要包括总则、登记、标志使用、监督管理、附则,共五章,25 条。

4. 农产品地理标志登记流程

申请→确定申请登记的农产品地域范围→制定质量控制技术规范→产地环境和品质鉴定→初审→现场核查→公示→颁发证书(图 9.4)。

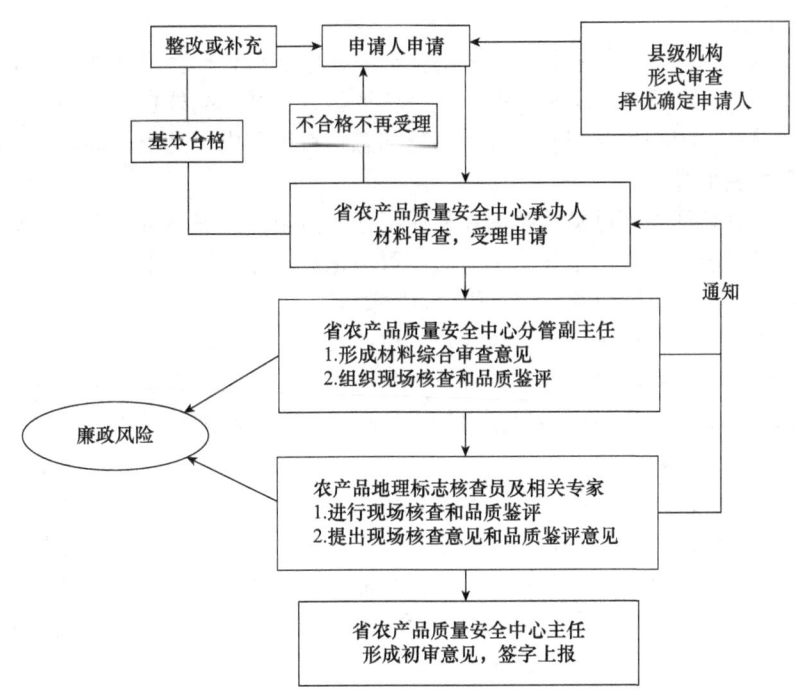

图 9.4 农产品地理标志初审及廉政风险识别图

5. 农产品地理标志登记程序

1）**申请人** 农产品地理标志登记申请人为县级以上地方人民政府根据下列条件择优确定的农民专业合作经济组织、行业协会等组织。其必须具备的条件为：①具有监督和管理农产品地理标志及其产品的能力；②具有为地理标志农产品生产、加工、营销提供指导服务的能力；③具有独立承担民事责任的能力。

主要申请人类型：①××协会，如××大米协会、××果品产销协会、××名特优农产品协会等；②××站，如××果树技术指导站、××经济作物站、××特产技术推广站等；③××研究所，如××鸭梨研究所、××茶叶科学研究所等；④××中心，如××柑橘技术推广中心、××果品发展中心、××市场开发服务中心、××果品市场管理中心、××果业发展中心等；⑤××会，如××葡萄产业促进会、××茶叶学会、××林学会、××大葱科学研究会、××肉类食品商会等；⑥××办公室，如××榨菜管理办公室、××食用菌办公室等；⑦××社，如××供销合作社联合社、××农民专业合作社等。

2）**确定申请登记的农产品地域范围** 申请人应当根据申请登记的农产品分布情况和品质特性，科学合理地确定申请登记的农产品地域范围，包括具体的地理位置、涉及村镇和区域边界；报出具资格确认文件的地方人民政府农业行政主管部门审核，出具地域范围确定性文件。

3）**制定质量控制技术规范** 申请人应当根据申请登记的农产品产地环境特性和产品品质典型特征，制定相应的质量控制技术规范，包括产地环境条件、生产技术规范和质量安全技术规范。

4）**产地环境和品质鉴定**

（1）农产品地理标志登记的鉴定内容。包括：①产品的外在感官指标特征，包括产品的形态、大小、色泽等；②产品独特的不可量化的风味特征；③产品可量化的典型显著理化指标。

产品典型特征特性描述包括产品特定的品质风味描述、特殊的自然环境条件描述、特殊的生产方式和工艺描述、人文历史和知名度描述，产品的市场、价格及与其他同类产品相比较的附加值等的描述。

（2）农产品地理标志登记的鉴定报告提交形式。鉴定报告提交形式如下：①产品外在感官特征显著，而内在品质指标不显著的，提交鉴评报告；②产品外在感官特征不显著，而内在品质指标显著的，提交检测报告；③产品外在感官特征和内在品质指标均显著的，同时提交鉴评报告和检测报告。

对于外在感官特征和不可量化的内在品质指标，由申请人提请省级农产品地理标志工作机构组织专家进行鉴评，给出鉴评意见。对于可量化的理化指标，由农业农村部农产品质量安全中心委托的具有相应资质的检测机构出具检测报告。

申请登记农产品的产地环境和品质鉴定工作由农业农村部考核合格的农产品质量安全检测机构承担。鉴定工作有特殊需要的，农业农村部农产品质量安全中心可以指定具有法定资质的检测机构承担；检测机构应当根据申请人的委托和农产品地理标志登记管理的相关规定进行抽样、检测和出具报告。

5）**初审** 主要工作包括：①省级农业行政主管部门自受理农产品地理标志登记申请之日起，应当在45个工作日内按规定完成登记申请材料的初审和现场核查工作，并提出初审意见；②符合规定条件的，省级农业行政主管部门应当将申请材料和初审意见报农业农村部农产品质量安全中心；③不符合规定条件的，应当在提出初审意见之日起10个工作日内将相关意见和建议书面通知申请人；④农业农村部农产品质量安全中心收到申请材料和初审意见后，在20个工作日内完成申请材料的审查工作，提出审查意见，并组织专家评审。

6）现场核查　　必要时，农业农村部农产品质量安全中心可以组织实施现场核查。现场核查是指在审查农产品地理标志登记申报材料的过程中，根据需要对申请人相关情况进行实地核实确认的过程。

农产品地理标志现场核查工作程序如下。①制订现场核查方案；②通知申请人；③实施现场核查，依据现场核查方案进行核查，包括召开首次会议，进行实地核查，召开末次会议，后续工作。

主要核查范围及内容包括：①现场听取申请人汇报；②实地检查；③随机访问；④查阅文件、记录；⑤核查其他需要了解的内容。

7）公示　　主要包括：①经专家评审通过的，由农业农村部农产品质量安全中心代表农业农村部在农民日报、中国农业信息网、中国农产品质量安全网等公共媒体上对登记的产品名称、登记申请人、登记的地域范围和相应的质量控制技术规范等内容进行为期10日的公示；②专家评审没有通过的，由农业农村部做出不予登记的决定，书面通知申请人和省级农业行政主管部门，并说明理由；③对公示内容有异议的单位和个人，应当自公示之日起30日内以书面形式向农业农村部农产品质量安全中心提出，并说明异议的具体内容和理由；④农业农村部农产品质量安全中心应当将异议情况转所在地省级农业行政主管部门提出处理建议后，组织农产品地理标志登记专家评审委员会复审。

8）颁发证书　　①公示无异议的，由农业农村部农产品质量安全中心报农业农村部做出决定。准予登记的，颁发《中华人民共和国农产品地理标志登记证书》并公告，同时公布登记产品的质量控制技术规范。②农产品地理标志登记证书长期有效。

6. 标志使用

标志使用主要有农产品地理标志的使用，农产品地理标志使用人享有的权利及应当履行的义务。

7. 监督管理

监督管理包括农产品地理标志监督管理部门，质量控制追溯体系的建立，农产品地理标志监督管理要求及罚则。

9.3　地理标志专用标志使用管理办法

《地理标志专用标志使用管理办法（试行）》（简称《办法》），于2020年4月3日由国家知识产权局发布施行，它标志着我国地理标志专用标志实现了统一，为我国建立地理标志统一认定制度下的保护模式打下了重要基础，必将进一步提升我国地理标志保护水平。《地理标志专用标志使用管理办法（试行）》共计14条，主要包括以下内容。

9.3.1　制定目的及依据（办法第一条）

9.3.1.1　目的

目的：加强我国地理标志保护，统一和规范地理标志专用标志的使用；是推进地理标志统一认定制度和加强统一监管保护、提高地理标志保护水平的重要举措。

9.3.1.2　依据

依据《中华人民共和国民法总则》《中华人民共和国商标法》《中华人民共和国产品质量

法》《中华人民共和国标准化法》《中华人民共和国商标法实施条例》《地理标志产品保护规定》《集体商标、证明商标注册和管理办法》《国外地理标志产品保护办法》。

9.3.2 地理标志专用标志属性（办法第二条）

地理标志专用标志是指适用在按照相关标准、管理规范或者使用管理规则组织生产的地理标志产品上的官方标志。《办法》明确了地理标志专用标志为官方标志，由国家知识产权局负责统一制定发布地理标志专用标志使用管理要求，组织实施地理标志专用标志使用监督管理。不符合《办法》规定且未经国家知识产权局同意，任何人不得使用与专用标志相同或近似的标志。

9.3.3 制定发布地理标志专用标志使用管理要求（办法第三条）

国家知识产权局负责统一制定发布地理标志专用标志使用管理要求，组织实施地理标志专用标志使用监督管理。地方知识产权管理部门负责地理标志专用标志使用的日常监管。

9.3.4 地理标志专用标志的合法使用人履行义务（办法第四条）

地理标志专用标志合法使用人应当遵循诚信原则，履行以下义务：①按照相关标准、管理规范和使用管理规则组织生产地理标志产品；②按照地理标志专用标志的使用要求，规范标示地理标志专用标志；③及时向社会公开并定期向所在地知识产权管理部门报送地理标志专用标志的使用情况。

9.3.5 地理标志专用标志的合法使用人主体（办法第五条）

地理标志专用标志的合法使用人包括下列主体：①经公告核准使用地理标志产品专用标志的生产者；②经公告地理标志已作为集体商标注册的注册人的集体成员；③经公告备案的已作为证明商标注册的地理标志的被许可人；④经国家知识产权局登记备案的其他使用人。

9.3.6 地理标志专用标志的使用要求（办法第六条）

图 9.5 中华人民共和国地理标志图样

（1）地理标志保护产品和作为集体商标、证明商标注册的地理标志使用地理标志专用标志的，应在地理标志专用标志的指定位置标注统一社会信用代码。国外地理标志保护产品使用地理标志专用标志的，应在地理标志专用标志的指定位置标注经销商统一社会信用代码。图样如图 9.5 所示。

（2）地理标志保护产品使用地理标志专用标志的，应同时使用地理标志专用标志和地理标志名称，并在产品标签或包装物上标注所执行的地理标志标准代号或批准公告号。

（3）作为集体商标、证明商标注册的地理标志使用地理标志专用标志的，应同时使用地理标志专用标志和该集体商标或证明商标，并加注商标注册号。

9.3.6.1 编号

官方标志 G2019002 号。

9.3.6.2 图案说明

1. 形状 圆形。

2. 颜色 红色，红色色值：#CF352E，R207 G53 B46，C16 M91 Y85 K0；金色，金色色值：#E7BC69，R231 G188 B105，C11 M29 Y64 K0。

3. 构成 地理标志专用标志（以下简称"标志"）以经纬线地球为基底，表现了地理标志作为全球通行的一种知识产权类别和地理标志助推中国产品"走出去"的美好愿景。以长城及山峦剪影为前景，兼顾地理与人文的双重意向，代表着中国地理标志卓越品质与可靠性，透明镂空的设计增强了标志在不同产品包装背景下的融合度与适应性。稻穗源于中国，是中国最具代表性的农产品之一，象征着丰收。中文为"中华人民共和国地理标志"，英文为"GEOGRAPHICAL INDICATION OF P.R.CHINA"，均采用华文宋体。

GI 为国际通用的"geographical indication"的缩写，采用华文黑体。标志整体庄重大方，构图合理美观，体现官方标志的权威，象征中国传统的深厚底蕴，作为地理标志专用标志，具有较高的辨识度和较强的象征性。

其他内容包括地理标志专用标志合法使用（办法第七条），地理标志专用标志标示方法（办法第八条），地理标志专用标志使用资格（办法第九条），地理标志专用标志违法使用的处理（办法第十条），地理标志专用标志使用日常监管（办法第十一条），原相关地理标志专用标志使用过渡期（办法第十二条），地理标志专用标志解释（办法第十三条），地理标志专用标志实施日期（办法第十四条）。

本 章 小 结

地理标志是指证明某一产品来源于某一成员国或某一地区或该地区内的某一地点的标志。该产品的某些特定品质、声誉或其他特点在本质上可归因于该地理来源。地理标志产品即 GI 产品。

地理标志产品具有生产区域性、产品独特性、品质差异性、品种稀缺性、工艺传承性、文脉悠久性、命名地缘性、使用公共性、两权分离性、特色专属性十大共性特征。同时，也存在着诸多不同之处，如管理依据不同、申报注册主体不同、管理范畴不同及两权关系不同。

地理标志的功能在于表示商品或服务的地理来源，保证产品或服务质量，提升产品竞争力，对国家、消费者、生产者等方面的重要意义。

地理标志产品保护工作程序包括申报准备、初审、受理、审核批准、地理标志产品技术标准体系的建立、专用标志申报、专用标志注册登记阶段及监督管理 8 个阶段。

知 识 拓 展

进一步加强地理标志产品保护工作

原产地标记管理规定和原产地标记管理规定实施办法

地理标志产品保护规定

地理标志专用标志使用管理办法（试行）

加强农产品地理标志保护与商标注册工作　　农产品地理标志管理办法　　地理标志产品保护工作细则　　地理标志保护产品专用标志印刷及发放使用管理

复习思考题

1．名词解释

地理标志　原产地名称　农产品地理标志　农产品地理标志登记制度

2．简答题

（1）什么是地理标志产品保护，如何对地理标志产品进行认证？

（2）三种地理标志的异同是什么？

（3）农产品地理标志登记申请需要提交哪些材料？

（4）如何对农产品地理标志进行登记？

（5）简述《农产品地理标志管理办法》制定的目的、依据及基本框架。

（6）简述《地理标志专用标志使用管理办法》制定的目的、依据及基本框架。

第10章 良好农业规范认证

【教学目的和要求】通过对良好农业规范的学习能够熟知良好农业规范的概述,并根据良好农业规范标准的要求指导良好农业规范认证及管理。

10.1 良好农业规范概述

10.1.1 良好农业规范相关术语和定义

根据联合国粮食及农业组织的定义,GAP 是 good agricultural practice 的缩写,中文意思是"良好农业规范"。广义而言,是应用现有的知识来处理农场生产和生产后的过程环境、经济和社会可持续性,从而获得安全而健康的食物和非食用农产品。

GAP 作为一种适用方法和体系,通过采用经济的、环境的和社会的可持续发展措施,来保障食品安全和食品质量。它是以危害预防(HACCP)、良好卫生规范、可持续发展农业和持续改良农场体系为基础,避免农产品在生产过程中受到外来物质的严重污染和危害。

良好农业规范认证关注农产品种植、养殖、采收、清洗、包装、贮藏和运输过程中有害物质和有害生物的控制及其保障能力,保障农产品质量安全,同时还关注生态环境、动物福利、职业健康等方面的保障能力。

注册(registration) 农业生产经营者向农业生产经营者组织申请登记;认证委托人在认证机构的登记;国家主管部门要求的委托人登记(适用时)。

分包方(subcontractor) 是与农业生产经营者或其组织签订合同以执行特定任务的组织或自然人。

分包方是与农业生产经营者或农业生产经营者组织签订合同以执行特定任务的组织或自然人。

农场(farm) 是一个具有同样的操作程序和管理措施的农业生产单元或农业生产单元的组合。

农业生产经营者(agricultural production operator) 代表农场的自然人或法人,并对农场出售的产品负法律责任,如农户、农业企业。

农业生产经营者组织(organization of agricultural production operator) 农业生产经营者联合体,该农业生产经营者联合体具有合法的组织结构、内部程序和内部控制,所有成员按照 GAP 的要求注册,并形成清单,说明注册状况。农业生产经营者组织必须和每个注册农业生产经营者签署协议,并确定一个承担最终责任的管理代表,如农村集体经济组织、农民专业合作经济组织、农业企业加农户组织。

农产品处理(agricultural products processing) 指归属农业生产经营者或农业生产经营者组织的收获后的大田作物、果蔬,在农场或离开农场进行的低风险的处理,如包装、存储、化学处理、修整、清洗,或使产品有可能和其他原料或物质有物理接触的处理方法运出农场（但不包括收获和从收获地到第一个存储/包装地的农场内运输及农产品加工）。

生产场所（place of production） 按照相同的生产方式（如水源、技术管理人员、农业生产设备等）实施管理的生产区域。

生产管理单元（production management unit） 存在平行生产的情况下，由农业生产经营者根据管理需求确立的农产品生产单元（可以是一个或多个农场、耕地、鱼塘、果园、畜群或温室等）。这些需求包括：不同生产单元的产品能够区分，保持独立的记录，存在平行生产时防止认证和认证产品的混杂等。一个生产管理单元可以包含多个生产场所。一个生产场所也可以根据管理需要划分成多个生产管理单元。

产品处理单元（product processing unit） 指相对独立的农产品处理场所，但不一定是独立的法人实体。一个农业生产经营者/农业生产经营者组织可以有一个或多个产品处理单元。

平行生产（parallel production） 农业生产经营者/农业生产经营者组织同时生产相同或难以区分的认证或非认证产品的情况。

平行所有权（parallel ownership） 农业生产经营者/农业生产经营者组织生产某一认证产品，同时外购非认证的同一产品的情况。

10.1.2 GAP产生的背景、发展及其他

10.1.2.1 GAP产生的背景

近年来，随着农药、兽药、化肥、饲料添加剂等投入品在农牧业生产活动中的广泛使用，从而导致农产品质量安全问题、动物福利问题、环保问题日趋严重。GAP在此背景下应运而生，其基本思想是通过建立规范的农业生产经营体系，关注食品安全、环境保护、动物福利和员工健康四方面的要求，在保证农产品产量和质量安全的同时，更好地配置资源，寻求农业生产和环境保护之间平衡，实现农业的可持续发展。

目前，许多国家农业生产经营者组织农产品生产经营企业、零售商为保证农产品质量的安全和使消费者满意，制定了相关GAP要求。

10.1.2.2 国际GAP的发展

1. 食品加工商和零售商的GAP标准 工业加工商和零售商，为实现质量保证、消费者满意和从在整个食物链中从生产安全优质食品中获利而使用GAP，如欧洲零售商组织制定的EUREPGAP标准、美国零售商组织制定的SQF/1000标准、可持续农业举措（Unilever、Nestle、Danone和其他），以及EISA综合农业统一规范。食品加工商和零售商通过促进GAP规范为农民提供了潜在的增值机会而形成鼓励措施，促使农民采用可持续农作方法。

（GLOBALGAP）认证又称作全球良好农业操作认证。GLOBALGAP认证标准版本包含以下五个单元：①作物（包含新鲜水果和蔬菜标准、鲜花和观赏植物标准、大田作物标准、绿色咖啡标准、茶叶标准模块）；②家畜家禽（包含牛羊、奶牛、生猪、家禽模块）；③水产（包含鲑鱼模块）；④动物饲料；⑤繁殖材料。

2008年EUREPGAP改为GLOBALGAP，以适应全球对GAP认证的需求。

2. 政府的GAP 美国、加拿大、法国、澳大利亚、马来西亚、新西兰、乌拉圭等国家都制定了本国良好农业规范标准或法规；拉脱维亚、立陶宛和波兰采用了与波罗的海农业径流计划有关的良好方法；巴西的国家农业研究机构（EMBRAPA）正在与粮食及农业组织

合作,以 GAP 规范为基础为香瓜、芒果、水果和蔬菜、大田作物、乳制品、牛肉、猪肉和禽肉等制定了一系列具体技术准则,供大、中、小型生产者使用。

3. FAO《农业管理规范框单》 2003 年 3 月,FAO 在意大利罗马召开的农业委员会第十七届会议上,提出了良好农业规范应遵循的四项原则和基本内容要求,指导各国和相关组织良好农业规范的制定和实施。

10.1.2.3 中国良好农业规范的由来及历史

中国良好农业规范(China GAP)是结合中国国情,根据中国的法律法规,参照 EUREPGAP 的有关标准制定的,用来认证安全和可持续发展农业的规范性标准。

2003 年我国卫生部发布了"中药材 GAP 生产试点认证检查评定办法",作为官方对中药材生产组织的控制要求;2003 年 4 月国家认监委首次提出在中国食品链源头建立"良好农业规范"体系,并于 2004 年启动了 China GAP 标准的编写和制定工作,China GAP 标准起草主要参照 EUREPGAP 标准的控制条款,并结合中国国情和法规要求编写而成。

为建立我国 GAP 认证和标准体系,自 2004 年起,国家认监委组织有关方面的专家已制定并由国家标准委发布了 27 项 GAP 国家标准。2006 年 1 月,国家认监委制定了《良好农业规范认证实施规则(试行)》;2007 年 8 月,国家认监委又对 2006 年 1 月发布的《良好农业规范认证实施规则(试行)》进行了修订,自 2008 年 1 月 1 日起实施。同时,为与 GLOBALGAP 标准(3.0 版)实现互认,国家认监委组织有关专家对农场基础等 9 项 GAP 国家标准(GB/T 20014.2~20014.10)进行了修订,并于 2008 年 10 月 1 日起实施。

10.1.2.4 GAP 认证与认可的国际互认

目前,GLOBALGAP 更新了其承认的认可机构名单,中国合格评定国家认可委员会(CNAS)认可结果获得了 GLOBALGAP 的承认。CNAS 已于 2008 年 10 月与国际认可论坛(IAF)签署了产品多边互认协议,为中国良好农业规范认证机构的认可获得 GLOBALGAP 的承认奠定了基础。CNAS 认可结果获得了 GLOBALGAP 承认以后,经国家认监委批准且获得 CNAS 认可的中国良好农业规范认证机构可以根据相关要求向 GLOBALGAP 申请使用 GLOBALGAP 的认证标志,其认证结果将得到 GLOBALGAP 的承认。

10.1.2.5 GAP 认证的益处和实施认证的意义

GAP 认证的益处在于全程质量管理,更安全更健康;可提升产品竞争力,提升企业形象,提高企业效益,促进可持续发展。通过 GAP 认证的产品,可以形成品牌效应,从而增加认证企业和生产者的收入;稳固与采购商的合作,并拓宽新市场,为长期的发展奠定坚实的基础;提升管理系统,改善与员工的关系,从而提高生产力,提高利润;有利于增强生产者的安全意识和环保意识,有利于保护劳动者的身体健康;最小化潜在的商业风险,如工伤乃至工亡,法律诉讼或者是失去订单;开发新市场和客户,使有社会责任的公司将从竞争对手中脱颖而出;有利于保护生态环境和增加自然界的生物多样性,有利于自然界的生态平衡和农业的可持续性发展。

10.1.3 GAP 认证的关注点

GAP 认证的关注点主要包括食品安全,环境保护,职业健康,安全和福利及动物福利四个方面。

10.1.4 GAP 的 8 个基本原理

1998年10月26日，美国食品与药物管理局（FDA）和美国农业部（USDA）联合发布了《关于降低新鲜水果与蔬菜微生物危害的企业指南》。GAP以科学为基础，虽然是自愿采用，但FDA和USDA强烈建议鲜果蔬生产者采用GAP。

使用该指南的基本原则：用指南中的建议去选择最合适的GAP来指导各个环节的操作。

原理1，对新鲜农产品的微生物污染，其预防措施优于污染发生后采取的纠正措施（即防范优于纠正）；原理2，为降低新鲜农产品的微生物危害，种植者、包装者或运输者应在他们各自控制范围内采用良好农业操作规范；原理3，新鲜农产品在沿农场到餐桌食品链中的任何一点，都有可能受到生物污染，主要的生物污染源是人类活动或动物粪便；原理4，无论任何时候与农产品接触的水，其来源和质量规定了潜在的污染，应减少来自水的微生物污染；原理5，生产中使用的农家肥应认真处理以降低对新鲜农产品的潜在污染；原理6，在生产、采收、包装和运输中，工人的个人卫生和操作卫生在降低微生物潜在污染方面起着极为重要的作用；原理7，良好农业操作规范的建立应遵守所有法律法规，或相应的操作标准；原理8，各层农业（农场、包装设备、配送中心和运输操作）的责任，对于一个成功的食品安全计划是很重要的，必须配备有资格人员和有效的监控，以确保计划的所有要素运转正常，并有助于通过销售渠道溯源到前面的生产者。

10.2 良好农业规范认证标准

10.2.1 China GAP 的法律法规依据

10.2.1.1 与 GAP 认证有关的法律

与GAP认证有关的法律主要包括：《中华人民共和国食品安全法》《中华人民共和国产品质量法》《中华人民共和国进出口商品检验法》《中华人民共和国标准化法》《中华人民共和国计量法》《农产品质量安全法》《环境保护法》《土地法》《畜牧法》等。

10.2.1.2 行政法规和行政法规性文件

GAP认证的行政法规和行政法规性文件主要有：《中华人民共和国认证认可条例》《中华人民共和国标准化法实施条例》《中华人民共和国计量法实施条例》《国务院办公厅关于加强认证认可工作的通知》《中华人民共和国耕地保护条例》《中华人民共和国农药安全使用管理条例》《动物防疫条件审查办法》《乳与乳制品卫生管理办法》《乳制品良好生产规范》（GB12693—2010）及畜牧养殖相关法律法规等。

10.2.1.3 部门规章

主要有《认证及认证培训、咨询人员管理办法》《认证证书和认证标志管理办法》《动物防疫条件审查办法》《动物检疫管理办法》及与认证认可有关的其他法律法规，如《China GAP 认证实施规则》等。

10.2.2 GAP 标准

10.2.2.1 GAP 标准制定的基本原则

GAP 标准制定的基本原则主要包括：以国际相关 GAP 标准为基础；遵循 FAO 确定的基本原则；与国际接轨，符合中国国情。

China GAP 标准在制定之初就充分考虑了国际化的要求，广泛研究了世界各国的 GAP 标准（EUREPGAP、GFSI、BRC、IFS 在内的众多标准），目前在世界上运行最成功的，也是目前最系统的标准是 EUREPGAP 标准。因此，中国国家 GAP 标准的制定充分参考了 EUREPGAP 的具体要求，同时结合中国的实际情况，在不低于 EUREPGAP 的要求下，为下一步的国际互认奠定基础。

10.2.2.2 GAP 标准制定与审定

2003 年 4 月，国家认监委根据有关专家的建议，首次提出在食品链源头建立良好农业规范体系，并于 2004 年初着手相关标准的翻译和资料收集工作，并成立"我国 GAP 合格评定体系"专家组，起草编写相关规范、标准。2005 年国家标准委召开良好农业规范系列国家标准审定会，通过专家审定。审定组专家一致认为本系列标准结构合理、体系完整，完善并发展了我国农业标准体系，既体现了与国际接轨的要求，又结合了我国农业发展的现状，达到了国际先进水平。

10.2.2.3 GAP 标准的特点

1. GAP 是非法规性标准 GAP 标准可供政府、社会组织、农业企业和农业生产者采用，也可用于对规定要求的符合性评价和认证等目的。GAP 是非法规性标准，GAP 认证遵循自愿性原则。

2. GAP 标准的四大要求 GAP 标准采用"危害分析与关键控制点"（HACCP）方法识别、评价和控制食品安全危害，同时提出促进农业可持续发展的生态环境保护要求，员工职业健康、安全和福利要求及动物福利的要求。

3. GAP 内容条款的控制点 GAP 标准以"内容条款的控制点"的形式提出符合性要求，将控制点分为三级：1 级控制点是基于 HACCP 的食品安全要求，以及与食品安全直接相关的动物福利方面的要求；2 级控制点是基于 1 级控制点要求的环境保护、员工福利、动物福利的基本要求；3 级控制点是基于 1 级和 2 级控制点要求的环境保护、员工福利、动物福利的持续改善措施要求。

4. GAP 标准的结合使用 GAP 系列标准分为"农场基础标准"、"种类标准"（作物类、畜禽类和水产类等）和"产品模块标准"（大田作物、果蔬、茶叶、肉牛、肉羊、生猪、奶牛、家禽、罗非鱼、大黄鱼等）三类。实施认证或符合性评价时，需要结合使用上述三类标准。例如，对油菜或香菇的认证应当依据农场基础、作物类、果蔬模块三个标准进行检查/审核；对生猪的认证则要依据农场基础、畜禽类、生猪模块三个标准进行检查/审核。

10.2.3 用于认证的良好农业规范系列国家标准

10.2.3.1 GAP 认证法规标准

1. 基本规范 开展良好农业规范认证依据的基本规范是《良好农业规范认证实施规则》（CNCA-N-004：2014）。

2. GAP 认证依据的标准　　良好农业规范系列国家标准分为农场基础标准（GB/T 20014.2 农场基础控制点与符合性规范）、种类基础标准（如 GB/T20014.3 作物基础控制点与符合性规范）和产品模块标准（如《GB/T20014.5 水果和蔬菜控制点与符合性规范》）三类。在实施认证时，应将农场基础标准、种类基础标准和（或）产品模块标准结合使用。示例如图 10.1 所示。

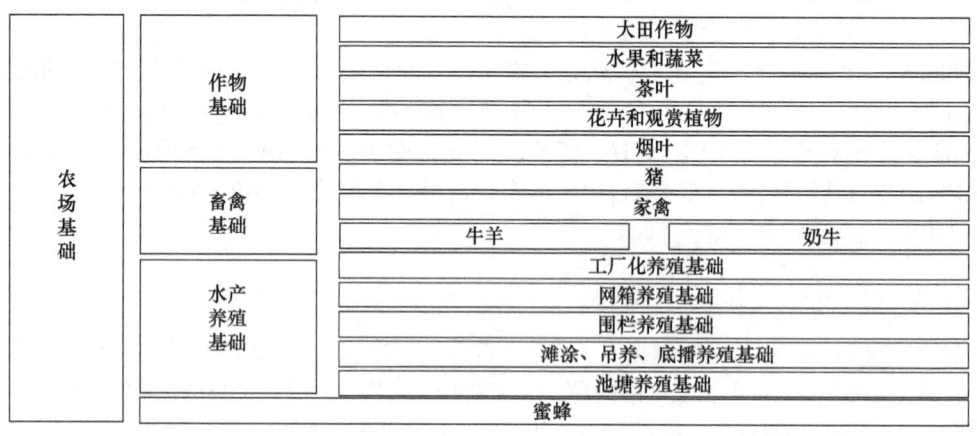

图 10.1　良好农业规范认证标准使用示例

对某种产品的认证，应同时满足农场基础标准及其对应的种类基础标准和（或）产品模块标准的要求。例如，对猪的认证应当依据农场基础、畜禽基础、猪三个标准进行检查；再如，对蜜蜂的认证应当依据农场基础、蜜蜂两个标准进行检查。

良好农业规范系列国家标准应使用最新版本。

10.2.3.2　GB/T20014 良好农业规范系列国家标准

GB/T20014 良好农业规范系列国家标准包含了以下良好农业规范系列国家标准（表 10.1）。

表 10.1　GAP 认证标准

序号	类型	核心标准	相关标准
1	基础标准	GB/T20014.1—2005 良好农业规范　第 1 部分：术语 GB/T20014.2—2013 良好农业规范　第 2 部分：农场基础控制点与符合性规范 GB/T2014.13—2013 良好农业规范　第 13 部分：水产养殖基础控制点与符合性规范	GB5749—2006 生活饮用水卫生标准 GB13078—2001 饲料卫生标准 GB13078—2001《饲料卫生标准》第 1 号修改单 GB/T19001—2000 质量管理体系　要求 GB/T27025—2019 检测和校准实验室能力的通用要求
2	作物标准	GB/T20014.3—2013 良好农业规范　第 3 部分：作物基础控制点与符合性规范 GB/T20014.4—2013 良好农业规范　第 4 部分：大田作物控制点与符合性规范 GB/T20014.5—2013 良好农业规范　第 5 部分：水果和蔬菜控制点与符合性规范 GB/T20014.12—2013 良好农业规范　第 12 部分：茶叶控制点与符合性规范 GB/T20014.25—2010 良好农业规范　第 25 部分：花卉和观赏植物控制点与符合性规范 GB/T20014.26—2013 良好农业规范　第 26 部分：烟叶控制点与符合性	

续表

序号	类型	核心标准	相关标准
3	畜禽标准	GB/T20014.6—2013 良好农业规范 第6部分：畜禽基础控制点与符合性规范 GB/T20014.7—2013 良好农业规范 第7部分：牛羊控制点与符合性规范 GB/T20014.8—2013 良好农业规范 第8部分：奶牛控制点与符合性规范 GB/T20014.9—2013 良好农业规范 第9部分：猪控制点与符合性规范 GB/T20014.10—2013 良好农业规范 第10部分：家禽控制点与符合性规范 GB/T20014.11—2013 良好农业规范 第11部分：畜禽公路运输控制点与符合性规范 GB/T20014.27—2013 良好农业规范 第27部分：蜜蜂控制点与符合性规范	GB16548—2006 病害动物和病害动物产品生物安全处理规程 GB16549—1996 畜禽产地检疫规范 GB16567—1996 种畜禽调运检疫技术规范 GB16568—2006 奶牛场卫生规范 GB18596—2001 畜禽养殖业污染物排放标准 GB/T18635—2002 动物防疫基本术语 NY/T388—1999 畜禽场环境质量标准
4	水产品标准	GB/T20014.14—2013 良好农业规范 第14部分：水产池塘养殖基础控制点与符合性规范 GB/T20014.15—2013 良好农业规范 第15部分：水产工厂化养殖基础控制点与符合性规范 GB/T20014.16—2013 良好农业规范 第16部分：水产网箱养殖基础控制点与符合性规范 GB/T20014.17—2013 良好农业规范 第17部分：水产围栏养殖基础控制点与符合性规范 GB/T20014.18—2013 良好农业规范 第18部分：水产滩涂、吊养、底播养殖基础控制点与符合性规范 GB/T20014.19—2008 良好农业规范 第19部分：罗非鱼池塘养殖控制点与符合性规范 GB/T20014.20—2008 良好农业规范 第20部分：鳗鲡池塘养殖控制点与符合性规范 GB/T20014.21—2008 良好农业规范 第21部分：对虾池塘养殖控制点与符合性规范 GB/T20014.22—2008 良好农业规范 第22部分：鲆鲽工厂化养殖控制点与符合性规范 GB/T20014.23—2008 良好农业规范 第23部分：大黄鱼网箱养殖控制点与符合性规范 GB/T20014.24—2008 良好农业规范 第24部分：中华绒螯蟹围栏养殖控制点与符合性规范	GB11607—1989 渔业水质标准 NY5051—2001 无公害食品 淡水养殖用水水质 NY5052—2001 无公害食品 海水养殖用水水质 NY5072—2002 无公害食品 渔用配合饲料安全限量 SC/T1004—2004 鳗鲡配合饲料

10.3 我国良好农业规范认证

GAP认证是指经认证机构依据相关认证要求，以认证证书的形式予以确认的某一种类产品（如作物、果蔬、牛羊、生猪、奶牛、家禽）的种植和养殖过程及产品质量符合认证规则和相关适用标准的要求。

GAP认证是以生产过程检验为基础，包括现场检查、质量保证体系的检查和必要时对产品检测、场所管理情况的风险评估。GAP认证关注产品的种植和养殖过程中涉及食品安全、环保等方面关键控制点是否得到有效控制，其认证模式是对生产过程进行检查，通过对质量管理体系、生产过程控制体系、记录追踪投资等过程进行检查来评价其是否符合良好农业规范认证规则和相关国家标准要求，从而保证最终产品质量安全的合法性，满足采购方要求。

10.3.1 GAP认证产品的产品目录

良好农业规范认证产品共包括四大类14个模块，即作物类，包括果蔬模块、大田模块、茶叶模块、花卉模块、烟草模块；畜禽类，包括牛羊模块、奶牛模块、家禽模块、生猪模块；水产类，包括工厂化养殖模块、网箱养殖模块、围栏养殖模块、池塘养殖模块、滩涂/底播/吊养养殖模块；蜜蜂类。

10.3.2 GAP认证应具备的条件

1. 基本条件 GAP认证应具备的基本条件是符合GAP标准要求的必备硬件、软件条件；已按标准要求建立统一的操作规范，并有效实施；有至少三个月的运行记录。

2. 优先条件 GAP认证应具备的优先条件是企业规模较大，组织管理体系健全；有产品出口或准备出口；企业位于标准化基地、出口基地、优势农产品产业带等区域，产品具有较强市场竞争力。

3. 认证对象 农业生产经营者和农业生产经营者组织都可以作为申请人申请GAP认证。农场业主联合组织与农场业主必须签订1年以上的协议，并按照标准的要求建立相应的程序、操作规程。

GAP认证的申请人可以是"农业生产经营者"，如农户、农业企业，也可以是"农业生产经营者组织"即农业生产经营者联合体。

10.3.3 GAP认证宗旨

GAP认证的宗旨在于帮助农产品企业解决在种植、收割、堆放、包装和销售等方面常见的微生物危害问题，以提高农产品的安全；以这些早先和持续的努力为基础，发展国家的指导方针，以增强食品安全。

10.3.4 GAP认证实施规则

2014年国家认监委对2007年8月21日发布的《良好农业规范认证实施规则》（国家认监委2007年第22号公告，以下简称旧版认证实施规则）进行了修订。自2015年8月1日起，认证机构对新申请良好农业规范认证的企业及已获认证企业的认证活动均需依据新版认证实施规则执行。

1. 良好农业规范认证实施规则的主要内容 新的《良好农业规范认证实施规则》的14项内容包括：①目的和范围；②认证机构要求；③认证人员要求；④认证依据及相关文件；⑤认证选项；⑥认证级别及要求；⑦认证范围；⑧认证程序；⑨认证后管理；⑩再认证；⑪认证证书、认证标志的管理；⑫认证机构的转换；⑬信息报告；⑭认证收费。

2. 5个附件 包括：附件1术语和定义，附件2多场所的农业生产经营者和农业生产经营者组织的质量管理体系要求，附件3良好农业规范注册数据要求，附件4内部检查/审核要求及附件5符合性规范检查表。

10.3.5 GAP 认证级别及要求

根据认证要求不同，GAP 认证分为一级认证与二级认证；按申请主体不同，GAP 认证分为农业生产经营者认证、农业生产经营者组织认证两类。对分级的判定要求及不同认证形式的认证程序与要求分别有以下规定：中国良好农业规范认证级别分一级认证和二级认证。认证委托人应根据自身生产实际情况与良好农业规范国家标准的符合程度选择相应的认证级别。

1. 一级认证要求 包括：①应符合所有适用的 1 级控制点的要求；应至少符合所有适用的 2 级控制点总数 95% 的要求；②允许不符合的 2 级控制点百分比计算公式如下：

（2 级控制点数量－不适用的 2 级控制点数量）×5%＝允许不符合的 2 级控制点数量

2. 二级认证要求 包括：①应至少符合所有适用的 1 级控制点总数 95% 的要求，导致消费者、员工、动植物安全和环境严重危害的控制点必须符合要求；②允许不符合的 1 级控制点百分比计算公式如下：

（1 级控制点数量－不适用的 1 级控制点数量）×5%＝允许不符合的 1 级控制点数量

3. 适用的控制点 包括：①适用的控制点由认证范围决定。认证委托人应确保各个独立场所和产品都满足认证要求。因此，符合百分比的计算应考虑适用于每个场所和产品的全部控制点。②未实施质量管理体系的多场所，在一个检查表中计算整体运作的符合性水平。全部适用的共用控制点应分别计入每个生产场所。③对于农业生产经营者组织或实施质量管理体系的多场所，应对每个农业生产者或生产场所分别计算符合性水平（每个农业生产者或生产场所必须符合认证要求）。全部适用的共用控制点应分别计入注册成员或生产场所。

10.3.6 认证选项

认证委托人应根据自身法律主体的组成形式，按农业生产经营者或农业生产经营者组织两种选项申请认证。

10.3.6.1 选项 1——农业生产经营者认证

通过认证后农业生产经营者为证书持有人。选项 1 分为以下几种情况。

1. 单一场所 农业生产经营者仅拥有一个生产区域。

2. 未实施质量管理体系的多场所 农业生产经营者拥有多个生产区域，且每个生产区域不作为独立的法人实体运作，同时农业生产经营者未按附件 2 要求建立并实施质量管理体系。

3. 实施质量管理体系的多场所 农业生产经营者拥有多个生产区域，且每个生产区域不作为独立的法人实体运作，同时农业生产经营者已按附件 2 要求建立并实施质量管理体系。

10.3.6.2 选项 2——农业生产经营者组织认证

由 2 个及以上的农业生产经营者通过合同关系形成的组织申请良好农业规范认证，同时农业生产经营者组织已按附件 2 要求建立并实施质量管理体系。

10.3.7 认证范围

良好农业规范认证范围包括：产品范围、场所范围和生产范围。

1. 产品范围 包括：作物种植、畜禽养殖、水产养殖和蜜蜂养殖的良好农业规范认证活动。良好农业规范认证产品目录由国家认监委制定发布。其他产品需要列入目录的,应当由认证机构或其他组织依据良好农业规范系列国家标准和国家认监委相关要求对该产品的适用性进行技术分析,经国家认监委组织评估批准后列入目录并公布。

2. 场所范围　　注册产品的所有生产场所和处理场所。

3. 生产范围　　包括:①生产范围指按照良好农业规范标准管理的初级产品的生产过程,不包括野生动物的猎取及野生植物的采集;②收获与处理(适用于水果和蔬菜)。

4. 平行生产和平行所有权

(1)认证委托人同时生产相同或难以区分的认证或非认证产品时,应在申请和注册时注明"平行生产",认证证书上也应标明;认证委托人除生产认证产品外,同时外购非认证的同一产品时,应在申请和注册时注明"平行所有权",认证证书上也应标明。农业生产经营者组织中有成员存在上述情况的,则该组织也应视同存在"平行生产/平行所有权"。

(2)同一生产管理单元内不能存在平行生产,同一产品处理单元中可以存在平行所有权,也可以存在平行生产。

(3)认证委托人应采取措施保证认证产品与非认证产品始终完全隔离,并建立涵盖所有产品和具体生产管理单元(包括平行生产和平行所有权)的追溯体系,保证产品的可追溯性。

(4)农业生产经营者组织中有部分成员未申请良好农业规范认证时,可不按平行生产进行认证。

10.3.8　China GAP 认证流程

China GAP 认证流程如图 10.3 所示。

10.3.9　良好农业规范认证实施程序

根据新的《良好农业规范认证实施规则》(2015 年 8 月 1 日实施),良好农业规范认证程序包括:认证申请→认证受理→注册→现场检查准备→现场审核/检查→符合性判定→审核/检查报告。

10.3.9.1　申请

1. GAP 认证委托人应具备的 7 个条件　　包括:①能对生产过程和产品负法律责任,已取得国家公安机关颁发的居民身份证的自然人,或是在国家工商行政管理部门或有关机构注册登记的法人;②已取得相关法规规定的行政许可(适用时);③认证委托人及其相关方生产、处理的产品符合相关法律法规、质量安全卫生技术标准及规范的基本要求;④认证委托人按照标准要求建立和实施了文件化的种植/养殖的操作规范或良好农业规范管理体系(适用时),并在初次检查前至少有 3 个月的完整记录;⑤申请认证的产品应在国家认监委公布的《良好农业规范产品认证目录》内;⑥认证委托人及其相关方在过去一年内未出现产品质量安全重大事故及滥用或冒用良好农业规范认证标志宣传的事件;⑦认证委托人及其相关方一年内未被认证机构撤销认证证书。

2. 认证委托人应提交的文件和资料　　包括:①认证委托人应按照附件 3 良好农业规范注册数据要求向认证机构提交相关信息及证明文件;②认证委托人及其良好农业规范生产、处理、储藏的基本情况;③认证委托人良好农业规范种植/养殖规范性文件或良好农业规范管理体系文件(适用时);④认证委托人的产品消费国家/地区名单及其残留限量要求。

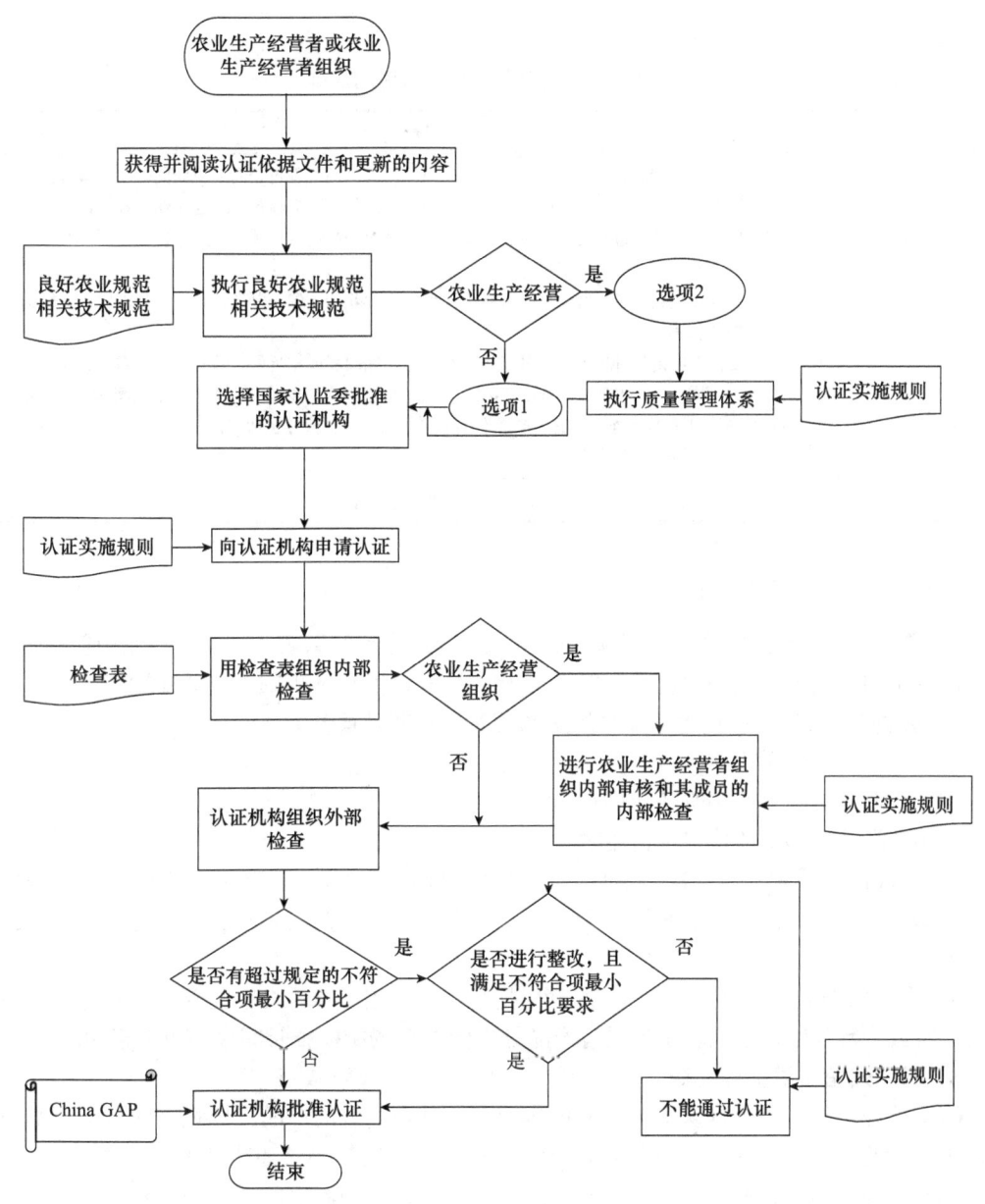

图 10.3 China GAP 认证流程图

10.3.9.2 认证受理

包括认证机构应公开信息，申请评审及评审结果处理。

10.3.9.3 注册

包括注册号，有效期、注册管理、注册信息的公开及保密三个方面的内容。

10.3.9.4 现场检查准备

包括组成检查组，下达检查任务书，文件评审及检查计划的现场确认和现场检查时间的安排（表 10.2）。

表 10.2　GAP 认证现场检查时间安排

项目	检查时间
作物	（1）初次检查应在产品的收获期进行，当包括收获后农产品处理过程时，也应同时实施检查； （2）当无法在收获期间进行检查时，可选择其他时间进行，但应在检查报告中注明理由； （3）现场检查在收获前进行时，认证机构应安排后续检查或由认证委托人通过传真、图片等方式提交符合性证据； （4）现场检查在收获后进行时，认证委托人应保留与收获相关的控制点符合性证据以便认证机构现场检查时进行验证； （5）认证委托人申请一种以上作物的认证，如果生产期同步或相近的，检查时间宜靠近收获期；如果生产期不同步或不相近的，那么初次认证检查应选择在最早收获作物的收获期间进行，其他产品只有在通过现场检查或者由生产者提供可接受的证据，验证了适用控制点的符合性后，方可将其加入到认证证书的覆盖范围
畜禽、水产、蜜蜂	实施初次检查时，畜禽、水产、蜜蜂产品应处于养殖状态

10.3.9.5　现场审核/检查

1. 选项 1（不含实施质量管理体系的多场所农业生产经营者）　认证机构应对所有注册生产场所和（或）处理场所按 GB/T20014 相关国家标准和本规则进行通知检查。

2. 选项 2（含实施质量管理体系的多场所农业生产经营者）

（1）质量管理体系审核；

（2）注册成员或生产场所通知检查；

（3）产品处理场所的检查（适用时）。

3. 初次认证要求　初次认证时，应全面评价所有申请认证产品的生产过程，颁发证书前应验证所有适用的控制点是否符合要求。证书中不能包括尚未收获的作物，注册前已经收获/屠宰/加工的产品不能被认证。

4. 现场检查持续时间　通常对于农业生产经营者（选项 1）的现场检查不少于 3h，只有一种或少数作物、工人较少且没有产品处理的单个场所检查时间也不应少于 3h。

5. 药物残留限量抽样检查

（1）认证机构应当根据认证产品的风险程度，制定适宜的产品抽样程序和方案，实施相应的抽样检验，以验证认证产品是否符合我国相关法律法规要求和产品消费国家/地区的要求。如现场检查需要抽取样品进行检验，则应按照认证机构制定的抽样程序和方案实施，委托具备法定资质的检测机构进行样品检测。

（2）认证机构应根据认证委托人提供的产品消费国家/地区名单及其残留限量要求进行风险评估，以确定是否需要实施必要的产品检测，也可根据需要适当增加产品消费国家/地区的检测项目。

6. 符合性判定要求

（1）应用"是""否""不适用"来表示控制点的符合性与适用性。

（2）不论申请一级还是二级认证，所有适用的控制点（包括 1 级、2 级和 3 级控制点）都应审核/检查。对于检查表的符合性一栏标记为"全部适用"的控制点，应全部进行检查和评述，当出现控制点不适用的例外情况时，应回答为"是"并标明合理的理由。

（3）在审核/检查中应收集对每个控制点的审核/检查证据，以确保后续过程可以对审核发现进行追踪，检查证据应包括检查期间所涉及的各种细节。无论是外部审核/检查，还是内部审核/检查，所有符合的、不符合的和不适用的一级控制点和质量管理体系要求，以及所有不符合的和不适用的二级控制点，必须给出说明。例如，抽查了哪个文件，面谈了哪些员工/农户等的评述与证据应具体到特定的场所和产品，并且应在检查表中注明这些信息，以证明审核/检查恰当地评价了针对所有场所和产品的全部控制点。

7. 审核/检查报告

（1）在整个审核/检查过程结束时，应形成一份完整的书面审核/检查报告。认证机构应规定报告的基本格式。

（2）报告应叙述现场审核/检查情况，就审核/检查证据、审核/检查发现和审核/检查结论逐一进行描述。对识别出的不符合项，应用写实的方法准确、具体、清晰的描述，以易于认证委托人理解。不得用概念化的、不确定的、含糊的语言表述不符合项。

（3）审核/检查报告应当随附必要的证据或记录，包括文字、照片或摄像等音视频资料。

（4）检查组应通过审核/检查记录等书面文件提供充分信息对认证委托人执行标准的总体情况做出评价，对是否通过认证提出意见建议，但不应对认证委托人是否通过认证做出最终结论。

10.3.9.6 认证决定

认证时限是指自受理认证申请之日起至颁发认证证书时所实际发生的工作日，包括：文件检查时间、现场检查时间、认证结果评定和批准时间及证书的制作时间。认证机构应在不符合项关闭后的 28 日内做出认证决定；对于不符合认证要求的认证委托人，认证机构应以书面形式告知其不能通过认证的原因。

10.3.9.7 申诉

（1）认证委托人对认证机构的认证决定或现场检查抽样比例等持有异议，可在决定告知后 10 日内向认证机构申诉。认证机构自收到申诉之日起，应在 30 日内进行处理，并将处理结果书面通知认证委托人。如认证委托人对处理结果仍有异议，可向国家认监委申诉。

（2）认证委托人认为认证机构的行为严重侵害了自身的合法权益，可直接向各级认证监管部门申诉。

10.3.10 认证后管理

认证机构应当建立适当的管理制度，对证书持有人是否持续有效符合标准、使用认证证书和标志的情况进行有效跟踪审核/检查，对不能符合认证要求的应采取适当的处罚措施。

10.3.10.1 不通知检查

1. 通用要求 包括：①不通知检查抽样应综合考虑认证范围的总体数量、地理位置、产品类型、历史检查情况等因素。②作物种植、畜禽养殖、水产养殖和蜜蜂养殖应按类别分别按 10% 的比例进行抽样。每个类别每年都应至少实施一次不通知检查。③应提高初次认证未在收获期进行检查的证书持有人的抽查概率。④实施不通知检查时应在 48h 内告知证书持有人并提供检查计划。⑤不通知检查可只对标准适用的 1 级和 2 级控制点进行检查，不通知检查发现的不符合项处理与通知检查要求一致。

2. 选项 1（不含实施质量管理体系的多场所农业生产经营者）

（1）认证机构应每年至少对不少于该类证书年度发证数量 10% 的证书持有人实施不通

知检查。

（2）当认证机构发放的该类认证证书数量少于10张时，不通知检查数量不得少于1家。

3. 选项2（含实施质量管理体系的多场所农业生产经营者）

（1）认证机构每年应对不少于该类证书年度发证数量10%的证书持有人实施不通知检查。

（2）当认证机构发放的证书数量少于10张时，每年不通知检查数量不得少于1家，如果证书数量仅为1家，则应至少每2年对其进行一次不通知检查。

（3）不通知检查时抽样数量不应少于注册成员或生产场所总数平方根数的50%，如检查中发现不符合，则还应审核证书持有人的质量管理体系。

10.3.10.2 处罚

本条款适用于认证机构对农业生产经营者或农业生产经营者组织的处罚。认证机构采取处罚措施后，农业生产经营者或农业生产经营者组织（或其注册成员）未按要求在规定期限内进行纠正或制定纠正措施的，不得撤销处罚或恢复证书，证书持有人也不得转换认证机构。处罚分为警告、暂停和撤销。

10.3.10.3 跟踪调查

认证机构应对获证组织实施有效跟踪，以保证其持续符合认证的要求。如果认证机构获知可能影响认证有效性的信息（如超过最高农残限量、微生物污染等），则应要求证书持有人进行自查和对认证档案、记录进行全面追溯（包括物料平衡等），并在认证机构规定的时间内提供相关的证据材料。如果需要实施产品检测，应委托具备法定资质的检测机构进行，并由证书持有人提供合理的抽样规则。

认证机构对提交的证据材料进行评估，发现违反本规则或认证依据标准规定的，应按10.3.10.2的规定对证书持有人进行处罚，处罚分为警告、暂停和撤销。

10.3.11 再认证

包括证书到期失效、再认证的时效、再认证检查及再认证检查时间安排三个方面。

10.3.12 认证证书、认证标志的管理

10.3.12.1 认证证书的内容

良好农业规范认证证书应包括（但不限于）以下基本信息。①注册号。②证书编号。③良好农业规范认证标志。④认证机构名称和标识。⑤认可机构的名称和（或）标识（如果认证机构获得认可）。⑥证书持有人的名称和地址。⑦注册成员/场所名称、地址和产品。如果获证的是农业生产经营者组织，应在证书或附件中列出农业生产经营者组织的所有注册成员的名称、地址和产品。如果获证的是多场所的农业生产经营者，应在证书或附件中列出农业生产经营者的所有场所名称、地址和产品。⑧如果存在平行生产/平行所有权应标明。⑨认证选项和认证级别。⑩认证产品范围。⑪如果果蔬产品未经处理或不包括收获，应标明。⑫认证依据及版本号。⑬发证日期：认证机构做出认证决定的日期。⑭证书生效日期和截止日期。

10.3.12.2 认证标志

良好农业规范认证标志分为一级认证标志和二级认证标志，如图10.4所示。

图 10.4　良好农业规范认证标志

10.3.12.3　认证证书和认证标志的使用及范围

1. 认证证书和认证标志的使用　应符合《认证证书和认证标志管理办法》（国家质检总局 2004 年第 63 号令）的规定。

2. 证书使用范围　证书持有人可在认证产品或其销售包装、产品宣传材料、商务活动中使用认证标志。

10.3.13　认证机构的转换及不能转换的情况

10.3.13.1　认证机构的转换

当证书持有人转换认证机构或向另一认证机构申请不同产品的认证时，证书持有人应将原有注册号告知新认证机构。

10.3.13.2　不能进行认证机构转换的情况

包括：①认证机构对证书持有人进行了警告、暂停等处罚措施，尚未完成整改或恢复证书的；②农业生产经营者组织对其成员进行了警告、暂停等处罚措施，尚未完成整改或恢复证书的，或未经认证机构允许的。

10.3.14　信息报告

认证机构应当及时向国家认监委网站"中国食品农产品认证信息系统"填报认证活动的信息，现场检查计划应在现场检查 5 日前录入信息系统。

本 章 小 结

GAP 是应用现有的知识来处理农场生产和生产后的过程环境、经济和社会可持续性，从而获得安全而健康的食物和非食用农产品。GAP 认证关注农产品种植、养殖、采收、清洗、包装、储藏和运输过程中有害物质和有害生物的控制及其保障能力，保障农产品质量安全，同时还关注生态环境、动物福利、职业健康等方面的保障能力。GAP 认证的益处在于全程质量管理，更安全、更健康；可提升产品竞争力，提升企业形象，提高企业效益，促进可持续发展。

GAP 认证的关注点主要包括食品安全、环境保护、职业健康、安全和福利及动物福利四个方面。China GAP 的法律法规依据包括 GAP 认证有关的法律、行政法规和行政法规性文件、部门规章及 GAP 标准。其中 GAP 标准具有非法规性标准、四大要求、内容条款的控制点及标准的结合使用等特点。

GAP 认证范围包括产品范围、场所范围和生产范围。认证证书和认证标志的使用应符合《认证证书和认证标志管理办法》的规定。

知 识 拓 展

良好农业规范认证产品目录

GB/T 20014.1 良好农业规范

良好农业规范认证实施规则

复习思考题

1．名词解释

注册　农场　农业生产经营者　农业生产经营者　良好农业规范

2．简答题

（1）GAP 认证的益处和实施认证的意义是什么？

（2）GAP 的主要关注点有哪些？

（3）GAP 的八个基本原理是什么？

（4）我国良好农业规范认证实施程序是什么？企业如何准备 GAP 认证？

第11章 管理体系审核

【教学目的和要求】通过对管理体系审核的学习能够熟知管理体系审核的相关概念,并根据审核技巧、审核原则及审核方案的管理要求指导审核的实施。

11.1 审核相关概念与审核原则

11.1.1 与审核相关的概念

审核(audit) 为获得审核证据并对其进行客观的评价,以确定满足审核准则的程度所进行的系统的、独立的并形成文件的过程。

多体系审核(combined audit) 对同在一个受审核方,对两个或两个以上管理体系一起实施的审核。

联合审核(joint audit) 对同在一个受审核方,由两个或两个以上审核组织同时实施的审核。

[理解要点] 审核是按照程序对实体是否合格的测定,由一系列相关的测定过程所构成。审核的基本要素包括由对被审核实体不承担责任的人员获取审核证据,将收集到的这些审核证据对照审核准则的相应规定或要求进行比较、分析和评价,确定满足审核准则的程度,记录评价的结果及支持的证据等。

1. 审核是系统的、独立的和形成文件的过程

(1)"系统的"是指对与审核有关的所有过程及其相互之间的系统的关系和作用。审核是通过获取审核证据、进行客观评价、得出审核结论等一系列过程,用于确定、分析、评价被测定的实体与规定要求的符合性。这些过程之间有非常紧密的、形成系统的逻辑关系。审核的系统性要求审核应是有序和规范的活动,对审核活动要经过策划并使之处于受控状态,以确保审核的系统性。

(2)"独立的"是指对审核证据的收集、分析和评价是客观的、公正的,应避免任何外来因素的影响及审核员自身因素的影响。公正性是第三方审核的关键要求。

(3)"形成文件的"是指审核要有适当的文件支持,过程要形成必要的文件,如审核策划阶段应形成审核计划、审核实施阶段应做好必要的记录、审核结束阶段应编制审核报告等。

审核可以是内部(第一方)审核,或外部(第二方或第三方)审核,也可以是多体系审核或联合审核。

2. 多体系审核 例如,同时审核同一个组织的质量管理体系和环境管理体系。

3. 联合审核 例如,某国内认证机构审核组与某境外认证机构审核组共同审核一个申请认证的组织。

4. 内部审核 有时也称为第一方审核,由组织自己或以组织的名义进行,用于管理评审和其他内部目的，可作为组织自我合格声明的基础。可以由与正在被审核的活动无责任关系的人员进行，以证实独立性。

5. 外部审核 包括第二方审核和第三方审核。第二方审核由组织的相关方，如顾客或由其他人员以相关方的名义进行。

6. 第三方审核 由外部独立的审核组织进行，如提供合格认证/注册的组织或政府机构。

ISO/IEC17021:2015（CNAS—CC01:2015 管理体系认证机构要求）条款 3.4 中定义为认证审核（certification audit），即"由独立于客户和依赖认证的各方的审核组织实施的、对客户的管理体系进行以认证为目的的审核"。

在涉及管理体系认证的定义中，第三方认证审核简称为审核。认证审核包括初次审核、监督审核和再认证，还可以包括特殊审核。认证审核通常由依据管理体系标准要求提供符合性认证的认证机构的审核组实施。

7. 结合审核 是指一个客户同时按照两个或两个以上管理体系标准的要求接受审核，称作结合审核。该概念与多体系审核相似。

8. 一体化审核 在 ISO/IEC17021:2015 条款 3.4 的注 6 中定义为："一个客户已将两个或两个以上管理体系标准要求的应用整合在一个单一的管理体系中，并按照一个以上标准接受审核，称作一体化审核"。

9. 质量体系审核 确定质量体系的活动和结果是否符合标准的安排，以及质量体系的各项规定是否得到有效的贯彻并适合于达到质量目标的、系统的、独立的检查。

符合性：文件化信息（质量手册、程序文件等）是否符合标准要求。

有效性：质量体系活动与文件要求是否一致，即文件化信息要求是否有效实施。

适宜性：质量体系的实施结果是否适合达到质量目标的要求。

系统性：审核工作本身要求正规化，有程序可以遵循。

独立性：审核应由与被审对象无直接责任关系的人员进行。

10. 初次审核、监督审核与再认证

按第三方认证审核时的审核方案序列，审核还可分为：初次审核、监督审核、再认证。

初次审核是对初次申请认证的企业进行的审核，通常分为一、二阶段；审核覆盖全部标准内容。

监督审核是对已获证企业进行的监督检查审核，在证书有效期内进行；审核为抽查，一般不覆盖全部标准内容。

再认证是对已获证企业进行的换证审核，由于证书有效期是三年，如果想持续保持证书的有效性，就要进行换证审核，即再认证。

审核方案（audit programme） 针对特定时间段所策划并具有特定目标的一组（一次或多次）审核安排。

审核范围（audit scope） 审核的内容和界限。

审核计划（audit plan） 对审核活动和安排的描述。

[理解要点] 审核计划与审核方案的区别是什么？

审核计划是由审核员做出的，而审核方案是由认证机构的管理部门做出的；审核计划是针对每一次审核的具体执行行程，而审核方案是针对一个受审核组织的审核全体策划；审核计划要依据审核方案做出，而审核方案指导审核所有相关活动（表 11.1）。

表 11.1　审核方案和审核计划的主要联系和区别

项目	审核方案	审核计划
定义	针对特定时间段所策划并具有特定目标的一组（一次或多次）审核安排	对（一次）审核活动和安排的描述
审核目标	一项审核方案涉及多次审核活动的目标，不同的审核活动也会有不同的目标	一次审核活动的具体目标，是审核方案目标的一部分
范围	一项审核方案可涉及全部体系、所有过程	一项审核计划可涉及全部体系、所有产品、所有过程，也可能涉及部分体系、产品及过程
内容	特定时间段内具有特定目的的一组审核的安排	描述一次具体的审核活动和安排
建立/编制	审核方案管理人员	审核组长
关系	审核方案包括对审核计划的要求	审核计划应符合审核方案的规定要求

审核准则（audit criteria）　用于与客观证据进行比较的一组要求。
客观证据（objective evidence）　支持事物存在或其真实性的数据。
审核证据（audit evidence）　与审核准则有关并能够证实的记录、事实陈述或其他信息。
审核发现（audit finding）　将收集的审核证据对照审核准则进行评价的结果。
审核结论（audit conclusion）　考虑了审核目标和所有审核发现后得出的审核结果。
[理解要点]审核证据、审核发现、审核结论之间的关系是什么？
审核证据：与审核准则有关的记录、事实陈述或其他信息；审核发现：将审核证据与审核准则进行比较而得出的符合性评价结果；审核结论：审核组根据审核目的及所有审核发现所做出的最终审核结果。审核证据是审核发现的前提，审核发现是审核结论的前提。
审核委托方（audit client）　要求审核的组织或个人。
受审核方（auditee）　被审核的组织整体或其部分。
审核组（audit team）　实施审核的一名或多名人员，需要时由技术专家提供支持。
审核员（auditor）　实施审核的人员。
技术专家（technical expert）　向审核组提供特定知识或专业技术的人员。
观察员（observer）　随同审核组但不作为审核员的人员。
管理体系（management system）　组织建立方针和目标，以及实现这些目标的过程的相互关联或相互作用的一组要素。
风险（risk）　不确定性的影响。
符合（conformity）　满足要求。
不符合（nonconformity）　不满足要求。
能力（competence）　应用知识和技能实现预期结果的本领。
要求（requirement）　明示的、通常隐含的或必须履行的需求或期望。
过程（process）　利用输入实现预期结果的相互关联或相互作用的一组活动。
绩效（performance）　可测量的结果。
有效性（effectiveness）　完成策划的活动并得到策划结果的程度。

11.1.2　审核原则

审核的特征在于其联系若干原则。这些原则有助于使审核成为支持管理方针和控制的有效与可靠的工具，并为组织提供可以改进其绩效的信息。遵循这些原则是得出相应和充分的审核结论的前提,也是审核员独立工作时,在相似的情况下得出相似结论的前提。

根据 ISO19011:2018 管理体系审核指南,审核原则基于下列七项原则,主要包括:第一项原则,诚实正直,职业的基础;第二项原则,公正表达,真实、准确地报告的义务;第三项原则,职业素养,在审核中勤奋并具有判断力;第四项原则,保密性,信息安全;第五项原则,独立性,审核的公正性和审核结论的客观性的基础;第六项原则,基于证据的方法,在一个系统的审核过程中,得出可信的和可重现的审核结论的合理的方法;第七项原则,基于风险的方法,一种考虑风险和机遇的审核方法。

11.2 审核方案的管理

11.2.1 总则

需要实施审核的组织应建立审核方案,以便确定受审核方管理体系的有效性。审核方案可以包括针对一个或多个管理体系标准的审核,可单独实施,也可结合实施。其范围和程度应基于受审核方的规模和性质,以及审核的管理体系性质、功能、复杂程度、风险和机会的类型及其成熟度水平。审核方案的管理流程如图 11.1 所示,此图反映了 PDCA 循环在审核中的应用,各个阶段的具体要求见 ISO19011 管理体系审核指南(GB/T19011—2013 管理体系审核指南)。

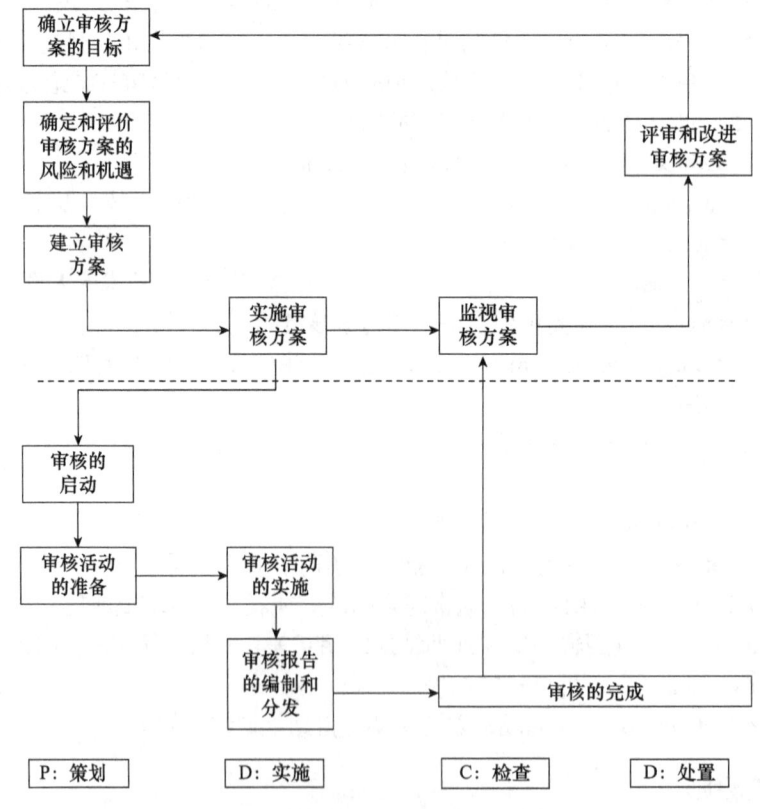

图 11.1 管理体系审核方案管理流程

对于规模较小或不太复杂的组织,审核方案可适当调整。为了理解受审核方的背景,审核方案应考虑受审核方的：①组织目标；②相关的内外部因素；③有关相关方的需求和期望；④信息安全和保密要求。

审核方案应包括在规定的期限内能够有效和高效地实施审核的信息和确定的资源。这些信息应包括：审核方案的目标；与审核方案相关的风险和机遇及应对措施；审核方案内每次审核的范围（范围、界限、地点）；审核的日程安排（数量/持续时间/频次）；审核类型，如内部或外部；审核准则；采用的审核方法；选择审核组成员的准则；相关的成文信息。

11.2.2 确立审核方案的目标

最高管理者应确保审核方案的目标得到确立，以指导审核的策划和实施，并应确保审核方案的有效实施，审核方案的目标应与管理体系的方针和目标相一致并予以支持。

这些目标可以基于以下方面的考虑：①管理的优先事项；②商业意图和其他的业务意图；③过程、产品和项目的特性及其变化；④管理体系要求；⑤法律法规和合同要求，以及组织承诺遵守的其他要求；⑥供方评价的需要；⑦相关方（包括顾客）的需求和期望；⑧发生失效、事件和顾客投诉时所反映出的受审核方的绩效水平；⑨受审核方所面临的风险；⑩以往审核的结果；⑪受审核的管理体系的成熟度水平。

审核方案的目标包括下列各项：促进管理体系及其绩效的改进；满足外部要求，如管理体系标准认证；验证与合同要求的符合性；获得和保持对供方能力的信心；确定管理体系的有效性；评价管理体系的目标与管理体系方针、组织的总体目标的兼容性和一致性。

11.2.3 确定和评价审核方案的风险和机遇

1. 可能存在的风险 包括：①策划，如未能设定合适的审核目标和未能确定审核范围和详略程度、数量、持续时间、地点和日程安排；②资源，如没有足够的时间、设备和培训制定审核方案或实施审核；③审核组的选择，如不具备有效实施审核的整体能力；④沟通，如外部/内部沟通过程/渠道的无效；⑤实施，如在审核方案内未能有效协调审核，或未考虑信息安全和保密性；⑥成文信息的控制，如未能有效确定审核员和有关相关方所必需的文件信息，未能适宜地保护用于证明审核方案有效性的审核记录；⑦监视、评审和改进审核方案，如没有有效地监视审核方案的结果；⑧受审核方的可用性与配合，以及可供取样证据的可用性。

2. 改进审核方案的机会 包括允许在一次访问中实施多种审核；尽量减少前往现场的时间和距离；使审核组的能力水平与实现审核目标所需的能力水平相匹配；使审核日期与受审核方关键人员可用性保持一致。

11.2.4 建立审核方案

11.2.4.1 审核方案管理人员的作用和职责

审核方案管理人员应：①确定审核方案的范围和程度；②识别和评估审核方案的风险；③明确审核的责任；④建立审核方案的程序；⑤确定所需的资源；⑥确保审核方案的实施，包括明确每次审核的目标、范围和准则，确定审核方法，选择审核组和评价审核员；⑦确保管理和保持适当的审核方案记录；⑧监视、评审和改进审核方案。

审核方案管理人员应将审核方案内容报告最高管理者，并在必要时获得批准。

11.2.4.2 审核方案管理人员的能力

审核方案管理人员应具备有效地和高效地管理审核方案及其相关风险的必要的能力，并具备以下方面的知识、技能,并获取相关信息:审核原则、程序和方法;管理体系标准和引用文件;受审核方的活动、产品和过程;与受审核方活动、产品有关的适用的法律法规要求和其他要求;受审核方的顾客、供方和其他相关方(适用时);审核方案管理人员应参加适当的持续专业发展活动,以保持管理审核方案所需的知识和技能。

11.2.4.3 确定审核方案的范围和详略程度

审核方案管理人员应确定审核方案的范围和详略程度,这取决于受审核方的规模和性质、受审核的管理体系的性质、功能、复杂程度和成熟度水平及其他重要事项。在某些情况下,根据受审核方的结构或活动,审核方案可能只包括一次审核(如一个小型项目活动)。

影响审核方案范围和详略程度的其他因素包括:①每次审核的目标、范围、持续时间和审核次数,适用时,还包括审核后续活动;②受审核活动的数量、重要性、复杂性、相似性和地点;③影响管理体系有效性的因素;④适用的审核准则,如有关管理标准的安排、法律法规要求、合同要求及受审核方承诺的其他要求;⑤以往的内部或外部审核的结论;⑥以往的审核方案的评审结果;⑦语言、文化和社会因素;⑧相关方的关注点,如顾客抱怨或不符合法律法规要求;⑨受审核方或其运作的重大变化;⑩支持审核活动的信息和沟通技术的可获得性,尤其是使用远程审核方法的情况;⑪内部和外部事件的发生,如产品故障、信息安全泄密事件、健康和安全事件、犯罪行为或环境事件。

11.2.4.4 识别审核方案资源

识别审核方案资源时,审核方案管理人员应考虑开发、实施、管理和改进审核活动所必需的财务资源;审核方法;能够胜任特定审核方案目标的审核员和技术专家;审核方案范围和程度及风险;旅途时间、费用、食宿和其他审核需要;信息和沟通技术的可获得性。

11.2.5 实施审核方案

11.2.5.1 总则

审核方案管理人员应通过开展下列活动实施审核方案:与有关方面沟通审核方案的相关部分,并定期通报进展情况;确定每次审核的目标、范围和准则;协调和安排审核日程及其他与审核方案相关的活动;确保选择具备所需能力的审核组;审核方案管理人员应根据规定的审核目标、范围,选择和确定审核方法以有效地实施审核。

当两个或多个审核组织对同一受审核方进行联合审核时,管理不同审核方案的人员应就审核方法达成一致,并考虑对审核资源和审核策划的影响。如果受审核方运行两个或多个领域的管理体系,审核方案也应包括结合审核的情况。

11.2.5.2 选择审核组成员

审核方案管理人员应指定审核组成员,包括审核组长和特定审核所需要的技术专家;应在考虑实现规定范围内每次审核目标所需要的能力的基础上,选择审核组。如果只有一名审核员,该审核员应承担审核组长的适用的全部职责。

在确定特定审核的审核组的规模和组成时,应考虑下列因素:①考虑到审核范围和准则,实现审核目标所需要的审核组的整体能力;②审核的复杂程度及是否为结合审核或联合审核；③所选定的审核方法；④法律法规要求、合同要求和受审核方所承诺的其他要求；⑤确保审核组成员独立于被审核活动，以及避免任何利害冲突的需要；⑥审核组成员共同工作的能力，以及与受审核方的代表有效协作的能力；⑦审核所用语言，以及受审核方特定的社会和文化特性。

11.2.5.3 为审核组长分配每次的审核职责

审核方案管理人员应向审核组长分配实施每次审核的职责，应在审核实施前的足够时间内分配职责，以确保有效地策划审核。

为确保有效地实施每次审核，应向审核组长提供下列信息：①审核目标；②审核准则和引用文件；③审核范围，包括需审核的组织单元、职能单元及过程；④审核方法和程序；⑤审核组的组成；⑥受审核方的联系方式、审核活动的地点、日期和持续时间；⑦为实施审核所配置的适当资源；⑧评价和处理识别的风险和机遇以实现审核目标所需的信息；⑨支持审核组长与受审核方就审核方案有效性进行互动的信息。

11.2.5.4 管理审核方案结果

审核方案管理人员应确保下列活动得到实施：评审和批准审核报告，包括评价审核发现的适宜性和充分性；评审根本原因分析及纠正措施和预防措施的有效性；将审核报告提交给最高管理者和其他有关方面；确定后续审核的必要性。

11.2.6 管理和保持审核方案记录

审核方案管理人员应确保审核记录的形成、管理和保持，以证明审核方案的实施；应建立过程以确保与审核记录相关的保密需求得到规定。包括：经证实的管理体系有效性水平；审核委托方或受审核方的管理体系的变化；标准要求、法律法规要求、合同要求和受审核方所承诺的其他要求的变化；供方的变更。

11.2.7 评审和改进审核方案

审核方案管理人员应评审审核方案，以评定是否达到目标。从审核方案评审中得到的经验教训应用于持续改进审核方案过程的输入。

审核方案评审应考虑下列各项：①审核方案监视的结果和趋势；②与审核方案程序的符合性；③相关方进一步的需求和期望；④审核方案记录；⑤可替代的或新的审核方法；⑥解决与审核方案相关风险的措施的有效性；⑦与审核方案有关的保密和信息安全事宜。

11.3 实施审核

11.3.1 总则

审核活动作为审核方案的一部分。其实施的效果将直接影响是否能达到审核方案的总目的。本节仅以内部审核为例，阐明实施审核活动的过程。

审核通常划分为审核的启动，文件评审的实施，现场审核活动的准备，现场审核活动的实施，审核报告的编制、批准和分发，审核的完成六个阶段。经批准的审核报告分发之后，审核即告结束。因此，审核的后续活动，包括纠正措施、预防措施和改进措施的评审和验证，通常不视为审核的一部分。

11.3.2 审核的启动

11.3.2.1 指定审核组长

审核组长应当具备领导与管理审核的知识与技能,以确保能够对审核进行策划,在审核中有效地利用资源;代表审核组与审核委托方和受审核方进行沟通;组织和指导审核组成员;领导审核组得出审核结论;预防和解决冲突;编制和完成审核报告。

11.3.2.2 确定审核目的、范围和准则

一次具体的内部审核应当依据明确的审核目的、范围和准则进行。审核目的、范围和准则的确定,应当围绕达到审核方案的总目的,并按照内审审核方案程序进行。

1. 审核目的 包括以下几个方面:①确定自身的质量管理体系是否符合策划的安排、符合 GB/T19001 标准的要求和组织确定的体系要求;质量管理体系是否得到了有效的实施和保持。内审的目的是评价质量管理体系的符合性和有效性,通过审核发现体系运行中存在的问题,寻求采取纠正措施、预防措施和质量改进的机会,使之建立一个能够自我发现问题、自我完善、自我改进的机制。②可作为独立的管理工具,评价自身的管理体系的强项和弱项,促进体系和过程的持续改进。组织的管理者通常通过内审所反映的质量管理体系现状,对质量管理体系进行评审,提出改进的需求,达到对质量实施管理、促进体系和过程的持续改进的目的。③可为外部审核做准备。外部审核前的内审是一种自查活动,为顺利通过第二、第三方审核,对体系存在的问题能够通过内审发现,并采取纠正措施。

2. 审核范围 包括受审核的活动和过程;受审核场所的实际位置;受审核的组织单元:部门、岗位和承担特定工作任务或项的临时性组织;审核覆盖的时期。

针对某一次具体的内部审核,其审核范围由内审审核方案管理者和内审审核组长根据审核内审审核方案,确定的审核范围。

3. 审核准则 审核准则是审核时用来评价审核证据的依据,对建立质量管理体系的组织,审核准则可包括:① GB/T19001 标准要求;②质量管理体系文件;③有关的法律法规;④质量计划、合同及其他。针对某一次具体的内部审核,其审核准则由内审审核方案管理者和内审审核组长根据内审审核方案程序确定。审核目的、审核范围和审核准则的任何变更都应征得内审审核方案管理者和内审审核组长的同意。

11.3.2.3 确定审核的可行性

审核的可行性是指内审审核方案的管理人员或审核组长与受审核部门能够为审核进行必要的安排,使审核具备了实施的条件。包括内审审核方案管理人员或审核组长应确定内审审核的可行性。在确定内审审核可行时可考虑下列因素的可获得性:策划的内部审核所需的充分和适当的信息,包括管理体系运行的充分性能否为内审提供充分的运行证据;管理体系文件制定与实施的情况;内部审核期间组织的生产和经营活动能否正常开展。当组织刚建立环境管理体系时,一般应在组织已制定、颁布了管理体系文件,并运行一段时间时才能进行内审。当内审审核不可行时,内审组长应与受审核部门协商后,向内审审核方案管理者提出替代建议,如推迟审核、调整审核范围(滚动式内审时)等。

1. 选择审核组 内审审核的活动主要由内审审核组来实施,内审审核组的选择将直接影响到审核的有效性,内审审核方案的管理者在选择审核组时应考虑多方面的因素,包括

审核的目的、范围、准则和预计的审核时间；是否为结合审核；为达到审核目的，审核组所需的整体能力及法律法规及其他要求。

2. 与受审核方建立初步联系　内审审核方案管理人员或内审组长与受审核部门就审核事宜建立初步的联系，联系的方式可正式或非正式，可简单灵活。

联系的目的在于与受审核方的代表建立沟通渠道。确认实施审核的权限。提供有关建议的时间安排和审核组组成的信息。要求获得相关文件，包括：记录；确定实用的现场安全规则；对审核做出安排；就审核组向导的需求达成一致意见；对审核人员赶赴现场审核地点的交通和接待等有关事宜的安排。

11.3.3 文件化信息评审的实施

11.3.3.1 文件化信息评审的目的

文件化信息评审的目的在于以确定文件所述的管理体系是否符合相关标准的要求；获得受审核部门的相关信息；判断受审核部门的体系文件是否适合其自身的特点并具备可操作性；以便策划现场审核，准备现场审核检查表。

11.3.3.2 文件化信息评审的对象

评审的文件化信息包括：质量手册、方针、目标、程序文件、岗位职责、作业指导书、操作规程、以往的审核报告、记录等环境管理体系相关的文件。其中作业指导书与操作规程可在现场审核时评审。对采用的外来标准和适用的法律法规，应评审其有效性。

当评审结果发现文件不符合、不适宜、不充分时，审核组长应告知内审审核方案管理人员及受审核部门，要求有关文件的问题得到解决。

11.3.3.3 文件化信息评审的要求

文件化信息评审的要求在于判断受审核部门文件是否覆盖了相关要素的全部的管理要求；判断受审核部门文件结构层次是否合理及相互之间接口是否合理；判断受审核部门的实际情况是否与其文件所描述的相一致，是否能覆盖所有的作业现场和管理要求；判断受审核部门文件是否现行有效，符合文件控制的要求；判断受审核部门文件中所引用的名词、术语、缩略语是否规范。

11.3.4 现场审核活动的准备

11.3.4.1 现场审核准备阶段的文件评审

应评审受审核方的相关管理体系文件，以收集信息，如过程、职能方面的信息，以准备现场审核活动和适用的工作文件化信息；了解体系文件范围和程度的概况以发现可能存在的差距。

11.3.4.2 审核计划编制

1. 编制审核计划　审核组长应根据审核方案和受审核方提供的文件中包含的信息编制审核计划，审核计划应考虑审核活动对受审核方的过程的影响，并为审核委托方、审核组和受审核方之间就审核的实施达成一致提供依据。审核计划应便于有效地安排和协调审核活动，以达到目标；审核计划的详细程度应反映审核的范围和复杂程度，以及实现审核目标的不确定因素。

2. 审核计划 对于初次审核和随后的审核、内部审核和外部审核，审核计划的内容和详略程度可以有所不同，审核计划应具有充分的灵活性，以允许随着审核活动的进展进行必要的调整。

审核计划应包括或涉及下列内容：①审核目标；②审核范围，包括受审核的组织单元、职能单元及过程；③审核准则和引用文件；④实施审核活动的地点、日期、预期的时间和期限，包括与受审核方管理者的会议；⑤使用的审核方法，包括所需的审核抽样的范围，以获得足够的审核证据，适用时还包括抽样方案的设计；⑥审核组成员、向导和观察员的作用和职责；⑦为审核的关键区域配置适当的资源。

适当时，审核计划还可以包括：①明确受审核方本次审核的代表；②当审核员和（或）受审核方的语言不同时，审核工作和审核报告所用的语言；③审核报告的主题；④后勤和沟通安排，包括受审核现场的特定安排；⑤针对实现审核目标的不确定因素而采取的特定措施；⑥保密和信息安全的相关事宜；⑦来自以往审核的后续措施；⑧所策划审核的后续活动；⑨在联合审核的情况下，与其他审核活动的协调。

审核计划可由审核委托方评审和接受，并应提交受审核方。受审核方对审核计划的反对意见应在审核组长、受审核方和审核委托方之间得到解决。

11.3.4.3 审核组工作分配

审核组长可在审核组内协商，将具体的过程、活动、职能或场所的审核工作分配给审核组每位成员。分配审核组工作时，应考虑审核员的独立性和能力、资源的有效利用，以及审核员、实习审核员和技术专家的不同作用和职责；适当时，审核组长应适时召开审核组会议，以分配工作并决定可能的改变。为确保实现审核目标，可随着审核的进展调整所分配的工作。

11.3.5 现场审核活动的实施

审核活动通常按照顺序实施。为了适应特定的审核情况，顺序有可能改变。

11.3.5.1 举行首次会议

1. 首次会议的目的 确认所有有关方（如受审核方、审核组）对审核计划的安排是否达成一致；介绍审核组成员；简介实施审核活动的方法和程序；确认审核中的沟通渠道；向受审核方提供询问的机会，确保所策划的审核活动能够实施。

2. 首次会议参加人员 会议应由审核组长主持，参加人员有审核组全体人员，高层管理者，受审核部门代表及主要工作人员，陪同人员。

3. 首次会议内容和程序 包括：①介绍与会者，包括观察员和向导，并概述与会者的职责；②确认审核目标、范围和准则；③与受审核方确认审核计划和其他相关安排，如末次会议的日期和时间，审核组和受审核方管理者之间的任何临时会议及任何新的变动；④审核中所用的方法，包括告知受审核方审核证据将基于可获得信息的样本；⑤介绍由于审核组成员的到场对组织可能形成的风险的管理方法；⑥确认审核组和受审核方之间的正式沟通渠道；⑦确认审核所使用的语言；⑧确认在审核中将及时向受审核方通报审核进展情况；⑨确认已具备审核组所需的资源和设施；⑩确认有关保密和信息安全事宜；⑪确认审核组的健康安全事项、应急和安全程序；⑫报告审核发现的方法，包括任何分级的信息；⑬有关审核可能被终止的条件的信息；⑭有关末次会议的信息；⑮有关如何处理审核期间可能的审核发现的信息；⑯有关受审核方对审核发现、审核结论（包括抱怨和申诉）的反馈渠道的信息；⑰最后请领导讲话。

4. 首次会议要求 准时、简短、明了，时间不超过半小时；获得受审核方的理解与支持；由审核组组长主持会议。

11.3.5.2 审核实施阶段的文件化信息评审

应评审受审核方的相关文件，以确定文件所述的体系与审核准则的符合性；收集信息以支持审核活动。

如果在审核计划所规定的时间框架内提供的文件不适宜、不充分，审核组长应告知审核方案管理人员和受审核方，应根据审核目标和范围决定审核是否继续进行或暂停，直到有关文件的问题得到解决。

11.3.5.3 审核中的沟通

在审核期间，可能有必要对审核组内部以及审核组与受审核方、审核委托方、可能的外部机构（例如监管机构）之间的沟通做出正式安排，尤其是法律法规要求强制性报告不符合的情况。

特别强调审核组会议，在当天审核工作完成后召开，时间一小时左右为宜，仅审核组成员参加，讨论并确定审核中有争议的事项，整理审核结果，确定当天的不符合报告。

11.3.5.4 信息的收集和验证

在审核中，应通过适当的抽样收集并验证与审核目标、范围和准则有关的信息，包括与职能、活动和过程间接口有关的信息，只有能够验证的信息方可作为审核证据。导致审核发现的审核证据应予以记录，在收集证据的过程中，审核组如果发现了新的、变化的情况或风险，应予以关注。

从收集信息到得出审核结论的典型过程，如图11.2所示。

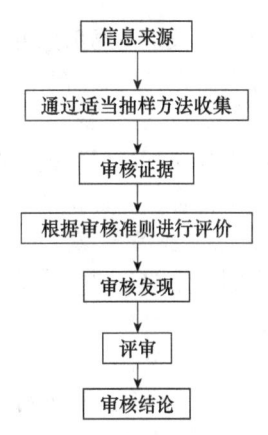

图 11.2 收集和验证信息的典型过程

1. 收集客观证据的方式 包括与受审核方人员面谈；评审文件与记录；现场观察与核对；与实际活动及结果的验证；各类数据的汇总分析；小型座谈会；来自顾客、外审和供方的评价；相关抽样方案的水平，以及抽样过程的控制等。

2. 信息的验证 对审核发现的相关信息做进一步的追溯、分析和确定。

1）常用方法 比较不同层次和职能人员的交谈结果；比较交谈结果与文件规定或记载是否符合；比较交谈结果与现场观察的结果；比较不同层次或不同类别的文件和记录；现场操作或演示。

2）作用 验证各种结果的一致性。一致性越高，体系越成熟；验证审核发现可靠性，重点问题多角度观察；发现审核结果相关性；导致审核活动的深入和产生追溯性。

3）验证的基本思路 有没有，重点落实客观事实是否存在；做没做，重点落实是否按文件或其他规定操作；好不好，重点验证实施结果的实际效果是否达到规定要求。

3. 注意事项 客观证据不要过滥，防止湮没真正需要的信息；客观证据必须是有效的、可采信的；注意核查证据的真实性，排除不真实的信息；注意核查证据之间的相关性和一致性；收集能确定审核目标的客观证据；只有经过验证的客观证据才能作为审核证据。

11.3.5.5 形成审核发现

应对照审核准则评价审核证据以确定审核发现。审核发现能表明符合或不符合审核准则。当审核计划有规定时，具体的审核发现应包括具有证据支持的符合事项和良好实践、改进机会，以及对受审核方的建议。

应记录不符合及支持不符合的审核证据，审核组应根据需要在审核的适当阶段评审审核发现。

1. 形成审核发现的方法 包括审核组成员分别说明审核情况、收集的信息和证据，以及初步判定的审核发现；审核组成员之间沟通需要相互印证的信息和证据，讨论疑点和分歧；将审核组成员获得的信息和证据汇总分析，共同确定审核发现。

2. 审核发现 包括符合审核准则的审核发现，不符合审核准则的审核发现。

3. 审核分类 审核分为体系审核、过程审核和产品审核。发现的不符合项分类是不同的。

1）体系审核 根据不符合对体系要求满足的程度来确定，不是根据不符合可能会造成的后果来划分的。

（1）严重不符合项（也叫重要不符合、系统的不符合）。凡是 ISO9001 标准要求中的某一项要求，不仅仅指一条要求，也可以是某条要求中的某一项要求没有满足。包括没有策划如何满足，或者策划了系统上没有得到执行。

（2）次要不符合项（也叫轻微不符合、执行不符合）是系统从总体上已经建立，也得到执行，只是在局部地方没有执行，或者没有得到持续的执行。次要不符合也会有可能引起财务上和人民生命财产的重大损失。

2）过程审核 如果涉及过程中体系因素的不符合，可以参照体系不符合项来确定。如果是执行过程的技术性审核，如确定过程是否稳定、能力是否满足要求等，那么只说明什么不符合，不必要分类。

3）产品审核 产品审核通常按照不符合后果的严重性来确定。指致命的［A类，也有叫严重的、通常会致命的、影响人身安全的和（或）使基本功能失效的］、重要的（B类，会影响产品性能的）和次要的（C类，不会影响产品性能的）。具体的定义应当根据自己的产品来确定。

4. 不符合项的形成 包括文件化信息不符合标准的要求，实施现状不符合审核准则，运行结果未达到预定的目标。

5. 不符合项的性质 包括体系性不符合、实施性不符合、效果性不符合。

内部审核通过持续符合性和有效性验证，发现和纠正质量管理体系在建立和实施中的问题，因此内审中的不符合不是按其严重性，而是考虑到纠正措施的不同按性质分为以下三类。

1）体系性不符合（文-标不符） 是指制定的质量管理体系文件与有关法律法规、认可准则、合同等的要求不符。例如，某实验室未建立处理抱怨（申投诉）程序；体系文件中没有规定影响检测/校准质量的辅助设备和消耗性材料的采购应优先考虑质量的原则。

2）实施性不符合（文-实不符） 是指未按文件规定实施。例如，某实验室对原始观测记录虽然规定了要包括多种信息，以便复现，但实际上环境条件、使用设备、测量方法等都未予记录，这就属于实施性不符合。

3）效果性不符合（实-效不符）　质量管理体系文件虽然符合认可准则或其他文件要求，但未能实现预期目标。文件规定不完善、原因分析不到位等都会导致效果性不符合。例如，实验室都按文件规定在运行，但质量目标未实现；虽然采取纠正措施，但是类似问题继续发生等，这种不符合称为效果性不符合。

还有一类问题虽未构成不符合，但有发展成不符合的趋势。这类问题可作为"观察项"向受审方提出，以引起重视并做出相应的预防措施。

11.3.5.6　确定审核结论

审核组在末次会议之前应充分讨论，以根据审核目标、评审审核发现，以及在审核过程中所收集的其他适当信息；考虑审核过程中固有的不确定因素，对审核结论达成一致；如果审核计划中有规定，提出建议；讨论审核后续活动（适用时）。

1. 审核结论可陈述内容　即管理体系与审核准则的符合程度和其稳健程度，包括管理体系满足所声称的目标的有效性；管理体系的有效实施、保持和改进；管理评审过程在确保管理体系持续的适宜性、充分性、有效性和改进方面的能力；审核目标的完成情况、审核范围的覆盖情况，以及审核准则的履行情况；审核发现的根本原因（如果审核计划中有要求）；为识别趋势从其他受审核领域获得的相似的审核发现；如果审核计划中有规定，审核结论可提出改进的建议或今后审核活动的建议。

2. 准备和形成审核结论　汇总分析不符合审核准则的审核发现，提出体系的薄弱环节和改进需求；动态比较；汇总分析符合准则的审核发现，总结体系的优势和优点；需考虑的其他信息，诸如审核中收集到的可能影响实现审核目标的信息；审核中固有的不确定因素，解决分歧，对审核结论达成共识；适用时，针对潜在问题指出改进方向；需要时，讨论审核后续活动的安排。

3. 审核结论　审核组在对管理体系的符合性和有效性进行综合评价的基础上，结合此次审核的审核目标，得出的最终审核结果。不同审核目标的内部审核，其审核结论不完全相同。

内部审核的审核结论通常可以包括以下几种：管理体系与审核准则的符合程度；管理体系的有效实施、保持和改进；管理评审过程在确保质量管理体系持续的适宜性、充分性、有效性和改进方面的能力。

11.3.5.7　举行末次会议

应讨论审核组与受审核方之间关于审核发现或审核结论的分歧，并尽可能予以解决，如果不能解决，应予以记录；如果审核目标有规定，可以提出改进建议，并强调该建议没有约束性。

1. 末次会议的要求　会前准备充分，审核组长应主持末次会议，提出审核发现和审核结论。

2. 与会人员　包括审核组成员、受审核方的管理者和适当的受审核的职能、过程的负责人，也可包括审核委托方和其他有关方面的人员。

3. 末次会议的程序　重申审核的目的、准则和范围，提出审核发现，宣布审核结论；必要时，说明可能降低审核结论可信程度的情况；适当时，讨论纠正和预防措施的时间表；适用时，针对潜在的问题指出改进方向；需要时，受审核方代表简短致辞。

4. 末次会议内容　应向受审核方阐明的内容包括：告知受审核方所收集的审核证据是基于已获得的信息样本；报告的方法；处理审核发现的过程和可能的后果；以受审核方管理者理解和认同的方式提出审核发现和审核结论；任何相关的审核后续活动（如纠正措施的

实施、审核投诉的处理、申诉过程)。

11.3.6 审核报告的编制和分发

11.3.6.1 审核报告的内容

审核报告可以在末次会议之前编制,其内容包括:①审核目标;②审核范围,尤其是应明确受审核的组织单元和职能单元或过程;③明确审核委托方;④明确审核组和受审核方在审核中的参与人员;⑤进行审核活动的日期和地点;⑥审核准则;⑦审核发现和相关证据;⑧审核结论;⑨关于对审核准则遵守程度的陈述。适当时,审核报告还可以包括或引用以下内容,包括日程安排的审核计划;审核过程综述,包括遇到可能降低审核结论可靠性的障碍;确认在审核范围内已按审核计划达到审核目标;尽管在审核范围内,但没有覆盖到的区域;审核结论综述及支持审核结论的主要审核发现;审核组和受审核方之间没有解决的分歧意见;改进的机会(如果审核计划有规定);识别的良好实践;商定的后续行动计划(如果有);关于内容保密性质的声明;对审核方案或后续审核的影响;审核报告的分发清单。

11.3.6.2 审核报告的要求

审核报告编制人为审核组长或其他审核员,责任人为审核组长,没有统一的格式,内容应提供完整、准确、简明和清晰的审核记录,通常由最高管理者审批,审核报告应分发至审核程序规定的接收人,审核组长应根据审核方案程序报告审核结果。表11.2为不符合报告分发记录表。

表11.2 不符合报告分发记录表

编号:				日期: 年 月 日	
不符合报告编号	发放日期	发放部门	接收人	纠正措施预期完成日期	纠正措施实际完成日期

11.3.6.3 审核报告的分发

审核报告应在商定的时间期限内提交。如果延返,应向受审核方和审核方案管理人员通告原因,审核报告应按审核方案程序的规定注明日期,并经适当的评审和批准;审核报告应分发至审核程序或审核计划规定的接收人。

11.3.7 审核的完成

当所有策划的审核活动已经执行或出现与审核委托方约定的情形时(如出现了妨碍完成审核计划的非预期情形),审核即告结束;审核的相关文件应根据参与各方的协议,按照审核方案的程序或适用要求予以保存或销毁。

除非法律法规要求,若没有得到审核委托方和受审核方(适当时)的明确批准,审核组和审核方案管理人员不应向任何其他方泄露相关文件的内容,以及审核中获得的其他信息或审核报告的内容,如果需要记录审核文件的内容,应尽快通知审核委托方和受审核方;从审核中获得的经验教训应作为受审核组织的管理体系的持续改进过程的输入。

11.3.8 审核后续活动的实施

根据审核目标，审核结论可以表明采取纠正、纠正措施和预防措施或改进措施的需要，此类措施通常由受审核方确定并在商定的期限内实施。适当时，受审核方应将这些措施的实施状况告知审核方案管理人员和审核组。

应对措施的完成情况及有效性进行验证。验证可以是后续审核活动的一部分。

本章小结

审核是为获得审核证据并对其进行客观的评价，以确定满足审核准则的程度所进行的系统的、独立的，并形成文件的过程。质量体系审核是确定质量体系的活动和结果是否符合标准的安排，以及质量体系的各项规定是否得到有效的贯彻并适合于达到质量目标的、系统的、独立的检查，具有符合性、有效性、适宜性、系统性、独立性的特点。

审核通常划分为审核的启动，文件评审的实施，现场审核活动的准备，现场审核活动的实施，审核报告的编制、批准和分发，审核的完成六个阶段。

知 识 拓 展

RB/T180—2017 基于过程的质量管理体系审核指南

SN/T1443.2—2004 食品安全管理体系 审核指南

CNAS-CC11:2018 多场所组织的管理体系审核与认证

CNAS-CC131:2017 质量管理体系审核及认证的能力要求

CNAS-GC02:2014 管理体系认证结合审核应用指南

复习参考题

1. 名词解释

审核　审核准则　审核证据　审核发现　审核结论　向导　审核方案　审核范围　审核计划　风险　能力　合格（符合）　不合格（不符合）　管理体系

2. 简答题

（1）简述审核原则是什么。

（2）如何对审核员的能力进行评价？

（3）如何实施管理体系的审核？

主要参考文献

曹竑．2015．食品质量安全认证．北京：科学出版社
陈士恩．2012．食品安全与质量控制技术（上、下）．兰州：甘肃人民出版社
地理标志专用标志官方标志（公告第三三二号）．国家知识产权局：2019-10-17
地理标志专用标志图案和说明（公告第三三三号）．国家知识产权局：2019-10-17
董照锋．2016．商洛市"三品一标"产业发展研究．杨陵：西北农林科技大学
付晓陆．2018．食品农产品认证及检验教程．杭州：浙江大学出版社
国家标准化研究院．2007．GB/T22000—2006《食品安全管理体系 食品链中各类组织的要求》理解与实施．北京：中国标准出版社
黄彦芳，马长路．2010．安全食品标准与认证．北京：中国农业大学出版社
贾玉娟．2017．农产品质量安全．重庆：重庆大学出版社
李怀林．2007．ISO22000食品安全管理体系通用教程．北京：中国计量出版社
李莉．2010．良好农业规范（GAP）实施与认证指南．北京：中国标准出版社
李旭，范正辉，陈怀锅．2012．绿色食品认证与管理实务．南京：东南大学出版社
李在卿，梁平，吴冷．2009．中国有机产品认证：有机加工认证指南．北京：中国环境科学出版社
李祖明．2009．地理标志的保护与管理．北京：知识产权出版社
刘峻岐．2015．有机食品与无公害食品、绿色食品之间的区别．黑龙江科技信息，（17）：128
马长路．2009．食品企业管理体系建立与认证．北京：中国轻工业出版社
牛瑞生，樊建英，付雅丽，等．2011．我国蔬菜生产现状与良好农业规范的对比．河北农业科学，15(6)：98-100
农业农村部．2019．关于修改和废止部分规章、规范性文件的决定．中华人民共和国农业农村部公报，（6）：4-7
钱永忠．2018．农产品质量安全学概论．北京：中国农业出版社
秦文，王立峰．2016．食品质量与安全管理学．北京：科学出版社
全国认证认可标准化技术委员会，全国食品安全管理技术标准化技术委员会发布．2009．GB/T 22003—2008《食品安全管理体系 审核与认证机构要求》理解与实施．北京：中国标准出版社
尚旭东，李秉龙．2013．我国农产品地理标志发展运行特征、趋势与问题——基于农业部、质检总局、工商总局的分析．生态经济，（4）：92-97
唐茂芝，乔东，葛红梅，等．2012．世界主要国家良好农业规范标准体系比较与借鉴研究．中国标准化，（2）：77-81
田芙蓉．2009．地理标志法律保护制度研究．北京：知识产权出版社
王栋．2015．农产品质量安全认证现状及发展对策研究．山西医科大学
王洪．2019．中国的产品质量监督现状及意义分析．现代商业，（36）：7-8
王吉谭．2011．良好农业规范区域化认证关键技术研究．质量与认证，（12）：44-46
王艳．2016．农产品质量安全．北京：中国农业出版社
王运浩．2010．绿色食品标准化基地建设探索与实践．北京：中国农业出版社
徐朝国．2010．农产品地理标志保护与发展的思考——基于产业集群理论分析．中国集体经济，（9）：37-38
许传波．2016．农产品质量安全与农产品品牌化建设．北京：中国农业出版社

杨君. 2010. 绿色食品加工技术. 北京：科学出版社

杨炜君，陈惠婷，黎嘉惠. 2018. 浅谈新时期我国"三品一标"的发展现状与对策. 农业科技与信息，（3）：58-59，65

于波. 2018. 地理标志保护制度. 上海：上海人民出版社

余志刚，戴晓武，王荀. 2013. 农产品加工企业应用GAP认证的原因调查与效益分析. 东北农业大学学报（社会科学版），11（3）：100-104

张妍. 2017. 食品安全认证. 第二版. 北京：化学工业出版社

张真，王兆林，张冬梅. 2013. 绿色食品150问. 杭州：浙江大学出版社

张智勇，何竹筠. 2006. ISO22000：2005食品安全管理体系认证实践指南. 北京：化学工业出版社

中共中央办公厅 2017 国务院办公厅印发《关于创新体制机制推进农业绿色发展的意见》. 中华人民共和国国务院公报，（29）：17-22

中国标准出版社第一编辑室. 2008. 良好农业规范及相关标准汇编. 北京：中国标准出版社

中国合格评定国家认可委员会. 2010. 认可本质与作用. 北京：中国标准出版社

中国检验认证集团山东有限公司. 2006. ISO22000食品安全管理体系认证实施指南. 北京：中国农业出版社

中国绿色食品发展中心. 2011. 最新中国绿色食品标准2010版（上、下）. 北京：中国农业出版社

中国认证认可协会组. 2019. 产品认证基础. 北京：高等教育出版社

中国认证认可协会组. 2019. 服务认证基础. 北京：高等教育出版社

中国认证认可协会组. 2019. 管理体系认证基础. 北京：高等教育出版社

中国认证认可协会组. 2019. 合格评定基础. 北京：高等教育出版社

中国认证认可协会组. 2019. 审核概论. 北京：高等教育出版社

中国认证认可协会组. 2019. 质量管理方法与工具. 北京：高等教育出版社

中华人民共和国国家工商行政管理总局商标局. 2010. 亚太地区地理标志国际研讨会文件汇编. 北京：中国工商出版社

主要网站

国际标准化组织

国家标准化管理委员会

国家认证认可监督管理委员会

国家食品质量安全网

国家市场监督管理总局

国家注册审核员网

食品伙伴网

中国地理标志网

中国绿色食品发展中心

中国认证认可协会

中国认证认可信息网

中国食品农产品认证信息系统

中国质量认证中心

中绿华夏有机食品认证中心